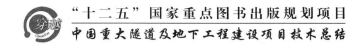

"十二五"国家重点图书出版规划项目

中国重大隧道及地下工程建设项目技术总结

NINGBO YUWANGLING METRO TUNNEL CONSTRUCTION TECHNOLOGY

宁波育王岭地铁隧道施工技术

朱瑶宏 编著

人民交通出版社股份有限公司

China Communications Press Co.,Ltd.

内 容 提 要

本书以现行的地铁隧道设计、施工、验收、风险评估规范等为依据，以宁波育王岭地铁隧道为工程实例，系统地阐述了地铁隧道设计、施工、风险控制、超前预报等基本理论。本书共七章，内容有绪论、新奥法隧道设计、隧道施工关键技术、爆破施工动力响应与控制措施、风险评估和风险控制措施、超前地质预报、隧道监控量测关键技术。

本书概念清晰、简明扼要，可作为从事地铁隧道设计、施工、风险评估、超前预报、监测等工作人员的参考用书，也可作为高等院校隧道工程专业高年级学生选修用书。

图书在版编目（CIP）数据

宁波育王岭地铁隧道施工技术/朱瑶宏编著. — 北京：人民交通出版社股份有限公司，2017.3
ISBN 978-7-114-13647-4

I.①宁… II.①朱… III.①地铁隧道—隧道施工—宁波 IV.①U231.3

中国版本图书馆CIP数据核字（2017）第010232号

书　　名：	宁波育王岭地铁隧道施工技术
著　作　者：	朱瑶宏
责任编辑：	吴燕伶
出版发行：	人民交通出版社股份有限公司
地　　址：	（100011）北京市朝阳区安定门外外馆斜街3号
网　　址：	http://www.ccpress.com.cn
销售电话：	（010）59757973
总　经　销：	人民交通出版社股份有限公司发行部
经　　销：	各地新华书店
印　　刷：	北京市密东印刷有限公司
开　　本：	787×1092　1/16
印　　张：	16.25
插　　页：	1
字　　数：	351千
版　　次：	2017年3月　第1版
印　　次：	2017年10月　第2次印刷
书　　号：	ISBN 978-7-114-13647-4
定　　价：	80.00元

（有印刷、装订质量问题的图书由本公司负责调换）

前　言

本书写作想法起源于宁波育王岭地铁隧道的成功贯通，希冀将其中建设之经验作为总结。

宁波育王岭地铁隧道作为宁波市轨道交通1号线二期的重点控制性工程，以矿山法工法施工，全长1380m，于2014年9月30日上午正式贯通。该隧道周边环境特殊，处于萧甬铁路和全国重点文物保护单位阿育王寺附近，施工难度大，安全风险高。

本书以宁波育王岭地铁隧道施工关键技术为主线，增添必要的理论知识作为支撑，使之看上去简洁明了、逻辑清晰而又不失完整性。

本书主要从隧道设计及施工过程中的关键性技术和施工重难点出发，对育王岭地铁隧道设计施工全过程做了详细阐述，可以作为该类型隧道施工典范。第一章主要介绍了育王岭地铁隧道的工程概况以及当前的隧道设计方法。第二章介绍了新奥法在育王岭地铁隧道施工中的具体应用。第三章介绍了爆破方案的确定、穿越断层破碎带的施工和阿育王寺建筑物保护关键技术。第四章研究了爆破施工对阿育王寺主要建筑物的影响，并对建筑物的动力响应特性进行数值模拟分析。本书后三章则对施工过程中风险评估体系、超前地质预报、监控测量做了详细阐述。

本书从理论知识出发，后附之育王岭隧道施工实践，可谓深入浅出，是一本很好的施工技术实用书籍。希望本书的出版能为我国隧道建设者提供宝贵的经验。

本书由宁波市轨道交通工程建设指挥部朱瑶宏编著，在编写过程中得到了浙江华东工程安全技术有限公司、湖南科技大学、中铁十六局集团有限公司、郑州大学等单位的支持，在此表示感谢。

欢迎批评和指正。

编　者
2016年10月

目 录

第一章 绪论 ⋯⋯⋯⋯⋯⋯⋯⋯⋯⋯⋯⋯⋯⋯⋯⋯⋯⋯⋯⋯⋯⋯⋯⋯⋯⋯⋯⋯ 1

第一节 隧道工程发展现状 ⋯⋯⋯⋯⋯⋯⋯⋯⋯⋯⋯⋯⋯⋯⋯⋯⋯⋯⋯⋯ 2
第二节 育王岭隧道工程概况 ⋯⋯⋯⋯⋯⋯⋯⋯⋯⋯⋯⋯⋯⋯⋯⋯⋯⋯⋯ 3
第三节 工程地质水文条件 ⋯⋯⋯⋯⋯⋯⋯⋯⋯⋯⋯⋯⋯⋯⋯⋯⋯⋯⋯⋯ 4
第四节 当前隧道设计方法和施工工艺 ⋯⋯⋯⋯⋯⋯⋯⋯⋯⋯⋯⋯⋯⋯ 11
本章参考文献 ⋯⋯⋯⋯⋯⋯⋯⋯⋯⋯⋯⋯⋯⋯⋯⋯⋯⋯⋯⋯⋯⋯⋯⋯⋯⋯ 17

第二章 新奥法隧道设计 ⋯⋯⋯⋯⋯⋯⋯⋯⋯⋯⋯⋯⋯⋯⋯⋯⋯⋯⋯⋯⋯ 19

第一节 设计的依据和要求 ⋯⋯⋯⋯⋯⋯⋯⋯⋯⋯⋯⋯⋯⋯⋯⋯⋯⋯⋯ 22
第二节 隧道施工工法的确定 ⋯⋯⋯⋯⋯⋯⋯⋯⋯⋯⋯⋯⋯⋯⋯⋯⋯⋯ 23
第三节 隧道门洞形式的选择 ⋯⋯⋯⋯⋯⋯⋯⋯⋯⋯⋯⋯⋯⋯⋯⋯⋯⋯ 27
第四节 隧道过渡段地基不均匀沉降的处理 ⋯⋯⋯⋯⋯⋯⋯⋯⋯⋯⋯ 29
第五节 隧道防排水方案的确定 ⋯⋯⋯⋯⋯⋯⋯⋯⋯⋯⋯⋯⋯⋯⋯⋯⋯ 31
第六节 隧道初支与二次衬砌结构设计 ⋯⋯⋯⋯⋯⋯⋯⋯⋯⋯⋯⋯⋯ 38
第七节 建筑物保护 ⋯⋯⋯⋯⋯⋯⋯⋯⋯⋯⋯⋯⋯⋯⋯⋯⋯⋯⋯⋯⋯⋯ 48
第八节 小结 ⋯⋯⋯⋯⋯⋯⋯⋯⋯⋯⋯⋯⋯⋯⋯⋯⋯⋯⋯⋯⋯⋯⋯⋯⋯⋯ 49
本章参考文献 ⋯⋯⋯⋯⋯⋯⋯⋯⋯⋯⋯⋯⋯⋯⋯⋯⋯⋯⋯⋯⋯⋯⋯⋯⋯⋯ 50

第三章 隧道施工关键技术 ⋯⋯⋯⋯⋯⋯⋯⋯⋯⋯⋯⋯⋯⋯⋯⋯⋯⋯⋯ 51

第一节 隧道技术参数及施工标准化 ⋯⋯⋯⋯⋯⋯⋯⋯⋯⋯⋯⋯⋯⋯ 54
第二节 爆破设计方案 ⋯⋯⋯⋯⋯⋯⋯⋯⋯⋯⋯⋯⋯⋯⋯⋯⋯⋯⋯⋯⋯ 59
第三节 穿越断层破碎带施工方案 ⋯⋯⋯⋯⋯⋯⋯⋯⋯⋯⋯⋯⋯⋯⋯⋯ 70
第四节 隧道工法转换 ⋯⋯⋯⋯⋯⋯⋯⋯⋯⋯⋯⋯⋯⋯⋯⋯⋯⋯⋯⋯⋯ 76
第五节 隧道中隔墙施工方案 ⋯⋯⋯⋯⋯⋯⋯⋯⋯⋯⋯⋯⋯⋯⋯⋯⋯⋯ 79
第六节 隧道控制测量 ⋯⋯⋯⋯⋯⋯⋯⋯⋯⋯⋯⋯⋯⋯⋯⋯⋯⋯⋯⋯⋯ 80
第七节 阿育王寺建筑物保护关键技术 ⋯⋯⋯⋯⋯⋯⋯⋯⋯⋯⋯⋯⋯ 82

第八节　小结……………………………………………………………93
　　本章参考文献……………………………………………………………94

第四章　爆破施工动力响应与控制措施……………………………………95

　　第一节　爆破震动特性…………………………………………………96
　　第二节　结构动力响应与振型分析……………………………………106
　　第三节　隧道爆破施工控制技术………………………………………116
　　第四节　小节……………………………………………………………128
　　本章参考文献……………………………………………………………129

第五章　风险评估和风险控制措施…………………………………………131

　　第一节　风险概率体系概述……………………………………………134
　　第二节　风险评估所使用方法及标准…………………………………136
　　第三节　风险辨识结果…………………………………………………142
　　第四节　风险评估结果…………………………………………………147
　　第五节　相关风险控制及应对措施……………………………………161
　　第六节　重大风险源列表………………………………………………168
　　第七节　重大风险源对应风险事故预防及应急措施…………………168
　　第八节　小结……………………………………………………………174
　　本章参考文献……………………………………………………………174

第六章　超前地质预报………………………………………………………177

　　第一节　超前地质预报的目的与内容…………………………………179
　　第二节　超前预报方法…………………………………………………182
　　第三节　超前预报成果…………………………………………………194
　　第四节　预报成果验证…………………………………………………200
　　第五节　小结……………………………………………………………208
　　本章参考文献……………………………………………………………209

第七章　隧道监控量测关键技术……………………………………………211

　　第一节　隧道监控量测…………………………………………………213
　　第二节　监控体系运行管理……………………………………………215
　　第三节　爆破震动监测结果及其分析…………………………………232
　　第四节　小结……………………………………………………………252
　　本章参考文献……………………………………………………………253

第一章

绪论

第一节　隧道工程发展现状

我国隧道及地下工程事业自 20 世纪 80 年代以来,特别是进入 21 世纪以来,得到了快速发展。随着经济的持续发展、综合国力的不断提升及高新技术的不断应用,我国隧道及地下工程得到了前所未有的迅速发展。近年来,由于城市人口的急剧增长以及复杂的国际局势和我国周边态势,为解决人口流动与就业点相对集中给交通、环境等带来的压力,满足国家环境和局势变化需求,修建各种各样的隧道及地下工程（如城市地铁、公路隧道、铁路隧道、水下隧道、市政管道、地下能源洞库等）成为必然趋势,这给隧道及地下工程的发展建设带来了机遇。隧道及地下工程事业的发展有利于国土资源的充分开发利用,具有环保和节能优势,特别是在改变我国水资源条件及油气能源储备等方面,具有重要的作用,但是同样面临着诸多严峻的挑战[1]。

近 10 年来,我国隧道及地下工程建设事业有了较快的发展,不仅表现在隧道数量、隧道长度的增长上,而且在技术上也得到了快速发展,在各种工法的应用方面也有不断突破。钻爆法是隧道工程传统的开挖方法,已经有近 200 年的历史。由于隧道掘进钻爆法施工具有经济、高效以及对地质适应能力强的明显优势,所以至今仍是我国隧道掘进施工中最重要和最常用的技术手段[2]。

钻爆法也称钻孔爆破法,是通过钻孔、装药、爆破来开挖岩石的方法。最原始的岩石破碎是先用锤击岩石,然后根据热胀冷缩的原理,用木材烧热岩石,随后再用冷水浇淋,造成岩石碎裂。随着黑火药在军事上的发展使用,1627 年 Kasper Weinde 首先在匈牙利使用黑火药进行了矿山岩石巷道的爆破,这是爆破法第一次应用于隧道工程施工。经过 100 多年的发展,钻爆法得到了迅猛发展,先后出现了喷锚支护、控制爆破、新奥法等技术,使得隧洞施工迈向全断面、大断面、机械化、高效率的发展方向[3]。

经过多年的基础工程建设和研究,采用钻爆法施工的隧道及地下工程结构设计理论正逐步形成一门完善的学科理论。到目前为止,结构设计的发展大致经历了古典压力理论、弹塑性力学理论、新奥法理论、能量支护理论几个阶段。

新奥法是应用岩体力学理论,以维护和利用围岩的自承能力为基点,采用锚杆和喷射混凝土为主要支护手段,及时进行支护,控制围岩的变形和松弛,使围岩成为支护体系的组成部分,并通过对围岩和支护的量测、监控来指导隧道施工和地下工程设计施工的方法和原则。Rabcewicz 最早把新奥法思想应用于奥地利阿尔卑斯山深埋硬岩隧道建设,采用柔性支护旨在充分利用"拱效应"——地层的自承能力;20 世纪 60 年代中期,Muller 把新奥法应用于城市地铁软岩（土）隧道，认为新奥法用于硬岩隧道和软岩（土）隧道开挖时应有所区别；1964—1969 年，Rabcewicz 提出了岩石压力下隧道稳定性的理论分析，强调采用薄层支护，并及时修筑仰拱以闭合衬砌的重要性，根据试验证实，衬砌应按剪切破坏进行设计计算。我国在 20 世纪 70 年代引入新奥法，并得到迅速推广，取得了良好的技术经济效果。在软岩（土）隧道新奥法施工中，提出了既全面又科学的"管超前、严注浆、短开挖、强支护、快封闭、勤量测"的十八字方针，避免了照搬硬岩隧道新奥法经验的弯路[3]。

据中国铁路总公司工程设计鉴定中心统计：截至 2015 年年底，全国在建铁路隧道 3784 座，总长 8692 km；规划隧道 4384 座，总长 9345 km；运营隧道 13411 座，总长 13038 km。2015 年新增开通运营铁路隧道 1316 座，总长 2160 km，其中 10 km 以上隧道 18 座，总长 245 km。

截至 2016 年年底，中国大陆建成投运地铁的城市已达 28 个，分别为：北京、天津、上海、广州、武汉、深圳、南京、成都、沈阳、佛山、重庆、西安、苏州、昆明、杭州、哈尔滨、郑州、长沙、宁波、无锡、大连、青岛、南昌、福州、东莞、南宁、合肥，总里程超过 3500 km。在开通运营的地铁线路上，客流量基本"爆满"。北京、上海、广州、深圳、重庆、成都、南京等城市，基本形成多线网络运营，其中，北京、上海的地铁运营里程均已超过 500 km[4]。

随着我国隧道及地下工程建设事业的较快发展，隧道修建技术水平有了明显的提高[5, 6]，表现在项目规划、勘测设计、施工建造和运营管理等各个方面，特别是应用领域全方位拓展，建设方法及手段也是"不拘形式、实效为主"。隧道及地下工程不再是"单一工程设计"概念，任意一项隧道或地下工程的规划与设计，必须要结合环境保护、工程风险与造价、运营舒适度以及全生命周期进行系统性的评价。

第二节　育王岭隧道工程概况

宁波市轨道交通 1 号线二期工程育王岭隧道为宝幢站—乌隘站区间的一部分，两侧与高架区间连接，线路出宝幢站后，采用高架形式沿既有北仑铁路支线南侧向东敷设，上跨天宝公路后，经过育王公墓三墓园，在其北侧进洞，穿越育王岭山脊，出洞后再次以高架形式上跨既有北仑铁路支线。

隧道进口里程为 K30+730，出口里程为 K32+110，全长 1380m。隧道最大埋深约 137m，除洞口段外均为深埋隧道。隧道设置人字坡，坡度分别为 12‰ 和 -5‰。隧道采用钻爆法进行开挖施工，衬砌结构采用新奥法原理设计，复合式衬砌。隧道采用单洞双线结构，结构外轮廓为 11.7m×10.3m（宽×高）。

育王岭隧道进洞口西侧为居民区及工厂，南侧分布较多的墓地，有一条排水沟沿进口段通过，总体走向为南北向，宽度 1.5m 左右，深度 1m 左右，在进洞口顶部 K30+784～K30+800 处有一通信塔。

育王岭隧道南侧为沙堰村、沙堰三墓园、在建小型水库等，北侧依次为萧甬铁路北仑支线、329国道、阿育王寺。萧甬铁路附近存在军用光缆。隧道出口经高架桥跨越既有铁路。育王岭隧道与阿育王寺核心保护区、北仑铁路支线的平面位置关系见图1-1。

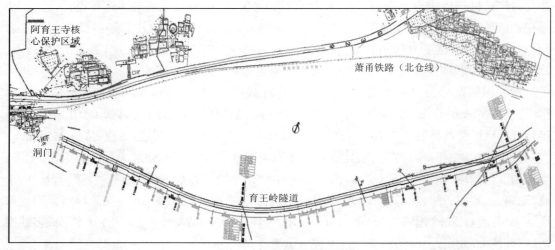

图1-1 育王岭隧道平面图

萧甬铁路北仑支线是1984年修建的单线货运铁路线。育王岭隧道主方向与铁路大致平行,但中间段为了远离阿育王寺文物而适当绕行,同时也远离了铁路,隧道出洞口距离既有铁路北仑支线较近,最近处大约64m,铁路高程比隧道底板低20m左右。隧道中间段距铁路最远处约340m。

育王岭隧道进洞口距离国家级文物保护单位阿育王寺核心保护范围最小距离约99m,出口方向逐渐远离阿育王寺。阿育王寺是我国禅宗名刹,"中华五山"之一。由于寺内珍藏着一座名闻天下的佛祖舍利宝塔而享誉中外佛教界。阿育王寺也是国内现存的唯一以印度阿育王命名的千年古刹,1983年被国务院确定为汉族地区佛教全国重点寺院,2006年6月被国务院公布为第六批全国重点文物保护单位。

第三节 工程地质水文条件

隧道所处地理位置属丘陵地貌,地形起伏较大,路线横穿山脊,沿线地形地势特点纵向为中间高、两侧低,横向为北侧高、南侧低,高程为20～175m。本项目地处我国东部沿海地区,属亚热带季风湿润气候区,季风显著,四季分明,雨量充沛,日照充足,无霜期长,夏秋季受台风灾害性天气影响频繁,海平面10m高度百年一遇设计风速为46.5m/s。年平均气温16.9～17.6℃,8月最热,1月最冷,年平均温差较小。极端最高气温39.0℃,极端最低气温-5.2℃。多年平均降水量1558.4mm,降水与蒸发基本平衡。降水集中在5～7月梅雨季节和8～9月台风季节,冬季少雨。年平均日照1900多小时。

一、地质构造

1. 大断裂

根据区域地质资料,对隧道区内构造性质、规模及发育程度起控制作用的主要断裂为镇海—宁海大断裂(F9)。该断裂北起镇海,往南经奉化、宁海终止一带,为正断层,总体走向20°～30°左行断裂逆冲走滑断层构成。该断裂破碎带在隧址区西南侧通过,本次在宝幢站—育王岭隧道入口区间段揭露该断裂,距拟建隧道最近距离约500m,走向与线路斜交,未通过隧道区,对隧道岩体完整性、稳定性影响较小。该断裂为区内主要的断裂,该断裂层为非全新活动断裂。

2. 断层破碎带和节理裂隙密集带

经工程地质调绘,结合物探成果,钻探揭示,隧址区内发现的对隧道开挖有一定影响的次级断层和节理裂隙密集带共有10条,断层性质不明;受区域断裂及次级断层的影响,区内节理,裂隙发育,产状变化较大。断层破碎带与节理裂隙密集带的主要区别在于,断层两个盘岩层顺破裂面发生明显的位移,其对围岩的稳定性影响更大。

断层破碎带:青灰色、灰绿色、灰紫色,熔结凝灰岩或流纹斑岩,受断层破碎作用影响,呈碎裂结构,风化较为强烈,节理裂隙发育,多为共轭节理,岩芯多为岩粉、碎块状、块状,岩体破碎,有渗水现象,沿破碎带基岩普遍发育铁锰质薄膜,可见方解石细脉充填。岩石可见绿泥石化、碳酸盐化、绿帘石化等。

F2断层:位于洞身K31+205～K31+230地段,物探发现此处存在低电阻,推测为一北西向断层,断层产状近直立,宽约8m,斜交通过隧道,根据物探推测情况推算,在该区域附近的Q4-2XZ9号钻孔在深度85m左右揭露,但该钻孔深度82.50m＜85m,未能揭露。从工程安全角度考虑,F2断层破碎带对隧道施工有一定的影响,施工时应引起注意。

F6断层破碎带:在出洞口K32+011～K32+110地段,物探成果显示该区域为低阻带,在该区域Q4-2XZ15号钻孔揭露深度范围31.30～32.80m,Q4-2XZ18号钻孔揭露深度范围8.00～13.00m。综合物探、钻探和区域地质资料分析,F6断层破碎带的产状为320°∠60°与隧道近平行并通过隧道,根据钻孔揭露的断层岩芯表明,在F6断层破碎带通过地段的基岩破碎,以青灰色、灰绿色为主,碎裂结构,风化较为强烈,节理裂隙发育,多为共轭节理,岩芯多为岩粉、碎块状、块状,少量短柱状,岩体破碎,有渗水现象,沿破碎带基岩普遍发育铁锰质薄膜,可见方解石细脉充填。对隧道开挖影响较大,爆破施工时易坍塌或崩塌。

F7断层破碎带:位于K31+850～K32+110地段,物探成果显示该区域为低阻带,在该区域Q4-2XZ13号钻孔揭露深度范围7.80～14.30m,Q4-2XZ16号钻孔揭露深度范围10.00～14.30m。综合物探、钻探和区域地质资料分析,断层破碎带的产状为110°∠55°,根据钻孔揭露的断层岩芯表明,在F7断层破碎带通过地段的基岩破碎,多以青灰色、灰绿色为主,碎裂结构,风化较为强烈,节理裂隙发育,多为共轭节理,岩芯多为岩粉、碎块状、块状,少量短柱状,岩体破碎,有渗水现象,沿破碎带基岩普遍发育铁锰质薄膜,可见方解石细脉充填。F7 断层破碎带在 Q4-2XZ14 号钻孔北侧附近被本区域主要断层破碎 F8 错断,与隧道近平行,与出口段的 F6 近平行。该断层破碎带与 F6 性质相近,对隧道开挖影响较大,施工时易坍塌或崩塌。

F8 断层破碎带:物探成果显示在 Q4-2XZ14 号钻孔处沿两侧冲沟方向延伸的区域为低阻带,影响里程范围 K3+965～K3+011,在该区域 Q4-2XZ14 号钻孔揭露深度范围 12.80～17.40m,Q4-2XZ22 号钻孔揭露深度范围 22.80～41.10m。综合物探、钻探和区域地质资料分析,F8 断层破碎带的产状为 260°∠65°,该断层破碎带为隧址区主要断层,与隧道大角度斜交,其斜切 F7 断层破碎带。钻孔揭露的断层岩芯表明,在 F8 断层破碎带通过地段岩芯破碎,灰紫色、青灰色、灰绿色,碎裂结构,风化较为强烈,岩芯多为岩粉、碎块状、块状,少量短柱状,Q4-2XBZ22 号钻孔揭示的 22.80～41.10m 破碎带由构造角砾或透镜体、糜棱岩等组成,破裂的岩块间具摩擦镜面、擦痕等,局部片理化或发育绿泥石化蚀变,对隧道开挖影响较大,施工时易造成双拱顶或侧壁坍塌。

节理裂隙密集带:青灰色,灰绿色,灰紫色,基岩主要为熔结凝灰岩或流纹斑岩,受节理密集带影响,基岩呈碎裂结构,节理裂隙发育,多为共轭节理,岩芯多为碎块状、块状,局部为短柱状,岩体较破碎,有渗水现象,沿节理面普遍发育铁锰质薄膜,可见方解石细脉充填,岩石可见绿泥石化、碳酸盐化、绿帘石化等。

J1 节理裂隙密集带:位于洞身 K30+995～K31+015 地段,物探发现此处存在低电阻,推测为节理裂隙密集带,倾角多为 65°～80°,与隧道大角度相交,在该区域 Q4-2XZ8 号钻孔揭露深度范围 66.00～76.00m。根据钻孔揭露的岩芯表明,在 J1 通过地段岩芯较破碎,青灰色,碎裂结构,岩体呈中等风化状态,节理裂隙较发育,多为共轭节理,岩芯多为块状,少量短柱状。因此,该区段受节理裂隙密集带影响,隧道开挖时岩体易形成楔形体,施工时易碎掉。

J3 节理密集带:位于隧道洞身 K31+240～K31+253 处,物探测试存在低电阻,推测为节理裂隙密集带,倾角多为 65°左右,与隧道斜交,因此,该区段受节理裂隙密集带影响,推测在该段隧道开挖时,岩体易形成楔形体,施工时易碎掉。

J4 节理密集带:位于洞身 K31+625～K31+690 地段,物探发现此处存在低电阻,推测为节理裂隙密集带,倾角多为 60°～80°,与隧道斜交,根据物探资料,J4 在该区域 Q4-2XZ11 钻孔南侧附近通过,但 Q4-2XZ11 号钻孔受 J4 的影响在 33.90～38.70m 和 52.40～58.40m 段岩芯较为破碎,节理较发育,根据钻探情况预估 J4 节理裂隙密集带通过地段,岩芯多为碎块状,岩体破碎。因此,该区段受节理裂隙密集带影响,隧道开挖时岩体易形成楔形体,施工事易掉块。

J5 节理密集带:位于洞身 K31+730～K31+760 地段,物探发现此处存在低电阻,推测为节理裂隙密集带,倾角多为 65°～85°,与隧道大角度相交,根据物探资料,J5 在该区域 Q4-2XZ12 号钻孔附近出露,主要影响范围在 Q4-2XZ12 号钻孔北侧。该区域受节理裂隙密集带影响,推测在该段隧道开挖时岩体易形成楔形体,施工时易掉块,并伴有滴水。

区域地震资料及现场测绘结果表明:上述断层均为非全新活动断层。

3. 节理与裂隙

隧道区内基岩主要为晶屑玻屑熔结凝灰岩和流纹斑岩，节理、裂隙较发育，受不同期次构造运动的影响，节理产状变化较大。

根据测点节理裂隙测量统计结果及节理玫瑰画图综合分析，该区域岩体节理裂隙总体以250°～270°∠40°～85°和0°～15°∠53°～86°两组最为发育，间距以2～80cm为主，节理裂隙面铁锰质渲染强烈，局部裂隙充填有方解石脉，岩体较破碎。该区节理多为剪节理，以陡倾角为主，节理面光滑垂直，通常是闭合的，局部裂隙呈张开状，以方解石细脉充填，延伸较长，剪切节理多成群出现，构成平行排列或雁形排列的节理组成，或有两组剪切节理形成共轭的"X"形节理，该两组节理裂隙相互切割成楔形体。

二、地层岩性

根据地表工程地质调绘及钻孔揭露，结合《宁波市轨道交通1号线二期工程勘察KC1201标段》初勘岩土工程勘察报告地层划分标准：隧址区隧道进、出口部分被第四系上更新统残积物及坡积的含碎石黏性土覆盖，下伏基岩主要为晚侏罗纪西山头组熔结凝灰岩和流纹组岩，局部揭露安山玢岩及灰绿玢岩岩脉。揭示深度范围内，各岩土层基本特征由上至下（由新至老）如下：

1. 第四系（Q）

〈10-1〉层：含碎石粉质黏土（dl-elQ）：黄褐色，含碎石20%～40%，一般粒径为20～50mm，最大可达200mm，碎石主要由熔结凝灰岩组成，次棱角状，局部风化强烈，无光泽，切面粗糙，干强度中等，韧性中等，可塑。隧道出口厚度约2m，进口处较厚，可达19m左右。层顶高程为20.11～140.73m，层厚为0.20～19.80m。

2. 晚侏罗纪西山头组（J3x）

〈13-1〉层全风化晶屑玻屑熔结凝灰岩（J3x）：黄褐色，原岩结构残存，节理裂隙极为发育，岩芯呈砾砂状或土状，手捏易碎。节理裂隙面铁锰质渲染强烈，局部节理裂隙连通性较好，有漏水现象，层顶埋深为0.8～2.10m，层顶高程为28.35～75.37m，层厚为2.70～5.30m。

〈13-2〉层强风化晶屑玻屑熔结凝灰岩（J3x）：黄褐色、青灰色，主要矿物成分为长石、石英，熔结凝灰结构，块状构造，节理、裂隙发育，岩芯呈碎块状及块状，锤击易碎。普遍发育2～5组节理，倾角50°～70°，局部85°以上，节理裂隙面铁锰质渲染强烈，局部节理裂隙连通性较好，有漏水现象，层顶埋深为0.20～19.80m，层顶高程为0.31～140.03m，层厚为1.30～6.00m。

〈13-3〉层弱风化（中等风化）晶屑玻屑熔结凝灰岩（J3x）：紫褐色、青灰色，主要矿物成分为长石、石英，溶解凝灰结构，块状构造，节理、裂隙较发育，锤击声清脆。普遍发育1～3组节理，倾角40°～80°不等，局部90°左右，节理裂隙面局部充填有石英细脉或方解细脉，岩芯呈短柱状及长柱状，局部呈块状，RQD为35%～80%。层顶埋深为25.60～75.70m，层顶高程为7.67～96.73m，层厚为28.10m。

〈13-1a〉层全风化流纹斑岩（J3x）：灰绿色，原岩结构残存，构造基本破坏，节理裂隙极为发育，岩芯呈砾砂状或土状，手捏易碎。节理裂隙面铁锰质渲染强烈，局部节理连通性较好，有漏水现象，层顶埋深为2.00m，层顶高程为41.68m，层厚为6.80m。

〈13-2a〉层强风化流纹斑岩（J3x）：灰绿色，球状结构，局部为微粒结构，流纹构造，斑晶成分主要为石英和钾长石，少量斜长石，基质成分以长英质纤维为主，微粒状石英和霏细状长英矿物少量，节理裂隙发育，发育3～4组节理裂隙，倾角一般为40°～70°，局部近90°，节理裂隙面铁锰质氧化强烈，岩芯呈块状或碎块状，锤击易碎。局部有辉绿岩岩脉侵入，侵入面叶腊石化，围岩较破碎，有渗水现象。层顶埋深为1.10～8.80m，层顶高程为27.75～69.49m，层厚为0.70～5.80m。

〈13-3a〉层弱风化（中等风化）流纹斑岩（J3x）：灰绿色，球状结构，局部为微粒结构，流纹构造，斑晶成分主要为石英和钾长石，少量斜长石，基质成分以长英质纤维为主，微粒状石英和霏细状长英矿物少量，发育1～2组节理裂隙，倾角一般为40°～80°，局部近86°，节理面闭合，延伸较长，充填方解石细脉，岩芯以柱状为主，少量块状。RQD为60%～80%。该层仅在Q4-2XZ12号钻孔揭露，层顶埋深为46.50m，层顶高程为28.99m。

以上所述地层情况，详见隧道纵断面图（图3-27），其中流纹斑岩局部分布于两个地段：

（1）大致以Q4-2XZ13钻孔为中心，以Q4-2XZ12号钻孔为北界限（Q4-2XZ12号钻孔33.50m以下分布有流纹斑岩），以补1钻孔为南界限。

（2）在出洞口段Q4-2XZ16、Q4-2XZ18号钻孔范围内分布，以Q4-2XZ15及Q4-2XZ16号钻孔为界。本次在Q4-2XZ16号钻孔揭露辉绿玢岩呈脉状侵入，初勘时部分钻孔也有揭露，辉绿玢岩为中性偏基性火成岩，是中性或基性岩浆侵入浅成，温度迅速下降，来不及充分结晶所致，呈灰绿色，长期暴露遇水易风化，施工时遇此岩性应及时防护。

三、水文条件

1. 地表水

隧址区低山丘陵地带的山麓沟谷地带分布有溪流和季节性河流（如璎珞河、宝幢河系、后塘河系、明伦河等，但沙堰村附近河流目前是断流），流量不大，其水位及流量受大气降水季节影响，在枯水期局部季节性河流断流，山脚下分布较多小水池，蓄水量随季节变化较大。在雨季，隧道山坡会形成山洪，产生地表水流，对山坡产生冲刷作用。

2. 地下水含水岩组、地下水类型

隧址区地下水受基底构造、地层岩性和地形、地貌、气象及周边河流等综合因素的影响，根据区域水下地质资料、现场调查及钻探资料分析。地下水类型主要为松散类孔隙含水岩组和基岩裂隙水。勘察期间为枯水季节，除Q4-2XZ1、Q4-2XZ2、Q4-2XZ3、Q4-2XZ4号钻孔遇见地下水外，其他钻孔都未见地下水。勘察期间测得进洞口区段（K30+680～K30+745）地下稳定水位埋深3.00～5.00m，相当于高程15.01～22.00m，根据本次勘察结果及区域水下地质资料，该场地进洞口段孔隙潜水稳定水位变化幅度可按1.00～5.10m考虑。地下水属于非承压水,水位随地形变北较大,其隧道纵断面图(图 3-27)上标识的水位线为推测水位线,可参考每个孔的水位为设防水位,以方便设计使用,其实际水位应根据施工中量测的水位进行调整,进行动态设计和施工。孔隙含水地层主要储存于坡残积含碎石粉质黏土中,其含水性能与碎石的形状、大小、颗粒级配及颗粒含量等有密切关系,隧道出门处厚度约 2m,进洞口处较厚,一般为 2.0～15.0m,局部可达 19.0m 左右。属于中等富水地层,具有透水性强、给水度大、水量丰富的特征,且与地表水水力联系十分密切,受大气降水补给,地下水位随季节变化,为暂时性水。隧址区基岩主要为上侏罗纪山岩(本场地主要为熔结凝灰岩和流纹斑岩)以及燕山欺侵入岩(安山玢岩、辉绿岩等),基岩裂隙水主要储存于强、弱风化(中等风化)岩带的基岩裂隙中,微风化岩带节理裂隙发育程度一般。场地基岩裂隙以风化节理裂隙为主,多呈闭合状,且裂隙多被泥质填充,故其地下水在基岩中的储存量较小,渗流条件差,透水性弱。根据区域资料,结合本场地的水下地质试验成果,本场地裂隙发育一般,透水性差,水量贫乏,地下水性与地形、降雨量、植被覆盖程度有关。

3. 地下水补给,径流和排泄

隧道区地下水属于典型的渗入-径流型循环系统,地下水的补给来源主要为大气降水及地表沟谷水,隧道沟谷区较发育,这些沟谷一般都分别构成一个小的、相对独立的地下水循环系统,山脊、各支沟的分水岭地段为各流域地下水的补给区,各系统之间或有微弱水力联系。地下水主要赋存于基岩裂隙中,沿地形自然斜坡渗流运动,就近于溪沟中排出地表,部分沿沟谷渗入水塘。基岩裂隙水和松散岩类孔隙水由于其水层的透水性弱,水力梯度大,径流途径短,受最低级水岭控制明显,为近源排泄,斜坡地形使大气降水很快以片流形式向地表排泄;枯水期地表水虽然向地下水补给,由于地下水径流量有限,对地下水补给有限。

4. 含水层富水性和渗透性

根据水文地质调查,以及岩性和构造、水文地质计算,同时考虑勘测时受季节因素影响,将隧址区地下富水区分成三层。

坡残积含碎石粉质黏土层:可塑状,一般含 10%～30% 的碎石及角砾,局部含量较高,碎石含量较少地段属弱水层,属弱富水区;碎石含量较高地段属中等透水层,属中等富水区。

基岩裂隙水中等富水区:主要分布在隧道南侧的水沟沟谷,富水界限与断层和节理裂隙密集带边界近于一致,隧道洞身断层,软硬岩及岩性分析段为地下水的主要富水区,岩体的裂隙发育,连通性较好,是隧道开挖过程中可能产生涌水的主要通道,因此在施工过程中,应做好地质超前预报工作,加强排水设施。

岩基裂隙水弱富水区:除断层破碎带和节理裂隙密集带外,基岩的节理裂隙发育一般,岩体较完整,地下水不发育,属弱透水层。

5. 隧道涌水量预测

经过钻孔压水试验表明,并结合场地地质资料分析,基岩透水率为 0.2～5.62Lu,洞身围岩大部分为弱透水岩体,全强风化基岩为孔隙性透水基岩,钻进时不返水,为强透水性岩体,根据线路工程地质条件分析,可定性为节理裂隙性涌水。隧道通过全强风化基岩岩体时也可能产生涌水,在明洞开挖和洞口工程施工时,为防止隧道发生集中涌水,可根据具体情况,选用排水或注浆堵水、控制爆破、管棚超前支护、布置适当深度与密度的先导孔等措施,以保证隧道安全通过。根据育王岭隧道各段的水文地质条件,采用大气降水渗透量法对育王岭隧道进行涌水量估算,根据详勘报告,隧道每延米平均最大涌水量为 0.34 m^3/d。

6. 水文地质条件评价

根据隧道区水文地质计算所划分的涌水量及隧道水文地质特征所划分的中等富水段、弱富水段,对隧道工程水文地质条件下作如下评价。

(1) 进口 K30+680～K31+120 段为明挖段和暗埋段,上部主要为残积含碎石粉质黏土层,为弱透水层,下部基岩埋深地段,岩体受构造影响较小,节理裂隙较发育,地下水主要储存于岩体层间节理裂隙及岩性中,计算预测该段隧道涌水量 36.61～61.64m^3/d,每米涌水量 0.083～0.140m^3/d。

(2) K31+120～K31+380 段为隧道深埋地段,岩体受构造的影响较为严重,节理裂隙发育,地下水主要储存于岩体层间断层破碎带及风化基岩裂隙中,预测该段隧道涌水量 52.89～89.04m^3/d,每米涌水量 0.203～0.342m^3/d,受断层破碎带影响,存在发生突水的可能。

(3) K31+380～K31+620 段为隧道深埋地段,岩体受构造的影响较为严重,节理裂隙发育,地下水主要储存于岩体层间断层破碎带及风化基岩裂隙中。预测该段隧道涌水量 34.87～58.71m^3/d,每米涌水量 0.145～0.245m^3/d,受断层破碎带影响,存在发生突水的可能。

(4) K31+620～K31+810 段为隧道深埋地段,岩体受构造影响较小,节理裂隙较为发育,地下水主要储存于岩体层间节理裂隙及岩性中。预测该段隧道涌水量 27.31～45.99m^3/d,每米涌水量 0.144～0.242m^3/d。

(5) 出口 K31+810～K32+120 段为隧道暗埋和明埋地段,本段为两条平行与隧道走向的断层破碎带,岩体受构造的影响严重,节理裂隙很发育,地下水主要储存于断层破碎带及风化基岩裂隙中,预测该段隧道涌水量 47.07～79.26m^3/d,每米涌水量 0.152～0.256m^3/d,受断层破碎带影响,存在发生突水的可能。

(6) 进出洞口分布有较多的坡残积土,长期浸水状态下,状态较差,根据场地附近正在施工的安山隧道施工经验,山体地表径流会在进出洞口开挖时出现涌水现象,雨季时水量更大,设计、施工时应引起重视,洞身部分开挖时以淋水和滴水为主,雨季施工时水量较大,滴水速度较快,旱季施工时水量很小,滴水速度很小。

(7) 水的腐蚀性评价。按照《岩土工程勘察规范》(GB 50021—2001,2009 年版)规定,拟建场地属于湿润区,且浅部地层属弱水层,场地浅部孔隙潜水环境类型为 II 类,沿线孔隙潜水和基岩裂隙水水质对混凝土结构中的钢筋具微腐蚀性。

四、地震

根据《铁路工程抗震设计规范》(GB 50111—2006,2009 年版),判定本工点场地类别进洞口 K30+730～K30+745 段、K31+190～K31+240 段,以及 K31+730～K32+110 段为

Ⅱ类;K30+745～K31+190和K31+240～K31+730段场地类别为Ⅰ类。

拟建育王岭隧道抗震设防类别为重点设防类（乙类），设计基本地震加速度为0.05g，抗震设防烈度为6度，场区所属的设计地震分组为第一组，进洞口K30+730～K30+745段、K31+190～K31+240段，以及K31+730～K32+110段特征周期为0.35s，K30+745～K31+190和K31+730～K32+110段特征周期为0.25s。

五、不良地质与特殊岩土

隧址区附近有小滑坡1处，为璎珞村滑坡。该滑坡位于北仑区璎珞村南100m铁路旁缓坡处，发生于2006年"麦莎"强台风期间，由于"麦莎"强台风连降暴雨，产生山体小滑坡，残坡土沿风化基岩层滑动，滑坡体800m³左右，岩性以含碎石亚黏土为主。活动后铁路部门及时进行治理，由于方量较小已清除，现基本稳定，未见滑动迹象，该滑坡离场地较远，且已治理，对拟建工程影响不大。

根据本次钻探物探成果，隧道轴线K30+995～K31+015、K31+625～K32+690、K31+760～K31+790地段为节理裂隙密集带，K31+205～K31+230地段、K31+790～K32+110地段为断层破碎带，隧道出口K31+850～K32+120段既有暗挖又有明挖施工，且有平行隧道走向的断层破碎带通过隧道，受破碎带影响，造成岩体切割剧烈，岩体破碎，风化不均，呈碎裂状，岩芯多为岩粉、碎石状、块状等。在隧道施工过程中，上述地段易产生坍塌和崩塌，对隧道开挖稳定性较为不利。

本隧道上部分布残积含碎石粉质黏土，全风化与强风化凝灰岩，残积含碎石粉质黏土，遇水易软化；全风化与强风化基岩多呈散体状结构或碎裂状结构，无自稳能力。根据建筑经验，含碎石粉质黏土与风化岩对边坡稳定性、地基稳定性均有较大影响，尤其在斜坡附近，存在软弱夹层或互层时，当软弱结构与坡面一致时，对边坡的稳定性极为不利，同时由于残坡积土及风化岩石渗透性较好，在雨季易积水，而地下水浸泡产生围岩软化，故对隧道洞口开挖存在不利影响，设计施工时应予以足够的重视。

第四节　当前隧道设计方法和施工工艺

一、隧道设计方法

隧道采用钻爆法进行开挖施工，衬砌结构采用新奥法原理设计，复合式衬砌。新奥法是现代隧道工程先进的施工技术和管理方法之一，育王岭隧道工程在施工过程中贯彻了新奥法的施工理念，使其逐一落到实处。育王岭隧道工程采用了新奥法原理设计，根据该隧道工程的地质以及水文条件,解决了隧道施工方法的确定、隧道洞门形式的选择、桥隧过渡段地基不均匀沉降的处理、隧道防排水方案的确定以及隧道初支与二次衬砌结构设计等关键技术。

二、当前隧道施工工艺

1. 施工工艺流程的编制依据和采用的技术规范

（1）编制依据

①设计文件:宁波市轨道交通1号线二期工程施工设计图。

②宁波市轨道交通1号线二期土建工程施工TJ1212～TJ1214标段招标文件。

③从投标预备会、现场勘察、交底答疑及业主发布的补遗书所获取的相关资料。

④地下铁道施工及验收规范和相关技术标准。

⑤关于地铁施工的相关规定和文件。

⑥爆破安全评估报告。

⑦公司现阶段的施工能力、技术装备、管理水平和经济实力及历年来承担类似工程的施工经验。

（2）采用的技术规范

①《地铁设计规范》（GB 50157—2003）。

②《地下铁道工程施工及验收规范》（GB 50299—1999）。

③《地下工程防水技术规范》（GB 50108—2008）。

④《建筑工程施工质量验收统一标准》（GB 50300—2001）。

⑤《混凝土结构工程施工质量验收规范》（GB 50204—2002）。

⑥《锚杆喷射混凝土支护技术规范》（GB 50086—2001）。

⑦《铁路隧道施工技术指南》（TZ 204—2008）。

⑧《铁路隧道设计规范》（TB 10003—2005）。

⑨《公路隧道施工技术规范》（JTG F60—2009）。

⑩《爆破施工规范》（DL/T 5135—2001）。

⑪《铁路隧道工程施工质量验收标准》（TB 10417—2003）。

⑫《钢筋焊接及验收规程》（JGJ 18—2012）。

2. 总体施工工艺流程

育王岭隧道为宁波市轨道交通1号线二期工程,两侧与高架区间连接,施工场地布置困难,施工工艺复杂。由于本隧道进口端不具备施工条件,隧道安排从出口端掘进施工。施工的工艺流程,大概包括施工准备、地质预报、测量与量测、钻爆设计（布置炮眼、钻眼、装药、爆破等）、出渣运输、初期支护、防排水以及二次衬托等工序。本节主要详细介绍关于施工开挖的内容。

具体施工工艺流程见图1-2。

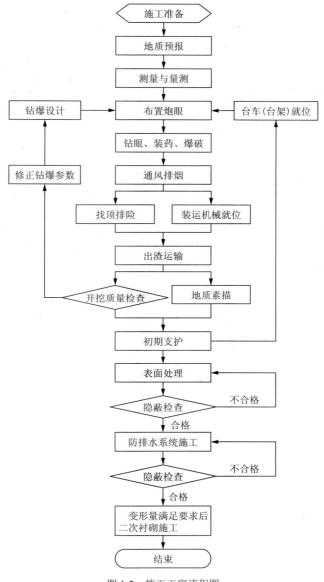

图 1-2 施工工序流程图

隧道施工主要采取人工钻孔,挖掘机配合装载机出渣,无轨运输施工方案。实施开挖(钻、爆、装、运)、支护(拌、运、喷、锚)、衬砌(拌、运、灌、捣)三条机械化作业线。保证三条作业线施工机械实用先进,选型科学,互不干扰,节奏紧凑。机械化施工作业见图 1-3。

3. 开挖

根据工程地质、隧道开挖断面以及工程造价、工期、施工风险等综合分析,对本工程隧道采用的工法如下:

Ⅲ级围岩采用正台阶法,Ⅳ级围岩采用上下台阶留核心土的方法,Ⅴ级围岩采用六部CRD工法施工,具体工法对应里程见表 1-1。

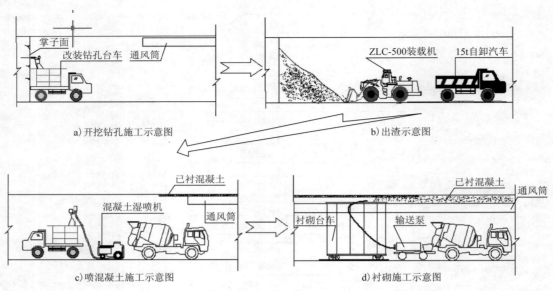

图1-3 隧道机械化施工作业示意图

育王岭隧道围岩级别划分以及施工方法 表1-1

围岩级别	施工方法	长度(m)	里　程
Ⅴ级	明挖法	40	K30+730～K30+750、K32+90～K32+110
进出口加强段	交叉中隔壁法(CRD)	100	K30+750～K30+800、K32+40～K32+90
Ⅳ级A1	上下台阶留核心土法	80	K31+195～K31+275
Ⅳ级A2	上下台阶留核心土法	41.2	K31+965～K31+973.1、K32+6.9～K32+40
Ⅳ级B1	上下台阶留核心土法	183.1	K30+971.9～K31+25、K31+485～K31+530、K31+615～K31+700
Ⅳ级B2	上下台阶留核心土法	197.4	K31+700～K31+733.1、K31+766.9～K31+853.1、K31+886.9～K31+965
Ⅳ级C1	交叉中隔壁法(CRD)	67.6	K31+733.1～K31+766.9、K31+853.1～K31+886.9
Ⅳ级C2	交叉中隔壁法(CRD)	33.8	K31+973.1～K32+6.9
Ⅲ级A	上下台阶法	240	K31+100～K31+195、K31+275～K31+395、K31+435～K31+460
Ⅲ级B	上下台阶法	255.5	K30+800～K30+818.1、K30+851.9～K30+938.1、K31+25～K31+58.1、K31+91.9～K31+100、K31+460～K31+485、K31+530～K31+615
Ⅲ级C	上下台阶留核心土法	101.4	K30+818.1～K30+851.9、K30+938.1～K30+971.9、K31+58.1～K31+91.9
ⅡA	全断面	40	K31+395～K31+435

4. 洞门、明洞及洞身二次衬砌施工

1) 明洞及洞门施工

隧道洞门在隧道正洞施工正常后,与明洞一起适时尽快安排施工。洞门完成后及时接顺端墙背后排水沟,保证洞口排水顺畅。

(1)施工方法

①育王岭隧道洞口设计为斜切式洞门,在明洞衬砌完成后整体砌筑。

②明洞在暗洞衬砌完成一到二环后进行,当拱圈混凝土达到设计强度的80%后,拱圈背部设置防水层。

③防水层完成后,施作两则排水盲沟,拱脚以下部分用M7.5号浆砌片石按设计坡度对称砌筑回填,拱脚以上采用土石回填密实至原坡面,表面设置加筋草皮,施作永久性仰坡防护工程。

(2)施工技术保证措施

①经常检查洞口边、仰坡稳定性,根据量测结果,及时采取措施进行防护,确保施工安全。

②严格自动计量拌合站质量控制,绝对保证混凝土的生产质量符合设计要求。

③模板台车要加工精确,安装就位准确,锁定牢固。

④混凝土要分层灌注分层振捣,振捣时要掌握好时间。

⑤防水层施工严格按有关规范,止水带安装固定牢固,使之与暗洞有效连接。

⑥拱背回填时间严格按规范执行,回填每层厚度、压实度应符合规范要求。

⑦严格执行砂浆配合比,片石、块石材质应符合设计要求,确保砌体质量。

2)二次衬砌混凝土施工

(1)二次衬砌采用配套机械化施工,自行式全液压二次衬砌台车,全断面一次衬砌成形。洞外设大型混凝土拌和站,混凝土用运输车运送,泵送入模。

(2)二次衬砌程序:预埋件的设置与检查、铺轨→模板台车就位→尺寸检查验收→定位锁定→预埋件、预留孔洞设置→刷脱模剂→安设挡头板→混凝土泵送灌注、刹尖封顶→脱模、养生→再循环。

(3)Ⅴ、Ⅳ级围岩二次衬砌根据量测资料及时施作,Ⅲ、Ⅱ级围岩应在变形基本稳定、边墙基础施工完毕后进行。

(4)二次衬砌施工前的准备工作。

①二次衬砌所用的原材料各项指标,应符合设计和规范要求。

②防水层表面粉尘,应清除并洒水湿润。

③模板台车必须锁定牢固。

④施工机械设备应先检查,并进行试运转。

(5)浇筑混凝土作业应符合下列要求。

①由下而上依次对称浇筑,前、后、左、右混凝土面高差不得大于50cm。

②隧道设有仰拱地段应先浇筑仰拱,其长度视具体情况确定。

③初期支护与二次衬砌间空隙,必须回填密实或进行注浆处理。

④二次衬砌混凝土应连续浇筑,不得不间歇时,间歇时间及处理方法应符合有关规定。

⑤浇筑混凝土，应捣固密实，确保混凝土质量。

⑥拆模：二次衬砌混凝土强度达到2.5MPa方可拆模；Ⅴ、Ⅳ级围岩段拆模时间应适当延长；初期支护还存在较大变形时，混凝土结构达到设计强度的70%以上时，方可拆模。

⑦混凝土的养生：为防止混凝土的早期干缩产生裂纹，应在拆模后立即洒水养护，使其经常保持湿润，养护时间应遵循有关规定。

3）仰拱及隧底填充施工

按照仰拱先行的原则，及时施作仰拱，起到早闭合、防止塌方的作用，同时能保证洞内道路的畅通。施作仰拱时，采用钢桥栈桥跨越，保证不影响出渣等运输车辆的通过，见仰拱段施工示意图1-4。

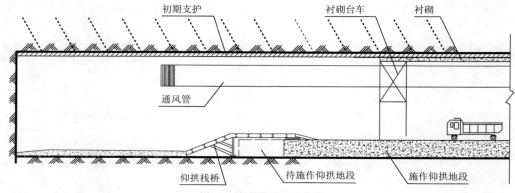

图1-4 仰拱段施工示意图

隧底填充在施作混凝土前，应清除仰拱面的碎渣、粉尘，并冲洗干净，不得有积水。仰拱混凝土达到设计强度70%后，方可浇筑隧底填充混凝土。

仰拱施工注意事项如下：

（1）隧道施工时，应根据经监理工程师批准的施工方案、施工程序，先进行仰拱施工。

（2）仰拱施工前，必须复核仰拱断面尺寸，不允许出现欠挖。仰拱应分段施工，分段长度为10～15m。

5. 施工的技术控制要求

（1）地面沉降控制。

隧道洞口加强段，地质条件较差，有断层破碎带，自稳能力差，若施工不当，可能引起塌方或过大的地面沉降。因此，施工过程中洞口段地层的安全稳定和施工引起的地面沉降的控制是本隧道施工成功的关键。

（2）施工扰动控制。

隧道施工工艺复杂，工序多，开挖中对围岩产生多次扰动，因此应尽量减少对围岩的扰动，必须做好光面及预裂爆破效果的控制。

（3）单向掘进。

育王岭隧道由于受进口地形、便道限制，决定由出口端单向进洞。

（4）隧道开挖断面大，最大开挖宽度达15.32m，最大开挖高度达12.12m。

本章参考文献

[1] 郭陕云.隧道及地下工程的产业化发展方向[J].隧道建设,2005,25(6):1-3.
[2] 郭陕云.隧道掘进钻爆法施工技术的进步和发展[J].铁道工程学报,2007,108(9):68-69.
[3] 马建,孙守增,赵文义.中国隧道工程学术研究综述[J].中国公路学报,2015,28(5):1-5.
[4] 洪开荣.我国隧道及地下工程发展现状与展望[J].隧道建设,2015,35(2):2-3.
[5] 覃任晖,王成.隧道工程[M].重庆:重庆大学出版社,2011.
[6] 陈小雄,李红岩.隧道施工技术[M].北京:人民交通出版社,2011.

第二章
新奥法隧道设计

新奥法是20世纪60年代奥地利人总结前人的隧道工程实践经验后提出的一套隧道设计、施工新技术。它是以喷射混凝土和锚杆作为主要支护手段，将经验、量测和理论相结合，形成的一种隧道工程新概念和方法。

新奥法的理论基础是围岩具有自承能力，认为隧道设计与开挖要充分发挥围岩的自承能力。Rab-cewicz最早把新奥法思想用于奥地利阿尔卑斯山深埋硬岩隧道建设，采用柔性支护旨在充分利用"拱效应"——地层的自承能力[1]。施工实践证明了利用围岩自承能力是可行的，新奥法这一概念在指导硬岩隧道结构设计和施工中是成立的。20世纪60年代中期，Mùller把新奥法用于法兰克福、慕尼黑等城市地铁软岩（土）隧道，其地层大都为泥灰岩、黏土、粉砂、砂砾石，隧道直径一般为8～13m，顶部覆盖约3m，由于地表建筑物的存在，这些软岩（土）隧道的结构设计和施工对地表沉陷有严格限制。因此，Mùller强调新奥法用于硬岩隧道与软岩（土）隧道开挖应有区别[2]。这种区别主要是软岩（土）地层中隧道在近地表的情况下，覆盖层薄，不能形成承载拱，无法承受应力重分布的荷载，如果仍沿用硬岩隧道中的柔性支护，会造成围岩过大变形、地表沉降甚至坍塌。为了控制地表沉降，开挖和支护必须在短时间内完成，初期支护必须很快闭合。软岩（土）中衬砌了的隧道是以"管"的形式工作的，通常采用地层预加固和具有足够强度和刚度的预支护等方法，才能调动和利用围岩的自承能力，这就是硬岩隧道与软岩隧道应用新奥法的本质区别[3]。

我国在20世纪70年代引入新奥法，得到迅速推广，取得了良好的技术经济效果。无论在硬岩隧道还是在软岩（土）隧道中，应用新奥法都有不少的成功实例，并积累了不少经验，制定了众多的"规程"或"标准"。在软岩（土）隧道中采用新奥法，一开始就抓住了问题的关键，提出了既科学又全面的"管超前、严注浆、短开挖、强支护、快封闭、勤量测"的十八字诀[4,5]，避免了国际隧道界围绕新奥法的激烈争论和有些国家照搬硬岩隧道新奥法经验的弯路。但是我国应用新奥法也存在发展不平衡的问题。实际上，软岩（土）中的新奥法与硬岩中的新奥法是有原则区别的，需充分了解隧道开挖过程中地层发生的变化，采取相应的加固方法和相应的支护措施，达到安全、经济的目的，这才是新奥法的精神实质。

新奥法与传统的隧道设计施工方法有着本质的区别[6-9]。新奥法的基本观点是把岩体视为连续介质，根据岩体具有的黏性、弹性、塑性的物理性质，并利用洞室开挖围岩应力重分布而产生松动破坏有一个时间效应的动态特点，"适时"地采用薄壁柔性支护结构（以锚喷支护为主要手段），与围岩紧密贴合起来共同作用，从而调动并充分利用围岩的自身承载能力，以达到围岩稳定的目的。而传统的隧道设计施工方法的基本出发点，是按普氏等人的松动围岩压力理论作为基础，它支撑松动围岩荷载，是被动受力，因而其支承结构必然是强大和笨重的结构。实践证明，传统设计方法不仅不经济，而且也不一定安全。

采用新奥法修筑地下隧道时,锚杆和喷射混凝土是其主要的支护手段,而支护时机则需通过现场量测围岩的变形结果来确定。控制爆破,适时进行喷、锚及其他支护,及时的现场量测反馈是新奥法施工的主要措施。实践证明,在岩层中,特别是在软弱、破碎和强度低的不良地质的岩层中修建地下洞室,新奥法比传统方法可以取得更好的技术经济效果。综上所述[10],新奥法的基本原理可以归纳为以下7点:

(1)选择合理的断面形状、施工程序和开挖方法。洞室开挖施工时,均应采取控制爆破措施,尽量减少对围岩的破坏程度。

(2)根据岩体具有的弹、塑性物理性质,研究洞室围岩的应力-应变状态,并将其变形发展控制在允许的变形压力的范围内;掌握最佳支护时机,在隧洞开挖区岩体松弛前让围岩产生一定变形,但不至发展到有害程度之时,及时施作喷混凝土等支护措施,以保持围岩稳定。

(3)充分利用围岩的自稳能力,选用能适应围岩变形的混凝土柔性支护结构,使岩通过有控制的弹性变形调整达到自稳目的。

(4)充分利用围岩的自身承载能力,把围岩当作支护结构的基本组成部分,遇塑性变形较大的围岩压力,增设锚杆加固,使岩与支护紧密结合,施作的支护将同围岩共同工作,形成一个整体的承载环或承载拱。

(5)施作的支护结构,应与围岩紧密结合,既要具有一定的刚度,以限制围岩变形自由发展,防止围岩松散破坏;又要具有一定的柔性,以适应围岩适当的变形,使作用在支护结构上的变形压力不致过大。当需要补强支护时,宜采用锚杆、钢筋网以及钢拱架等加固,而不宜大幅度加厚喷层。当围岩变形趋于稳定之后,必要时可施作二次衬砌,以满足洞室工作要求和增加总的安全度。

(6)设置量测系统,监测围岩变位、变形速率及收敛程度,并进行必要的反馈分析,正确估计围岩特性及其随时间的变化,及时调整开挖及支护方式,以确定施作初期支护的有利时机和是否需要补强支护等措施。使设计施工更符合实际情况,确保施工安全。

(7)在某些条件下,还必须采取其他补充措施,如超前灌浆、冻结、疏导涌水等,方能使新奥法取得成功。

新奥法作为一种概念提出来[11],确实是正确的,但是在应用上,却不能僵化。对于坚硬岩石,如Ⅰ、Ⅱ类围岩,甚至Ⅲ类围岩,有较普遍的有利共性,如有充足的自稳时间、较强的自承能力、施工操作较容易、围岩稳定对施工质量要求相对较低等,容易掌握,容易成功。而对Ⅳ、Ⅴ类围岩,有普遍的不利共性,如自承能力差、自稳时间短甚至没有自稳时间、地质条件变化大、对围岩的特性不易掌握、围岩稳定对施工质量要求高等。但不管是怎样的地质环境,必须牢牢抓住新奥法的核心,即调动与提高围岩的自承能力。围绕这一核心问题去采取一系列的施工措施和施工方法,则必定可以成功。

世界各地有足够多的成功实例证明,只要针对地层采用适当的施工方法,并采取正确的监测手段和实行严格的管理和纪律,新奥法才是安全的、有效的、经济的。

第一节　设计的依据和要求

一、设计依据

（1）《宁波市轨道交通 1 号线二期工程育王岭隧道初步设计》。

（2）《宁波市轨道交通 1 号线二期工程育王岭隧道初步设计》预评审会议专家意见（2011年 11 月）。

（3）业主下发的宁波市轨道交通 1 号线二期工程 1∶500 电子地形图及地下管线图。

（4）《宁波市轨道交通 1 号线二期工程勘查 KC1201 标段育王岭隧道岩土工程勘察报告》（第二版）（工程编号：M1-KC1201-X-Q4-2），宁波冶金勘查设计研究股份有限公司（2012 年 6 月）。

（5）《宁波市轨道交通 1 号线二期工程建设与运营对阿育王寺文物安全影响评估》报告及专家评审意见，中国铁道科学研究所（2011 年 4 月）。

（6）《宁波市轨道交通 1 号线二期工程育王岭隧道施工队既有铁路北仑支线安全影响评估》报告及专家评审意见，中国铁道科学研究所（2011 年 4 月）。

（7）《宁波市轨道交通 1 号线二期工程施工图设计技术要求》。

（8）《宁波市轨道交通 1 号线二期工程施工图设计文件编制统一规定》。

（9）《宁波市轨道交通 1 号线二期工程施工图设计文件组成与内容》。

（10）总体签发的有关工程设计联系单。

（11）《宁波市轨道交通 1 号线二期工程育王岭隧道结构与防水专家咨询会》专家意见（2011 年 12 月）。

（12）《宁波市轨道交通 1 号线二期工程育王岭隧道设计方案专家咨询会》专家意见（2012 年 6 月）。

二、设计要求

（1）要求协调与落实本隧道与拟建北仑支线铁路隧道的平面、高程的相互关系，确保两者建设及运用过程的安全。

（2）本工程处于城市内，要求重视进、出口的景观设计；进口洞门位置的设备用房影响整体景观，应结合明洞施工布置在地下或布置在隧道内地质良好的位置，进门洞口处存在一条较大的排水沟，应进一步踏勘，保证水沟不影响隧道门洞及行车安全。

（3）要求核实目前隧道断面形式是否满足风机悬挂布置要求和接触网专业的相关要求，建议补充隧道断面内设备及管线布置图。

(4)本隧道不同于一般城市内地铁区间隧道,更类似于铁路或公路越岭隧道,在设计理念上建议采用越岭隧道的设计思路,对相应的支护参数进行优化,从断面的相似性上讲,本隧道面与两车道的公路隧道断面接近,在初支及二次衬砌支护参数选取方面建议参考《公路隧道设计规范》(JTG D70/2—2014)相关内容。

(5)本隧道属于硬岩隧道,岩石抗压强度在 120 ~ 328MPa(强~弱风化),因此在隧道预留变形上,应取规范规定的较小值。

(6)结构计算水压力的选取没有依据,建议按越岭隧道考虑,二次衬砌厚度可减到500mm 以内,钢筋量也大大降低,对应二次衬砌结构混凝土的等级最低为 C30。

(7)施工方法应结合国内经验合理选择,既要保证施工安全,同时又不能浪费工期,建议Ⅲ级围岩采用正台阶法,Ⅳ级围岩采用短台阶留核心土的方法,Ⅴ级围岩采用 CRD 工法施工。

(8)本隧道为地质及水文条件较好的山岭隧道,建议取消有关围岩压力及钢筋应力的施工监测内容。

(9)注浆材料的选择,应具有针对性,一般情况下采用普通水泥砂浆或水泥砂浆,如遇富水软弱破碎带等特殊底层,可以考虑水泥-水玻璃双液浆。

(10)要求本隧道采用半包防排水方案,并根据该方案进行结构设计,施工中二次衬砌背后的注浆仅限于拱部的填充注浆。

(11)要求进一步研究本隧道暗挖段设置变形缝的必要性。

(12)建议设流风机于隧道侧面,以便养护和维修。

(13)应结合详勘地下水环境条件,进一步确定混凝土强度等级和耐久性设计。

(14)建议浅埋段采用型钢拱架代替格栅钢架支护。

(15)应重视超前地质预报工作,建议由业主委托有经验的第三方单位进行超前地质预报及地质素描工作。

(16)要求在不影响施工的前提下,二次衬砌与初期支护距离尽可能缩短。

(17)要求优化洞口边坡、仰坡、洞身及支护参数的设计;建议补充注浆控制标准。

(18)要求重视隧道施工对水环境的影响。

(19)要求强调施工中动态设计的重要性,根据地质超前预报及施工监测反馈信息及时调整支护设计。

(20)为保证工期,要求加强协调力度,创造两个工作面的施工条件。

第二节 隧道施工工法的确定

工程中常用的隧道施工方法有多种,包括矿山法、新奥法、盾构法、盖挖法等。具体工程的施工方法,一般需要根据实际工程施工条件和施工方法的特点所确定。

一、常用施工方法简介

矿山法是用开挖地下坑道的作业方式修建隧道的施工方法。矿山法是一种传统的施工方法。它的基本原理是，隧道开挖后受爆破影响，造成岩体破裂形成松弛状态，随时都有可能坍落。基于这种松弛荷载理论依据，其施工方法是按分部顺序采取分割式一块一块地开挖，并要求边挖边撑以求安全，所以支撑复杂，木料耗用多。喷锚支护的出现，使分部数目得以减少，并进而发展成新奥法。

新奥法是应用岩体力学理论，以维护和利用围岩的自承能力为基点，采用锚杆和喷射混凝土为主要支护手段，及时地进行支护，控制围岩的变形和松弛，使围岩成为支护体系的组成部分，并通过对围岩和支护的量测、监控来指导隧道施工和地下工程设计施工的方法和原则。

新奥法是在利用围岩本身所具有的承载效能的前提下，采用毫秒爆破和光面爆破技术，进行全断面开挖施工，并以此形成复合式内外两层衬砌来修建隧道的洞身，即以喷混凝土、锚杆、钢筋网、钢支撑等为外层支护形式，称为初次柔性支护，是在洞身开挖之后必须立即进行的支护工作。因为蕴藏在山体中的地应力由于开挖成洞而产生再分配，隧道空间靠空洞效应而得以保持稳定，也就是说，承载地应力的主要是围岩体本身，而采用初次喷锚柔性支护的作用，是使围岩体自身的承载能力得到最大限度的发挥，第二次衬砌主要是起安全储备和装饰美化作用。

盾构法是利用盾构进行隧道开挖、衬砌等作业的施工方法。盾构是一种带有护罩的专用设备，利用尾部已装好的衬砌块作为支点向前推进，用刀盘切割土体，来同时排土和拼装后面的预制混凝土衬砌块。1874年发明盾构，首先用的是气压盾构来开挖英国伦敦泰晤士河水底隧道。盾构机掘进的出渣方式有机械式和水力式，以水力式居多。水力盾构在工作面处有一个注满膨润土液的密封室。膨润土液既用于平衡土压力和地下水压力，又用作输送排出土体的介质。盾构既是一种施工机具，也是一种强有力的临时支撑结构。盾构机外形上看是一个大的钢管机，较隧道部分略大，它是设计用来抵挡外向水压和地层压力的。它包括三部分：前部的切口环、中部的支撑环以及后部的盾尾。大多数盾构的形状为圆形，也有椭圆形、半圆形、马蹄形及箱形等其他形式。

盖挖法是当地下工程明做时需要穿越公路、建筑等障碍物而采取的新型工程施工方法。该施工方法是由地面向下开挖至一定深度后，将顶部封闭，其余的下部工程在封闭的顶盖下进行施工。主体结构可以顺作，也可以逆作。在城市繁忙地带修建地铁车站时，往往占用道路，影响交通。当地铁车站设在主干道上，而交通不能中断，且需要确保一定交通流量要求时，可选用盖挖法。

二、育王岭隧道施工方法选定及概述

根据勘探，育王岭隧道的地质水文条件，结合新奥法的特点，确定育王岭隧道的施工采用新奥法。

借助岩石力学研究的进展和大量的隧道施工实践中获得的经验,20世纪60年代初奥地利学者L.V.Rabcewicz等人总结出了新奥地利隧道施工法(新奥法),英文全名为New Austrain Tunneling Method,简写为NATM。

新奥法指出围岩本身具有"自承"能力,采用正确的设计施工方法,最大限度地发挥这种"自承"能力,可以得到最好的经济效果。它的要点就是:尽可能不要恶化围岩中的应力分布,开挖之后立即施作一次支护,防止岩石进一步松动,然后视需要再施作第二次支护。所有的支护都是相当柔性的,能适应围岩的变形。在施工中密切监测围岩的变形、应力等情况,调整支护措施,控制变形。

为使围岩与初期支护形成稳定的支承结构,应遵循以下原则:

(1)考虑岩体的力学特性。

(2)在适宜的时机构筑适宜的支护结构,避免在围岩中出现不利的应力-应变状态。

(3)对于软弱岩层,为使围岩形成力学上十分稳定的中空筒状支承环结构,必须构筑成一个闭合的支护结构。

(4)由现场量测监控围岩动态,根据允许变形量求得最适宜的支护结构。

新奥法不同于传统的隧道工程中应用厚壁混凝土结构支护松动围岩的理论,而是把岩体视为连续介质,在黏弹、塑性理论指导下,根据在岩体中开挖隧道后,从围岩产生变形到围岩破坏要有一个时间效应,适时地构筑柔性、薄壁且能与围岩紧贴的喷射混凝土和锚杆的支护结构来保护围岩的天然承载力,变围岩本身为支护结构的重要组成部分,使围岩与支护结构共同形成坚固的支护环和长期稳定的支护结构。因此,其基本点可归纳如下:

(1)开挖作业多采用光面爆破和预裂爆破,并尽量采用大断面或较大断面开挖,以减少对围岩的扰动。

(2)隧道开挖后,尽量利用围岩的自承能力,充分发挥围岩自身的支护作用。

(3)根据围岩特征,采用不同的支护类型和参数,及时施作密贴于围岩的柔性喷射混凝土和锚杆初期支护,以控制围岩的变形和松弛。

(4)在软弱破碎围岩地段,使断面及早闭合,以有效地发挥支护体系的作用,保证隧道稳定。

(5)二次衬砌原则上是在围岩与初期支护变形基本稳定的条件下修筑的,围岩与支护结构形成一个整体,因而提高了支护体系的安全度。

(6)尽量使隧道断面周围轮廓圆顺,避免棱角突变出应力集中。

(7)通过施工中对围岩和支护的动态观察、量测,合理安排施工程序,进行设计变更及日常的施工管理。

新奥法是一个具体应用岩体动态性质的完整力学概念,科学性较传统的隧道修建方法先进,因而不能单纯地将它看成是一个施工方法或支护方法,也不能将仅用喷锚支护或应用新奥法部分原理施工的隧道,就片面理解为是采用新奥法修建的。事实上,喷锚支护并不能完全表达新奥法的含义,因此应全面理解新奥法的内容。

新奥法的适用范围很广，从铁路隧道、公路隧道、城市地铁、地下储库、地下厂房直至水电站输水隧洞、矿山巷道等，都可用新奥法构筑。就应用新奥法构筑隧道的跨度来看，在双线铁路及三线公路隧道的构筑中，其跨度已达 10m 以上，而在水电站发电机组厂房洞室的构筑中已达 30m 左右；从构筑隧道埋深来看，有覆盖只有几米的浅埋隧道，也有深至千米的深埋隧道；就隧道所处位置的地面状况来看，可从山岭隧道到城市隧道；从地质条件来看，不仅在软岩、硬岩中运用，就是在具有膨胀性底层、湿陷性土层以及软弱沙土层中也能施工，此外在偏压地带和高地应力地区也可使用新奥法。

隧道新奥法施工在我国推广应用以来，通过科研、设计、施工三结合，在多处隧道的修建中，应用新奥法原理及其相应技术，取得了较大的成就。而施工中的监控量测是隧道新奥法施工的重要组成部分。由于隧道工程的受力特征及其复杂性，通过现场监控量测来监测围岩与支护的稳定性，应用现场量测结果来修改设计、指导施工是成功的。在新奥法支护结构的设计方面，不少专家学者寻求过数解法，但因岩体的生成条件和地质作用的影响，以及岩体的产状和结构的复杂多变，并且在隧道构筑过程中，开挖方法、支护类型、支护时机、支护参数等对围岩稳定性的影响，因而寻求正确反映岩体状态的物理力学模型是非常困难的。目前新奥法的设计工作是在其基本原理及定性成果指导下，参考已建工程的设计参数，即应用工程类比法与初步数值分析法进行，再通过施工过程中对围岩的量测信息进行数值分析与中和判断，从而进一步完善设计并采用相应的施工对策。

新奥法量测工作是伴随着施工过程同时进行的，是新奥法构筑隧道中十分重要的部分，它既监视围岩是否安全稳定，又检验支护结构是否合理。因此，测量工作是监视工程设计与施工是否正确的指针。大量的工程实践证明，量测手段配合其他量测工作，能使设计、施工达到更满意的效果，对提高功效、降低成本、保证安全均有非常重要的作用。

新奥法量测工作的作用和目的，主要是为了掌握围岩动态和支护结构的工作状态，利用量测结果修改设计、指导施工；遇见事故险情，以便及时采取措施，防患于未然；积累资料，为以后设计提供类比依据；为确保隧道安全提供可靠信息，为二次衬砌提供合理的支护时机，并为进一步深化理论研究提供原始数据。

在新奥法施工过程中，通过现场量测可以判断围岩稳定性，及早发现异常情况后可以及时采取措施，因而能保证施工安全。在隧道长期运营过程中，还可以通过经常性的量测来预测和监视隧道的稳定状况。我国不少研究单位、高等院校和设计部门的专家学者，在数值分析和理论研究方法上进行了积极探讨，汇集了现场施工与实测的诸多经验，应用有限元法（FEM）、边界元法（BEM）、离散元法（DEM）等开发出了不同类型的数值分析程序。如，西安矿业学院的刘怀恒教授在 1978 年开发出"岩体力学平面非线性有限元分析程序 NCAP-2D"，同济大学的黄伟、杨林德教授于 20 世纪 80 年代初期开发了"锚喷支护地下洞室非线性有限元分析程序"；中国人民解放军总参工程兵第四设计研究所的李世辉于 1985 年开发出"典型工程类比隧道力学分析边界元程序 MP-84"；同济大学的朱和华教授于 1997 年推出了"地下工程施工模拟通用正反分析计算软件"。目前对位移量测的数据可以采用指数函数、对数函数以及双曲线函数，通过回归分析，推测出最终变形量与围岩的稳定状态，也可用灰色理论及人工神经网络的方法来预测隧道围岩的最终变形量与围岩的稳定状态。由于目前在现场直接测试岩体力学性质的有关参数和初始应力状态费用较高,比较困难,而且难以反映整个工程范围内的真实情况,所以现在更多的是进行围岩变形的量测,然后用反分析方法来反算岩体的某些参数及原岩应力,再利用正分析对围岩或支护的安全度做出超前预测,并预测隧道围岩最终状态是否稳定。

由于地下支护工程系统工作环境的不同和围岩状况的复杂多变以及理论上的不完善,目前还找不到一种计算模型能全面、准确地表达各种情况下围岩状况及其与支护系统的相互关系和支护系统的工作条件,通过力学计算来设计也是困难的。因而,现今的施工前预设计主要是依靠某些勘探资料及工程类比法进行的,在实际施工过程中会发现由于工程地质、水文地质、施工方式、支护特性等的出入与变化,常常使原设计不尽合理。喷锚支护的采用和新奥法的实施,使得有必要在隧道开挖过程中及时对围岩变形进行监测,通过这种监测对围岩稳定性作出判断,并且使客观地评价支护与围岩的状态和合理的设计成为可能,从而使围岩受力的状态达到平衡与稳定。但由于围岩条件的复杂性、施工操作的不一致性、支护结构及标准的不均衡性,以及支护构筑时间的差异性等,目前要用某些力学理论来解决这些非线性的多因素关系的实际问题尚存在相当大的困难。基于这种情况,对于现场监测,目前多从隧道开挖时围岩内空变位量测入手,结合现场工程地质状况、开挖施工条件以及支护的工作状态等的考察来研究隧道围岩的变形规律及其隧道施工、支护类型的关系,找出围岩变形速率与稳定性的关系、变形速率与开挖面距离的关系、开挖时间与稳定时间的关系,并预测围岩最终稳定时间以及最终变位量的判断准则等。因此,新奥法的理论尚待进一步完善,但这丝毫不能贬低"新奥法"的重要价值,也不必由此产生种种怀疑与否定,这只能说明还有很多问题需要进一步了解、掌握。

第三节 隧道门洞形式的选择

一、洞口类型

洞口是隧道两端外漏的部分,也是连接洞内衬砌与洞口外路堑的支护结构。其作用是保证洞口边坡仰坡的稳定和安全,引离地表流水,减少洞口土石方开挖量。洞口是隧道建筑的景观标志。因此,隧道洞门应与隧道规模、使用功能以及周围建筑环境、地形条件等相协调。

洞口附近的岩石体通常都比较破碎松软,易于失稳,形成崩塌。为了保护岩石体的稳定和使车辆不受崩塌、落石等威胁,确保行车安全,应根据实际情况,选择合理的洞口形式。洞门还需具备拦截、汇集、排除地表水的功能,使地表水沿排水渠道有序排离洞口区域,防止地表水沿洞门流入洞内。

设置洞门后,岩土体仍有滚落碎石的可能时,一般采用明洞接长隧道,减少对边、仰坡的扰动,使洞门墙离开仰坡底部一段距离,确保落石不会滚落在行车道上。

隧道通常采用的洞门形式主要有端墙式、翼墙式和削竹式(环框式)。

端墙式洞门适用于岩质较好的稳定围岩,以及地形开阔的地区,是最常使用的洞门形式。

翼墙式洞门适用于地质较差的围岩,以及需要开挖路堑的地方。翼墙式洞门由端墙和端墙组成。翼墙式为了增加端墙稳定性而设置,同时对路堑边坡也起支承作用。其顶面通常与仰坡坡面一致,顶面上一边均设置水沟,将端墙背面排水沟汇集的地表水排至路堑边沟内。

当洞口岩层坚硬,整体性好,节理不发育且不易风化,路堑开挖后仰坡极为稳定并且没有较大的排水要求时采用削竹式洞口。

当洞口为松软的堆积层时,通常应避免大刷边、仰坡,一般采用接长明洞、恢复原地形地貌的办法。此时,仍可采用洞口环框,但环框坡面较平缓,一般与自然地形坡度一致。环框两翼与翼墙一样能起到保护路堑边坡的作用。环框四周恢复自然植被原状,或重新栽植根系发达的树木等,使边、仰坡稳定。如果具备条件,可以在引道两侧栽植高大树木,形成林荫大道,这样的总体绿化对洞外减光十分有益,是一个值得推广的好方法。不过环框上方及两侧仍应设置排水沟渠,以排除地表水,防止漫流。倾斜的环框还有利于向洞内散射自然光,增加入口段的亮度。

育王岭隧道采用"削竹式"洞门形式,在满足安全经济的前提下,注重环保设计理念,尽量不破坏洞门附近植被,使洞门与周边环境相协调。

二、洞门的构造要求

洞口仰坡坡脚至洞口墙背,应有不小于 1.5m 的水平距离,以防仰坡土石掉落到路面上,危及安全。洞口端墙与仰坡之间水沟的沟底与衬砌拱顶外缘的高度不小于 1.0m,以免落实破坏拱圈。洞门墙顶应高出仰坡脚 0.5m 以上,以防水流溢出墙顶,也可防止掉落土石弹出。水沟底下填土应夯实,否则会使水沟变形,产生漏水,影响衬砌强度。

洞口墙应根据情况设置伸缩缝、沉降缝和泄水孔,以防止洞门变形。洞门墙的厚度可按设计计算或结合其他工程类比确定,但墙身厚度最小不得小于 0.5m。

洞门墙基础,必须置于稳固地基上,这是因为通常洞口位置的地形、地质条件比较复杂,有的全为松散堆积覆盖层,有的半泥半硬,有的地面倾斜陡峻,为了保证建筑物的稳固,应视地形及地质条件,洞口墙基础埋置足够的深度。基底埋入土质地基的深度不应小于 1m,嵌入岩石的深度不应小于 0.5m。

当基础设置在岩石上时,应清除表面强风化层。当风化层较厚,难以全部清除时,可根据地基的风化程度及其相应的容许承载力,将基底埋在风化层中。斜坡岩基应挖台阶,以防墙体滑动,岩基的废渣沟应清除干净,这样才能确保洞口稳定。在松软地基上,地基强度偏小时,可根据情况采用扩大基础、换土、桩基、压浆加固地基等措施。

第四节　隧道过渡段地基不均匀沉降的处理

一、桥隧过渡段地基产生不均匀沉降的原因

1）桥台台背路堤的压实度未能达到设计要求

在所有桥梁、通道及明涵等施工中,都应对台背进行填土施工。而施工用料、施工顺序、施工机械、施工经验及施工作业面等管理因素都会对台后填土的压实度造成影响,施工过程所涉及的因素较多。根据众多调查分析可以看出,台背填土大多情况下都会有压实不足的现象发生,这也是引发路桥过渡段有不均匀沉降产生的原因之一。

2）桥头引道软土地基的处理

在软土地基路段,由于地基出现沉降会引发桥头出现跳车现象。究其原因,主要是在对施工图进行设计时,对地质钻探布孔较少无法满足设计要求,并且有钻探深度不足的现象,未能对软基存在进行及时发现,或未对软基范围及深度进行准确探明等,都会促使桥头路堤软土地基处治时,产生遗漏或治理不当。在桥头引道时,由于有软土地基存在,当对桥台台背路基进行填土过程中,若压实不足,降雨来临时会导致路堤出现填土流失或强度降低的现象发生,这也是路桥过渡段出现路堤沉降的关键因素。应严格按照规范要求对桥台的基础进行设计,通常情况下,与设计沉降值相比,实际发生的沉降值会相对较小。所以,软基路堤沉降防治等构造物的设计是路桥过渡段结构设计的关键。

3）桥头引道过渡段结构设计中存在的问题

在桥头引道过渡段通常采用搭板结构。但在搭板设置以后,仍会有桥头跳车现象发生。最为普遍的则是桥头搭板出现断板现象。究其原因主要有以下几方面。

（1）按照桥梁长度,桥头搭板设置的长度通常可以划分为几种:

①对于大中桥来说,搭板长度应保持在8m。

②而小桥及填土高度低于0.5m的通道或涵洞,其搭板的长度通常保持在5m。当桥头引道路堤处于高填土路段时,与桥头路堤相比,软基路段桥涵结构的沉降量相对较大,而搭板长度不足,从而无法达到顺接作用。因此,在车辆通行中,必将会有桥头跳车现象产生。

（2）按照弹性地基上支承的板对搭板设计进行计算,未能对台背路堤沉降进行充分考虑,由于雨水冲刷等因素促使台背填土损坏,从而形成搭板与台背路堤脱空的不利状态。出现搭板设计强度无法满足设计要求的结果,出现断板,导致桥头有线性突变的现象发生。

（3）在工程实施的过程中,通常不对桥头搭板进行专项设计。但是,从工程实践可以看出,对软土地基进行合理的处置,采用后台填土压实的方法能够促使路堤填筑土体的沉降现

象得到消除,而解决桥头跳车的重要保证则是采用合理可靠的搭板设计。

4)桥头引道路堤边坡防护中存在的问题

通常情况下运用砂类或渗水性土作为台背路堤填土的填料,未能对防水及排水设施进行考虑。当桥台长期被水浸泡时,应采用浆砌片石护坡的方法进行改善。在其他桥台路段,通常针对锥坡范围内进行浆砌片石护坡设置,台背则采用方格网草护坡或草皮进行护坡。根据相关工程收尾勘查中可以看出,大多数桥头路堤沉降较为严重的位置,通常会有锥坡和护坡水毁现象发生。不合理的桥头引道路堤边坡防护措施及台背防水、排水设施,会导致台背出现填土流失现象,以及路基的强度受到影响。经过车辆反复荷载的作用下,引发桥头引道过渡段的填土出现塑性变形,促使桥头路堤有不均匀沉降现象发生,最终引发桥头跳车。

二、对不均匀沉降的处理措施

1. 从桥隧设计方案的选择上来进行预防

(1)正确布置桥台位置

在桥隧设计方案中,要正确布置好桥台的位置,设计桥台位置时,应尽可能和台后填土一起设在挖方段,尽可能地避开填方段和软弱地基位置,应保持桥台和台后地基条件基本相同。

(2)正确选择合适的桥台类型

正确选择恰当的桥台种类,预防路桥过渡段不均匀沉降的发生。因为桥台的类型很多,不同种类的桥台对台后路基填筑施工的影响不同,也决定了台后路基稳定性的好坏。一般来说,都会优先选桩柱式桥台,因为桩柱式桥台的施工顺序是要先进行路基填筑,再对桩柱和台帽进行施工,对台后路基的影响不大,通常不会产生沉降。其次是选择重力式桥台或埋置式框架肋桥台,因此,桥台类型的选用也直接影响到桥隧过渡段不均而发生沉降。

(3)单独设计路桥过渡段

对桥隧过渡段进行单独设计是十分有必要的。因为台后周围 30m 范围内是过渡段,在这一范围内采取单独设计可以消除刚柔差别,适度为减少不均匀沉降现象发生。具体所采取的单独设计方法有加筋土法、优质材料填筑法、过渡板法、台后搭板及枕梁、粗粒级配料填筑、阶梯式构筑物法等。

(4)正确处理好过渡段的基地设计

因为软弱地基不如硬性地基,软弱地基容易导致不均匀使得沉降速度过快,另外桥台的深基础,再加台后路基的填筑高度比较大,地基产生的应力比较高,使得过渡段的路基和桥台施工后沉降量产生较大的差别,导致桥台的位置无法避免地出现在软弱地基上时,则必须正确处理好过渡段的软基,以确保原始地基的承载力,不至于产生不均而导致路基下沉。一般常用的处理方法有:石灰桩法、搅拌桩法、挤密砂桩等。

(5)正确处理好过渡段排水设计

正确处理好过渡段的排水设计将直接影响路基填筑质量,如果过渡段排水不畅,就会造成土体含水率增加,降低地基的承载力,严重的会造成边坡坍塌。所以,在进行过渡段路基排水设计时,相比区间路基更应特别重视。一般可在过渡段两侧设计纵向和横向排水,或在有地表水和地下水渗入时设置排水的渗沟或槽。

2. 从桥隧过渡段填筑的施工上来加以控制

(1)抓好基底处理

隧道桥台基坑和过渡段在进行填筑时,一定得先对桥台基底进行有效处理,可以把过渡段的松土、挖基底所剩下的余土及杂物等彻底清理干净,再在基底做一个幅度不太大的横坡,用压土机碾压好,一定得保证地基有足够要求的承载力,通过自检合格,并经监理工程师抽检合格后才能进行填筑施工,这样就能保证优质基地,才能降低过渡段填筑不均而产生沉降。

(2)做好填料选择

在选择过渡段路基填料时,应该选择透水性较好、抗压强度比较高的碎石土、级配碎石、矿渣或砂砾土等做填土材料。这样选择级配良好的填料进行填筑,当路基经雨水或地表水渗透后,就不会使路基填土在水的渗透流动下带走填料中的细粒土,迫使填料强度降低,而致使路桥过渡段出现沉降变形,因此,要预防路桥过渡段沉降,在选择填料上也是要十分重视的。

(3)重视桥台搭板和枕梁的施工

桥台搭板和枕梁施工正确与否也会对过渡段不均匀沉降产生影响,因此,在施工过程中,也应当重视桥台搭板及枕梁的施工情况。

(4)施工工序、工期要安排得当

施工工序、工期要安排得当,路基施工和结构工程施工要错开,不要相互受干扰。一般当桥台达到规定的强度后就要尽快进行过渡段填筑施工,这样使过渡段自稳的时间就不会太长而导致施工后出现沉降,还可避免工期施工上的紧迫感,因时间问题控制不好路基压实质量,而使得填筑本身出现沉降变形。

第五节 隧道防排水方案的确定

水不仅是影响隧道正常施工的因素之一,也是影响隧道正常运营的重要因素之一。在施工期间,地下水的作用不仅会降低围岩的稳定性,增加开挖难度,而且增加支护的难度和费用,甚至需要采用超前支护或者预注浆堵水和加固围岩。此外,若对地下水处理不当,还可能造成更大的危害,如地下、地上水位下降及水环境的改变,影响农业生产和农业用水,或被迫停工,影响工程进度等。

地铁隧道工程修建在岩土体内,不可避免地长期被水侵蚀和渗透,如果地下水具有腐蚀性,对衬砌结构和隧道设备的腐蚀性更加剧烈。在寒冷地区,尤其是严寒地区,反复冻融循环,造成衬砌结构内部的混凝土冻胀开裂;在衬砌与围岩之间,造成冻胀,引起拱墙变形、破坏。拱墙上悬挂冰柱、冰溜,侵入净空,使车辆通行受到严重影响。为了减轻或防止此类情况的发生,必须做好对隧道防排水的处理。

一、防排水原则

隧道的水害是由洞内洞外多种因素引起的,采用单一的办法难以很好地解决问题。《地下工程防水技术规范》(GB 50108—2008)规定,地下工程放水设计和施工必须做好工程水文地质勘察工作,遵循"以排为主,防、排、截、堵相结合,因地制宜、综合治理"的原则,以达到排水通畅、放水可靠、经济合理、不留后患的目的。

"防"。要求隧道衬砌、防水层具有防水能力,防止地下水透过防水层、衬砌结构渗入洞内,达到隧道衬砌、路面、设备箱洞等结构表面无湿润痕迹。

"排"。将已经渗入隧道区域的地下水及路面结构层下的积水排入洞内中心或路测边沟,减小或消除衬砌背后的水压力,防止积水或冻害的发生,创造良好的放水环境。排的越好,衬砌渗透水的概率就越小,防水也就更容易;排除路面结构层下的积水,能防住路面冒水、翻浆、结构破坏。

"截"。对易于渗透到隧道的地表水,应采取截水沟、清除积水、填筑积水坑洼地、封闭渗漏点等措施。对于地下水,应采取导坑、泄水洞、井点降水等措施。

"堵"。即以衬砌混凝土为基本防水层,以其他防水材料为辅助防水层,采用注浆或嵌填等方法对隧道围岩裂隙、隧道结构本身存在的渗透水路径进行封堵,使之不能进入隧道。堵水措施可以较好地保护地下水环境。

隧道防排水工作,应结合水文地质条件、施工技术水平、材料来源和成本等,因地制宜,选择适宜的方法,以保证试用期间内结构和设备的正常使用和行车安全。

二、隧道防排水概述

隧道防排水遵循"以排为主,防、排、截、堵相结合,因地制宜、综合治理"的原则,争取隧道建成后达到洞内基本干燥的要求,保证结构物和运营设备正常使用,列车行驶安全。

1. 防水系统

隧道防水系统,通常包括地表及洞口段防水和洞内防水。

1)地表及洞口段防水

(1)地表及洞口防水

天然沟谷或灌溉渠通过隧道顶部,如其渗流影响较大时,可考虑改移位置或适当铺砌。

对洞顶坑洼、洞穴积水地段,应填平整理地表,防止积水下渗。

隧道洞顶及其附近若有井、泉、池塘、水库、水田等,应考虑因修建隧道而造成的地表水和地面水位下降、流失、井泉干枯,影响居民生活和农田灌溉的可能,并采取相应的措施来防止水土流失。

隧道要求重视防止地表水的下渗,其处理措施为填充、铺砌、勾补、抹面等。对洞坑穴、钻孔等均应采用防水材料充填密实封闭,隧道进出口段一定范围地表采用注浆加固措施。

(2) 明洞排水

明洞外缘防水采用全断面铺设宽幅高分子柔性防水卷材。

洞顶回填土石表面,一般应铺设黏土隔水层,且与边坡搭接良好,以防地表水渗入。隔水层表面种草防护,可防雨水冲刷。

(3) 洞口防水

削竹式洞口应沿洞脸环向设置高度不小于30cm厚的钢筋混凝土冒石,以防雨水漫流,影响结构美观。对于带有翼墙的各类隧道洞门,洞口仰坡坡脚至洞门墙背的水平距离不应小于150cm,洞口翼墙与仰坡之间的沟底至衬砌拱顶外缘的高度不小于100cm,洞门墙顶应高出仰坡坡脚0.5m以上。

2) 洞内防水

防水层:为保证隧道衬砌、通信信号、供电线路和轨道等设备的正常使用,隧道衬砌应根据要求采取相应的防水措施。从进行防水处理的位置分,一般有以下几种途径:

(1) 注浆

注浆,即压注水泥浆及化学浆液,系统将一定组合成分配置而成的浆液压入衬砌背后或衬砌与围岩的空隙中,经凝结、硬化后起到防水和加固的作用。

(2) 防水混凝土衬砌

衬砌采用防水混凝土灌注。防水混凝土是指以调整配合比或掺用外加剂的方法增加混凝土的密实性,以提高混凝土自身抗渗性能的混凝土。

(3) 衬砌各类缝隙防水

在隧道衬砌的浇筑过程中,对施工缝、变形缝、沉降缝、伸缩缝等必须经防水处理后方可进行下阶段施工。在地下水较丰富的地区,衬砌接缝处常用止水带防水。

(4) 外贴式防水层

外贴式防水层是衬砌的外侧粘贴沥青、油毡,或涂刷焦油聚氨酯等涂料,形成隔水层。外贴式防水层防水效果比较好,但施作困难,工作人员易中毒,故一般用于明洞的防水。

(5) 内贴式防水层

内贴式防水层是在衬砌的内侧施作防水层。一般采用喷水泥砂浆、防水砂浆抹面或涂阳离子乳化沥青胶乳等涂料施作内贴式防水层。

(6) 复合式衬砌中间方式层

在复合式衬砌的内外层衬砌之间设防水层,是一种效果良好的防水形式,防水层可以用软聚氯乙烯薄膜、聚异丁烯片、聚乙烯片等防水卷材,或喷涂乳化沥青等作防水剂。

2. 排水系统

隧道排水系统,宜按地下水和营运清洗污水、消防污水分开排防的原则。应设计完善的纵横向排水沟管,排水系统宜具有方便的维修疏通设施。可根据路面的实际情况,在隧道内行车道边缘设置双侧或单侧排水沟,路面结构下设置中心排水沟,水沟的侧面应留有足够的泄水孔,同时排水系统应具有方便的维修疏通设施。

隧道内排水沟管过水断面应根据水力计算确定。排数沟管应设置沉沙井、检查井,并铺设盖板,其位置、结构构造应考虑便于检查、维修和疏通。

1)洞口段排水系统

(1)洞口地表排水

隧道洞口应根据地形、地质、气象等情况,结合环境保护,全面规划,综合治理,因地制宜地设置输水、截水、引水设施。

洞顶天沟设于边仰坡坡顶以外不应小于10m。洞顶天沟一般沿等高线向路线一侧或两侧排水。洞顶天沟坡底根据地形设置,但不应小于0.5%,以免淤积。当纵坡过陡时,应设置急流槽或跌水连续。一般在地面自然坡度陡于1:1时,水沟应做成阶梯式,以减少冲刷。土质地段水沟纵坡大于20%或石质地段水沟纵坡大于40%时,应设置抗滑基座,以确保纵向稳定。洞顶天沟的截面应根据流入截水沟的汇水区流量确定。水沟深度应高出计算水位20cm,一般底宽和深度均不小于60cm。水沟一般采用浆砌石铺砌,厚度不小于30cm,断面形式以梯形为主,石质地段可采用矩形。洞顶天沟长度应使边坡仰坡坡面不受冲刷为宜,下游应将水引致适当地点排泄,以免冲刷山体。流量较大时,不宜将水引入路基排水边沟排泄,应根据地形将水引致附近沟谷或涵洞排泄。

(2)明洞排水

明洞应在开挖边坡以外设置天沟。路堑对称型、路堑偏压型应于洞顶设置纵向排水沟,其沟底坡度与路线一致且不小于5%,条件允许时,可在山坡较低一侧拉槽排水。洞顶排水沟一般采用梯形断面,浆砌片石厚度不小于30cm,以防冲刷。明洞防水层外侧经间隔2~3m环向设置干砌片石盲沟,盲沟用土工布包裹,直接将水引进墙角外侧设置的纵向排水花管中。

2)洞内排水系统

隧道内宜按地下水和营运清洗污水、消防污水分开排防的原则设置纵向排水系统,应能保证排水通畅,避免洞内积水。当洞内左右洞涌水量差异较大时,其排水设施宜统一进行设计。

对围岩裂隙水采用盲沟引排,排水盲沟有波纹塑料半圆管、软式透水管、各种新型排水管等,可因地制宜选用。一般3~5m设一道,突出遵循"有水则设,无水则防"的动态设计原则。二次衬砌环向施工缝、沉降缝、变形缝处宜加设排水盲沟。

分离式隧道可沿全长在二次衬砌两侧边墙脚边设置PVC纵向排水半花管,上半断面眼孔直径6~8mm,并用PVC排水管横向连通至中心排水沟或排水边沟,PVC管径根据水力计算确定。

连拱隧道沿全长在中隔墙顶部两侧拱脚附近各设一道PVC纵向排水半花管,并用PVC排水管横向、纵向连通至中心排水沟或排水边沟。PVC管径根据水力计算确定。连拱隧道尽可能采取夹心式中隔墙形式,以便能有效地解决中隔墙的防排水问题。

隧道内应根据实际情况设置双侧或单侧排水沟,用于排放清洗和消防用水,同时设置中心排水沟,用于排放地下水。边沟一般采用钢筋混凝土结构,水沟的侧面应留有足够的泄水孔。

为了便于对排水管定期采用管道疏通机及时疏通,设计上在二次衬砌墙角纵向间隔50～100m对称布设检查维修孔。排水管流出的水由横向PVC排水管与中心排水沟管连通排出洞外。隧道内行车道边缘排水沟每50m设一处铁篦子泄水检查孔,中心排水沟每200～300m设一处沉沙检查井,并铺设钢筋混凝土盖板。这样排水系统就形成一个便于维修、疏通、检查,且"始终畅通无阻"的网络系统,确保隧道正常运营。

3)洞内外排水衔接

洞外路基排水边沟至汇水坑以外不小于2m范围内,除石质坚硬、不易风化者外,均应采用浆砌片石铺砌。

在寒冷或严寒地区设置保温水沟,出水口应采用保温出水口。洞口检查井与洞外暗沟连接时,其连接暗沟应采用内径不小于40cm的预制混凝土圆管,为加大水流速度并防止水流冻结,暗沟坡度不小于1%,沟身应设置在当地冻结线以下。

当隧道洞口为反坡排水时,应结合实际地形等情况,采用可靠的截水措施,以免路面水流进入隧道和影响行车安全。

三、育王岭隧道防排水方案

根据隧道防排水的基本原则和对隧道防排水的总体要求,同时结合育王岭隧道的地质和水文勘探,设计出了一套针对育王岭隧道的防排水方案。

育王岭隧道防排水采取"以防为主、刚柔结合、多道防线、因地制宜、综合治理"的原则。在全隧道二次衬砌背后环向设$\phi 50$塑料排水盲沟,纵向每5～10m设一环,纵向在洞内两侧水沟泄水孔高程处设DN100双壁波纹管道,每8m一段,横行在洞内两侧设$\phi 50$导水管,纵向间距10m一道,纵向盲沟、环向盲沟与横行导水管直接与隧道水沟连通。全部二次衬砌环向施工缝设置钢板止水带,纵向施工缝设置全隧道贯通的膨胀止水带,每侧一条。变形缝处设置钢边橡胶止水带。变形缝处结构内外缘采用密封胶封堵,全隧初期支护与二次衬砌之间拱部及边墙部位铺厚1.5mmPVC塑料防水板、$400g/m^2$短纤土工布保护层;二次衬砌拱部每隔4～5m预留回填注浆孔,待混凝土达到设计强度后进行充填注浆。防排水施工前,测量放线,精确定出隧道中心,利用移动式工作台车对作业面净空及喷射混凝土质量进行检查,合格后进行防排水项目施工。沿盲沟两侧钻定位孔,定位孔间距30～50cm,将膨胀螺栓打入定位孔,用铁丝将环向盲管定位于膨胀螺栓上。应做到纵横向盲沟连接畅通,坡度符合设计要求。盲沟的出水口应设滤水篦子或反滤层。集中出水点处沿水源方钻孔,然后将单根引水盲管插入其中,并用速凝砂浆将周围封堵,以便地下水从管中集中流出。

1. 系统排水管的布置

系统排水盲管由纵向盲管、环向盲管和泄水管组成。纵向排水盲管沿纵向布设于两侧墙脚水沟底上方,为 $\phi 100$ 双壁打孔波纹管;环向排水盲管为 $\phi 50$ 双壁打孔波纹管,沿隧洞环向周边布设。

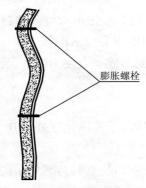

图 2-1　环向排水盲管固定示意图

环向、纵向盲管用"T"形接头连接,沿边墙每隔 5～10m 设边墙泄水管将地下水引入洞内水沟,纵、环向盲管、泄水管采用变径三通连接,泄水管的出口应离开水沟内壁一定距离,不得紧贴沟壁表面。

2. 环向排水盲管安设

先在喷射混凝土表面上按设计定出安装环向盲管的位置并画线,但需根据洞壁实际渗水情况作适当调整,盲管尽可能通过喷射混凝土表面的低凹处和出水点。沿布设盲管位置两侧钻定位孔,孔间距 30～50cm,将膨胀螺栓打入定位孔,用铁丝将环向盲管固定在膨胀螺栓上,见图 2-1。

3. 纵向排水盲管安设

按设计位置在两侧边墙墙脚测量纵向盲管位置并画线,沿线钻孔并打入膨胀螺栓,安设纵向盲管,用环形卡将盲管固定在膨胀螺栓上。

4. 边墙泄水管安设

模板台车就位后,开始施作边墙泄水管,间距 5～10m,模板台车上对应于泄水管的位置预留与泄水管相同直径的孔,泄水管一端安在模板台车的预留孔上,另一端采用变径三通连接在纵向排水盲管上,并固定牢固。

5. 结构自防水

隧道的设计采用的自防水措施,即二次衬砌为防水结构。防水等级根据结构要求和使用功能而不同,本隧道抗渗等级不得低于 P8。

在二次衬砌混凝土中加入一定比例的防水剂,防水剂的掺入比例要通过配合比试验来确定。另外,要对防水剂本身进行试验,各项技术指标应满足使用要求。混凝土浇筑时要加强振捣,使之密实。衬砌后利用预留注浆孔在衬砌背后全环注浆。

6. 防水板

在初期支护与二次衬砌之间拱墙设 PVC 塑料防水板加土工布缓冲层,隧道地下水发育地段考虑全环铺设防水板加土工布,防水板厚度 1.5mm,土工布质量 $400g/m^2$。

(1)防水板无锚钉铺设技术

①本技术是对传统铺设工艺的优化和创新,改善了防水板的铺设质量,提高了铺设工效,减轻了工人的劳动强度。

②铺设过程中,每循环临时设置的膨胀螺栓在铺设一循环防水板时全部卸掉,防水板上没有一处人工穿孔,从而保证了防水板的整体性,充分发挥了防水板作为复合衬砌封闭防水层的作用。

③铺设过程中,沿环向均匀布置拉丝,纵向拉丝根根相连,形成一个起承托作用的"悬承栅",使防水板纵向受力均匀,避免了传统铺设方法中局部受力集中而破坏防水板的情

况发生。

④拱顶设置圆柱式气囊,使防水板在铺设时预留出一部分长度,避免了铺设过程中防水板自重作用自动绷紧与壁面不密贴,导致二次衬砌与初期支护间拱顶形成空洞的现象发生。

(2) 质量检查

质量检查的主要项目及标准见表2-1。

主要检验项目及质量标准表　　　　　　　　　　　　　表2-1

项目		质量标准	备注
一、原材料	1. 外观	表面光滑无波纹、无破损、无孔洞	有破损及孔洞应焊接修补
	2. 抗拉强度	符合设计要求及相关技术标准	
	3. 伸长率	大于或等于100%	
二、防水板固定	1. 固定点间距	符合设计要求,一般拱部0.5~0.8m、边墙1.0m、底板1.5m	凹凸变化点应增加固定点
	2. 与基面密贴	用手托起防水板,各处均与基面密贴	不密贴处小于10%
三、防水板焊接	1. 直观检查	焊缝宽度≥2cm,搭接宽度≥10cm,焊缝平顺、无波纹,颜色均匀透明,无焊焦、烧糊或夹层	
	2. 充气检查	充气压力0.1~0.15MPa,稳定时间≥1min	压力降低找出渗漏点,焊接修补
	3. 破坏性检查	截开断面无漏焊、烤焦等缺陷;试件检查,抗剪强度>母材的70%	

焊缝质量检查方法:用5号注射针头与压力表相接,用打气筒进行充气检查,将焊缝加压至1.0~1.5MPa时,停止充气,保持该压力2min,否则说明有未焊好之处,用肥皂水涂在焊缝上,产生气泡地方重新焊接。可用热风焊枪和电烙铁等补焊,直到不漏气为止。检查数量根据随机抽样的原则,每4条抽试一条,为保证质量,每天每台热合机焊接应取一个试样,注明取样位置、焊接操作者及日期。防水板焊接详见图2-2。

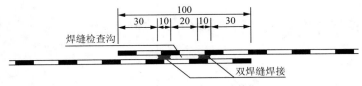

图2-2　防水层搭焊示意图(尺寸单位:cm)

7. 止水带

主要采用中埋式橡胶止水带(一级防水)、钢板止水带(二级防水),二次衬砌施工缝8m/道。变形缝在地层显著变化处、断面明显变化处等设置,采用外贴式橡胶止水带加钢边橡胶止水带。

在每组衬砌混凝土浇筑前,衬砌台车就位后,将两端的堵头板在衬砌厚度的1/2处分开做成两块,利用堵头板将止水带卡住固定在设计位置,并在外侧间隔1.0m在堵头板上钻孔,沿待浇筑的一侧向另一侧穿入$\phi 10$钢筋卡,将止水带的待浇筑的一端固定;将露在外面的一端要保护好,拆模后台车移位固定浇筑前,及时加入嵌缝材料和混凝土界面剂。浇筑混凝土时要注意保护止水带,防止发生褶皱,保证止水带平面位置的准确。止水带在使用前要进行试验,检验合格后方可使用。止水带的搭接长度不小于10cm,横向与纵向的搭接的接头要错开,不能在同一位置上。

8. 特殊部位的防水施工

(1)变形缝的施工

变形缝是由于结构刚度不同,不均匀受力以及考虑到混凝土结构收缩变形而设置的允许变形的结构缝隙。变形缝是防水薄弱环节,如处理不当将影响工程的正常使用和寿命,为此,在施工过程中要认真仔细,一丝不苟。变形缝设在地层显著变化处、断面明显变化处,采用外贴式橡胶止水带加钢边橡胶止水带。变形缝结构,如图2-3所示。

(2)施工缝的施工

二次衬砌拱墙环向施工缝采用钢板止水带,环向施工缝处衬砌内缘预留排水槽并以聚硫密封胶封面,环向施工缝间距为8m,纵向施工缝设钢板胶止水带并涂刷混凝土界面胶。施工工艺除没有沥青木丝板和背贴式止水带外,基本同变形缝施工。其具体结构,如图2-4所示。

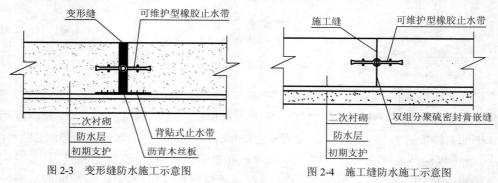

图2-3 变形缝防水施工示意图　　　　图2-4 施工缝防水施工示意图

第六节　隧道初支与二次衬砌结构设计

一、隧道衬砌结构类型的选择

矿山法隧道衬砌结构形式多种多样,在围岩比较好的情况下,常选用锚喷支护、整体式衬砌、复合式衬砌等结构形式。

根据育王岭的地质和水文状况,选择柔性支护体系的复合式衬砌结构,即以锚杆、喷射混凝土、钢架等为初期支护,以模筑混凝土为二次衬砌的复合衬砌结构。在初次衬砌与二次衬砌之前设置防水排水夹层,二次衬砌采用防水混凝土,防止围岩的水渗入隧道内。

复合式衬砌指的是分内外两层先后施作的隧道衬砌。在坑道开挖后,先及时施作与围岩密贴的外层柔性支护(一般为喷锚支护),也称初期支护,容许围岩产生一定的变形,而又不至于造成松动压力的过度变形。待围岩变形基本稳定以后,再施作内层衬砌(一般是模筑的),也称二次支护。两层衬砌之间,根据需要设置防水层,也可灌注防水混凝土内层衬砌而不做防水层。

二、初期支护——喷锚支护

1. 喷锚支护的作用

隧道开挖形成新的孔洞后,破坏了岩体原有的相对平衡状态,使隧道周围部分岩体应力重新分布,引起围岩的变形、破坏和坍塌。为了及时控制围岩的变形、破坏和坍塌,必须采取工程措施进行支护。采用新奥法施工,在开挖爆破后,紧接着在隧道岩壁上喷上一层薄薄的混凝土,同时在洞壁上钻孔插入锚杆或敷设钢筋网、钢架等,以控制围岩的变形和坍塌,增加围岩的自承力;或把可能坍塌的岩块支撑住,使其不落入洞内,这种支护统称"喷锚支护",亦称"初期支护"。在初期支护基本稳定后,再施作模筑混凝土,即二次支护或永久支护。大量工程实践和科学试验证明,复合衬砌比传统模筑混凝土衬砌施作及时、可靠、经济,同时,喷锚支护可以适用于多种围岩条件。

2. 初期支护结构的基本要求

(1)支护必须与周围围岩体大面积地牢固接触,即保证支护—围岩作为一个统一的支护体系而共同工作。支护的接触状态不好,不仅可以改变荷载的分布图形,还可改变两者之间共同作用的性质。由于施工方法、支护类型的不同,两者的接触状态也是不同的,即有点接触和面接触之别。

初期支护如采用格栅或型钢钢架,它们与围岩的接触状态属于点接触且是任意的。在这种接触状态下,只能传递径向应力,围岩压力极不均匀。喷锚施工规范中规定:①支护与围岩间填塞密实;②对于软弱围岩采用钢架作为支护构件时,钢架必须有足够的强度和刚度,以控制围岩的变形速度,钢架之间必须用纵向钢筋连接。钢架与围岩应尽量靠近,但应留2～3cm间隙作为混凝土保护层。当钢架和围岩之间的间隙过大时,应设垫块、钢楔或混凝土楔垫块顶紧,其点数单侧不得少于8个。

对于面接触,地质较好时可与围岩全面而牢固地接触,地质较差时(如土质隧道)与围岩是松散的面接触。如果地质条件较好,喷射混凝土不仅能传递径向应力而且还能传递切向应力,使接触点分布比较均匀,改善结构的受力状态,支护效果较好。

(2)应允许围岩及初期支护结构产生有限的变形,以充分发挥围岩的承载作用而减小支护结构的受力,为此要求支护结构的刚度、构造,按不同的围岩采取不同的参数。锚喷支护属柔性支护,能产生一定的变形,比刚性支护厚度大为减小,使支护结构与围岩的应力重新调整,使得接触应力变得均匀,而支护结构中的弯矩很小,基本上是受压的。

(3)初期支护应根据围岩变形情况及时施作,如支护施作过晚,会使周围围岩暴露时间过长产生塑性变形而破坏。隧道开挖后,对于围岩较差的地段,及时、尽快地加以支护是很重要的。因为在这种情况下,如不及时支护,几厘米的径向位移就会造成岩体的有害松弛,造成塌方。

（4）新奥法用喷锚支护时，必须对围岩的变形进行监控量测，及时进行调整和修改支护参数和施工方法，以适应不断变化的围岩状态，以期达到令人满意的经济与安全的目的。

三、施工技术

1. 护拱及长管棚施工

育王岭隧道两端洞口Ⅴ级围岩，进出口加强地段均采用长管棚（L=50m）超前支护，钢管设置于衬砌拱部，管心与衬砌设计外轮廓线间距要求大于30cm，平行路面中线布置，具体施工工艺流程见图2-5。

1）长管棚设计参数

（1）钢管规格：热轧无缝钢管ϕ108mm，壁厚9mm的热轧无缝钢尖管，钢管前端呈尖锥状，管节由4～6m组成，间隔布置。

（2）管距：环向间距中至中40cm，距隧道初支外轮廓组35cm。

（3）钢管轴线外插角（与水平线夹角）1°～2°。

（4）钢管施工误差：径向不大于20cm，沿相邻钢管方向不大于10cm。

2）长管棚施工方法及要领

（1）施作套拱：施100cm厚现浇C30护拱以作长管棚固定墙，套拱在明洞外轮廓线以外施作，套拱内埋设三榀I18工字钢拱架，拱架与管棚钢管及成洞面锚杆焊成整体。

（2）配备电动钻机，钻进并顶进长管棚钢管。

（3）管棚应按设计位置施工，先将孔位编号，为奇数的孔先钻，下管注浆后再钻编号为偶数的孔，偶数孔施工时兼作检查奇数孔的注浆质量。施工时钻机立轴方向必须准确控制，以保证孔口的孔向正确，每钻完一孔便顶进一根钢管，钻进中应经常采用测斜仪测量钻进的偏斜度，发现偏斜超过设计要求，及时纠正。

（4）钢管接头采用丝扣连接，丝扣长15cm。为使钢管接头错开，编号为奇数的第一节管采用4m钢管，编号为偶数的最后一节钢管采用4m钢管，以后每节均采用6m长钢管，以保证钢管的接头错开。

（5）注浆采用分段注浆。

①注浆机械：注浆泵两台。

②灌注浆液：以水泥单液浆为主浆，若开挖后地下水丰富，则改为水泥-水玻璃双液浆。

③注浆参数：

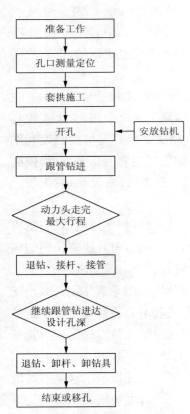

图2-5 管棚施工工艺框图

a.（单液浆）42.5 级普通硅酸盐水泥,水灰比 1∶1;

b.（双液浆）42.5 级普通硅酸盐水泥,水灰比 1∶1;

c. 水玻璃浓度 35 波美度,水玻璃模数 2.6;

d. 水玻璃与水泥浆体积比 1∶1;

e. 注浆压力:初压 0.5～1.0MPa,终压 2.0MPa。

④注浆前应先进行注浆现场试验,注浆参数应通过现场试验按实际情况确定,以利施工。

⑤注浆结束后及时清除管内浆液,并用 M30 水泥砂浆紧密充填,增强管棚的刚度和强度。

⑥完成长管棚注浆施工后,在管棚支护环的保护下,按设计的施工步骤进行掘进开挖。

2. 砂浆锚固

1）锚杆施工

锚杆为 $\phi 22$ 砂浆锚杆。

锚杆施工的要领:

（1）隧道工程坑道开挖后,尽快安设锚杆;

（2）锚杆与拱架焊接牢固;

（3）锚杆的孔位、孔深、孔径及布置形式要符合设计要求;

（4）锚杆杆体露出岩面长度不应大于喷层厚度;

（5）确保隧道工程辅助稳定措施中的锚杆施工质量符合设计要求;

（6）锚杆注浆要安设垫板。

2）材料要求

（1）锚杆:杆体直径为 22mm 高强度的螺纹钢。

（2）水泥:水泥砂浆采用强度等级为 42.5R 级的普通硅酸盐水泥。

（3）砂:采用粒径小于 2.5mm 的中细砂。

（4）水泥砂浆:强度不低于 20MPa,洞室上部采用快凝水泥砂浆。

（5）外加剂:在水泥砂浆中添加的速凝剂和其他外加剂,不得含有对锚杆产生腐蚀作用的成分。

（6）如有要求,可采用锚固剂。

3）砂浆锚杆施工要点

（1）施工机具选择

①打锚杆孔及安装——YT-28 风动凿岩机。

②混凝土喷射机。

（2）洞体支护的具体方法

根据设计要求,选择施工机具,确定支护方法及采用材料,进一步安排施工工艺措施。该隧道设计采用 $\phi 22$ 砂浆锚杆作为隧道边墙支护系统锚杆,施工流程见图 2-6。

3. $\phi 25$ 中空注浆锚杆

（1）施工要点

①施工机具参照普通水泥砂浆锚杆。

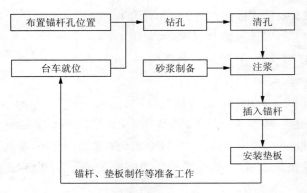

图 2-6　砂浆锚杆施工工艺流程

②原材料及配合比：$\phi25$ 中空注浆锚杆强度等级为 HRB335（锚杆一般采用的强度等级）。锚杆杆体采用组合 $\phi25$ 中空锚杆，长度按设计规定确定。普通硅酸盐水泥，饮用水等，所用材料按要求进行取样试验。注浆材料为浆，水灰比为 0.45～0.5。由工地试验室选定，报监理中心试验室审定。水泥浆拌和均匀，随拌随用，在灰浆初凝前使用完毕。施工流程见图 2-7。

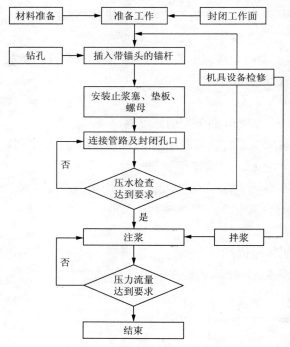

图 2-7　中空注浆锚杆施工工艺框图

（2）质量标准及检查

完工的锚杆，在锚固后 2h 内，能承受 5kN 的拉力，6h 内能承受 30kN 的拉力，按 3% 抽样试验。质量保证措施如下：

①锚杆材质检验：每批锚杆材料均应有生产厂的质量证明书，并按施工设计图规定的材质标准以及监理工程师指示的抽检数量，对锚杆材料性能进行检验。

②注浆密实度试验:选取与现场锚杆直径、长度相同的锚杆及相同材料和配比拌制的砂浆,并用与锚杆孔直径和倾斜度相同的塑料管(或钢管),模拟为施工现场的锚杆孔,按与现场相同的注浆工艺进行注浆,养护 7d 后,剖管检查其密实度。不同直径和长度的锚杆均需进行试验,并将试验计划报送监理工程师审批。

③按监理工程师指示的抽检范围和数量,对锚杆孔的直径、深度和倾斜度进行抽查,并做好记录。

④锚杆拉拔力试验:在砂浆锚杆养护 28d 后,用拉拔器对锚杆逐级加载,直到将锚杆拔出或拉断为止。按作业分区,在每批锚杆中抽查规定数量的锚杆进行拉拔试验。喷锚支护中的锚杆,当拉拔力达到规定值时,立即停止加载,结束试验。

4. $\phi 42$ 注浆锁脚锚杆施工

施工时采用凿岩机垂直岩面钻孔,并将钢管顶入围岩。成孔后,插入锚杆并安设止浆塞,然后高压注浆,使水泥浆液充填于围岩裂隙中,加固地层,提高围岩自身承载能力。浆液为水泥砂浆,将 $\phi 42$ 钢管注浆锚杆内及其与孔洞之间的孔隙完全填满。

5. 喷射混凝土施工

喷射混凝土采用 C25 素(网)喷混凝土,施工中严格控制喷射混凝土配合比和回弹量,确保喷射混凝土质量。为保证工程质量、减少回弹量和粉尘,本工程所有喷混凝土支护全部采用湿喷法施工。

(1)原材料

①水泥:采用强度等级为 42.5R 级的普通硅酸盐水泥。

②集料:粗集料选用耐久的卵石或碎石,最大粒径不大于 10mm。不得含有活性二氧化硅的集料。细集料选用坚硬耐久的粗、中砂,细度模数为 2.5~3.0,使用时的含水率控制在 5%~7%。集料级配经喷射混凝土试验后确定。筛网 $\phi 10mm$(滤出超径石子)。

③拌和用水:凡适宜饮用的均可使用。拌和用水所含物质不应影响混凝土和易性和混凝土强度的增长,以及引起钢筋和混凝土的腐蚀。

④减水剂:具有超塑化性能,氯化物含量不超过 0.1%(重量)。

⑤速凝剂:只允许使用无碱非腐蚀性液体速凝剂。在使用速凝剂前,应做与水泥的相容性试验及水泥净浆凝结效果试验。速凝剂掺量宜为水泥重量的 4%~8%,并通过现场试验确定。

⑥防水剂:为减少隧洞渗水现象,须添加防水剂,使用前应进行试验,以求达到最佳效果。

⑦喷射混凝土所需的外加剂,必须满足《岩土锚杆与喷射混凝土支护工程技术规范》(GB 50086—2015)的相应规定。

⑧改性聚酯纤维:根据设计要求,通过试验确定掺量,以求达到良好的效果。

(2)喷射混凝土

①准备工作:喷射混凝土前选取规定块数做试验板,试验板测定的喷射混凝土工艺质量和抗压强度达到要求,才可以进行喷射。

在喷射前对喷射面进行全面检查,清除开挖面的浮石、墙脚的石渣和堆积物;处理好光滑的岩面;安设工作平台;用高压水枪冲洗喷面,对遇水易潮解的泥化岩面,应采用压力风清扫岩面;埋设控制喷射混凝土厚度的标志。

作业区做好通风、照明准备工作。对施工机械设备、风、水管和电线等进行全面检查和试运行。喷射过程中应保持连续上料,保持机筒内料满,在料斗上设一10mm孔筛网,防止超径集粒进入机内。

②施工过程:喷射作业分段分片依次进行,喷射顺序自下而上,一次喷射厚度严格按规范控制,分层喷射时,后一层在前一层混凝土终凝后进行,若终凝1h后再喷射,先用风清洗喷层面;喷射作业紧跟开挖工作面,混凝土终凝至下一循环放炮时间不少于3h。

喷射机作业严格执行喷射机的操作规程。喷射作业开始时,先送风后开机,再给料;结束时待料喷完后,再关风;向喷射机供料连续均匀;机器正常运转时,料斗内保持足够的存料;保持喷射机工作风压稳定,满足喷头处的压力在0.45~0.7MPa,喷射作业完毕或因故中断时,将喷射机和输料管内的积料清除干净。施工程序见图2-8。

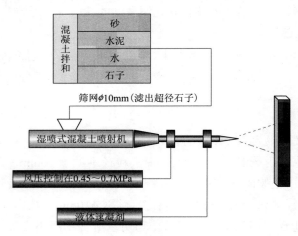

图2-8 喷射混凝土施工程序

喷射手经常保持喷头具有良好的工作性能;使喷头与受喷面垂直,保持0.6~1.2m的喷距。

喷射混凝土的回弹率,拱部不大于15%,边墙不大于10%。

喷射混凝土养护:喷射混凝土2h后,喷水养护;养护时间不少于7d;气温低于+5℃时,不得喷水养护。

冬季施工:喷射作业区的气温不低于5℃;混合料进入喷射机的温度不低于5℃;普通硅酸盐水泥配制的喷射混凝土,在低于设计强度30%时,不得受冻。

6.钢拱架及格栅钢架加工及架设

(1)钢拱架及格栅钢架加工及检查

将型钢按设计图放样,放样时采用洞外按1:1比例放样加工,各单件焊接完成后,先试拼装再运进洞内安装。预留焊接收缩余量及切割刨的加工余量。保证主钢架尺寸正确,弧形圆顺。焊接时沿钢架两边对称焊接,防止变形。焊前及焊缝检查严格按钢结构工程规范

执行。加工后进行试拼,其允许误差为:
①沿隧洞周边轮廓误差不大于 3cm。
②各单元螺栓孔眼中心间距误差不超过 ±0.5mm。
③钢架平放时,平面翘曲小于 ±2cm。
(2)架设
安装前先准确定出每榀钢架的位置,清理拱角或墙角的松渣,处理欠挖部位至设计断面,格栅(型钢)钢架按设计位置拼装,格栅(型钢)钢架与封闭混凝土之间间隙大时,应增设混凝土垫块定位,两排钢架间纵向按设计要求用钢筋连接,形成纵向连接体系。钢架安装完成后,打设锁脚锚杆并将与钢架相接触的锚杆头焊接在钢架上,使之成为锚杆、格栅(型钢)钢架、钢筋网构成的整体结构。

7. 钢筋网

(1)钢筋网使用 $\phi 8$ 盘条加工,网格为 15cm×15cm、20cm×20cm、25cm×25cm,根据围岩情况而定,固定在锚杆末端。
(2)钢筋须调直除锈,按规定长度下料、焊接。
(3)钢筋必须安装顺直,随初喷混凝土表面起伏铺设,并与锚杆或锚钉末端固定牢固;钢筋网成形后,在复喷混凝土时,钢筋网不得晃动。
(4)钢筋网加工允许偏差:间距 ±10mm,搭接长度 ±15mm;表面保护层厚度不小于 10mm,不允许将锚杆、钢筋头外露。
(5)钢筋网的铺设,应在初喷和锚杆施工后进行。

8. 衬砌背后压浆

隧道及地下工程中的回填注浆具有堵水、加固结构、改善结构受力条件和控制地层沉降等多重作用。根据回填作用部位和目的不同,回填注浆又可分为初期支护回填注浆和二次衬砌背后回填注浆,由于注浆工艺、注浆机具和注浆目的等内容都较为一致,因此对回填注浆技术统一叙述。

(1)回填注浆孔的布置
①注浆孔布置于拱顶,初期支护背后注浆孔孔距 3～5m/个,二次衬砌背后注浆孔孔距 9～12m/个,布孔以避开环向施工缝为宜。
②注浆管采用普通焊接钢管加工,均采用预埋方式布管。
③将注浆孔编号,先注奇数孔,后注偶数孔,这样可使各孔注浆达到互补作用,提高注浆效果。
(2)注浆工艺流程
注浆工艺流程如图 2-9 所示。
(3)注浆浆液配制
根据设计要求,对二次衬砌背后进行注浆处理,消除衬砌与初期支护之间的空隙,根据以往施工经验,选择水泥浆作为回填注浆浆液。水灰比宜为 1:1～1:1.5,水泥选用 42.5级硅酸盐水泥,内掺水泥用量 12% 的 Fs-1 防水剂及聚丙烯酰胺(水用量的 0.5‰～1‰,拌浆前先溶于水)。

图 2-9 注浆工艺流程图

（4）注浆压力

回填注浆压力不宜过高，只要能克服管道阻力和二次衬砌与防水板之间空隙阻力即可，压力过高易引起初期支护或衬砌变形。采用注浆泵注浆时，紧接在拱顶注浆处的压力宜控制在 0.3～0.4MPa，不得超过 0.5MPa。

（5）注浆施工

①注浆之前，清理注浆孔，安装好注浆管，保证其畅通，必要时应进行压水试验。

②注浆必须连续作业，不得任意停泵，以防浆液沉淀，堵塞管路，影响注浆效果。

③注浆顺序：注浆应由低处向高处，由无水处向有水处依次压注，以利充填密实，避免浆液被水稀释离析。当漏水量较大，则应分段留排水孔，以免高水压抵消部分注浆压力，最后处理排水孔。

④注浆时，必须严格控制注浆压力，以防大量跑浆和使结构产生裂缝。

⑤在注浆过程中，如发现从施工缝、混凝土裂缝少量跑浆，可以采用快凝砂浆勾缝后继续注浆，当冒浆或跑浆严重时，应关泵停压，待一二天后进行第二次注浆。

⑥注浆结束标准。当注浆压力稳定上升，达到设计压力并持续稳定 10min（土层中时间要适当延长）后，不进浆或进浆量很少时，即可停止注浆，进行封孔作业。

⑦停浆后，立即关闭孔口阀门，然后拆除和清洗管路，待浆液初凝后，再拆卸注浆管，并用高强度水泥砂浆将注浆孔填满捣实。

⑧注浆管理：为了确实地获取注入浆液质量和数量，必须保管好全部证明书及测量数据等。施工中应经常监视注入量、注浆压力及二次衬砌结构状况，必要时应变换注浆参数。根据注浆情况，事先应计算出注浆量，并与实际注浆量进行对照，及时跟踪、变更施工参数。

四、二次模筑混凝土衬砌施工

二次衬砌是新奥法复合衬砌的一个主要组成部分，目前人们对其主要功能机理看法不完全一致，一般认为二次衬砌除要承受隧道建成后所发生的水压力、围岩蠕变和膨胀性地压力等荷载外，还要起到保证运营安全、防水、通风和美观的作用。因此除要求隧道二次衬砌内实外光、线形顺畅、美观外，而且还不允许出现裂缝和渗漏水现象。

1. 施作时机

做好围岩变形量测工作，为二次衬砌施作时机提供科学依据。

施工质量与施工时机关系重大。按规范要求，二次衬砌必须在喷锚支护变形基本稳定后才能进行施作，即围岩的位移速度有明显减缓趋势，已产生的各项位移已达到位移总量的

80%～90%，周边位移速度小于0.1～0.2mm/d，拱顶下沉速率小于0.07～0.15mm/d。但在实际施工中，还要根据围岩级别及变形规律，灵活处理。比如对Ⅴ级以上软弱围岩和浅埋段隧道，应在初期支护完成后，抓紧测量、密切注意变形的发展情况，并立即施作仰拱。

2. 灌注混凝土前的准备工作

为保证二次衬砌的质量，必须在施工前做好下列准备工作：

（1）复测隧道中线、高程、断面尺寸和净空尺寸。

（2）清除浮渣、积水，修平墙面和顶部，检查防水板安装质量。

（3）检查和检修模板台车质量。

（4）台车就位后，对其安装位置、模板及其相关空间尺寸进行详细检查。

（5）检查混凝土配合料数量质量、配合比设计等。

（6）检修好混凝土制配、运输等各种机械设备，如拌合机、混凝土输送泵等，必要时应进行试运转。

（7）防排水、通风、照明等的预埋件和预留孔洞等。

3. 混凝土浇筑作业

混凝土的浇筑顺序是：先墙后拱一次浇完，中间不留工作缝。

混凝土进入模板时采用的是埋管法，输送管不与模板接触，以免混凝土压出时对管口产生强烈的震动使模具变形。每浇筑一层进行振捣密实后再浇。边墙和拱脚部分的混凝土浇筑采用插入式振捣器作业，做到内实外光。边墙浇到起拱位置时，应暂停浇筑1～2h，让混凝土充分下沉，防止开裂。拱顶利用混凝土输送器的喷射作用使混凝土密实，同时用插入法振捣器或附着式振捣器进行振捣，使混凝土表面平整密实。浇筑拱顶封顶部分时，在已封顶处逐步向前进行，将软管的出口端设置于模板上预备封顶处，待输送出的混凝土充满封顶部位，并将软管埋入混凝土中约30cm，然后将软管拔出约40cm，振捣后连续输送混凝土，待其埋入上述深度后，再拔管一次，直到封顶完成。为保证拱顶浇筑密实，还采用了预埋压浆管，待衬砌完成后作压浆方法处理。对超挖部分回填一般是通过作业窗口，用同强度等级的混凝土回填；对超挖较大的边墙部分，经监理批准，可用碎石或片石回填后压浆；对拱顶除用同强度等级混凝土回填外，还应用注浆泵压注，以确保拱顶衬砌的厚度和初期支护密贴不留空隙。

4. 二次衬砌防排水

二次衬砌防排水在整个隧道防排水工程中是关键环节，各种缝隙，特别是混凝土衬砌中的施工缝、沉降缝对隧道防水有重要影响。育王岭隧道衬砌施工缝主要是分段浇筑之间的纵向施工缝和沉降缝。

5. 关于脱模时间

为了加强模板周转，规范规定一般混凝土强度达到2.5MPa时，即可脱模。实践证明，这对围岩变形基本稳定，在浇筑后不立即承受围岩压力的二次衬砌是可行的；但对软弱围岩的二次衬砌，脱模后可能立即受力，为防止衬砌开裂，还是混凝土强度达到70%～75%后脱模为好。

6. 二次衬砌施工质量的控制

为确保二次衬砌的质量，必须在施工中抓好下列事项：

（1）必须保证模台车的强度、刚度及其稳定性，满足衬砌厚度和隧道净空要求。模板台车除在浇筑混凝土前要求严格检查安装位置外，还要求加强在浇筑混凝土过程中的检查，发现台车出现变形扭转、倾斜等不良现象时应立即调正。

（2）抓混凝土的质量，对水泥、集料、配比、拌和、浇筑、振捣等工序必须严格检查、控制，确保衬砌混凝土的强度，做到内实外光。

（3）对浅埋且有较多渗水软弱围岩等不良地质地段的二次衬砌，必须继续加强变形监测，掌握变形规律。

第七节　建筑物保护

一、控制爆破对阿育王寺的影响

育王岭隧道进洞口距离国家级文物保护单位阿育王寺核心保护范围较近，最近处约98.6m。根据中国铁道科学研究所提供的《宁波市轨道交通1号线二期工程建设与运营对阿育王寺文物安全影响评估》及专家评审意见（2011年4月），国家级文物阿育王寺保护区的爆破震动安全允许标准应严格要求，取为爆破震动速度峰值小于0.3cm/s。

为了确保阿育王寺保护区的安全，在隧道爆破开挖过程中应加强震动跟踪监测，要求一旦阿育王寺保护区的爆破震动速度（PPV）超过0.25cm/s就发出警告，采取更严格控制措施，确保爆破震动控制在0.3cm/s以内。

爆破施工单位应制订详细的控制爆破措施的专项施工方案，并报相关部门审批。在施工前，应做好阿育王寺文物建筑的现场调查记录工作。

由于该段隧道位于隧道进口段，岩体较破碎，埋深较浅，建议采用非爆破开挖，并在掌子面距古建一定距离时开始采用弱爆破开挖，直至隧道爆破施工对古建无影响为止。

二、控制隧道爆破施工对北仑支线的影响

隧道进出洞口的位置距离既有铁路北仑支线较近，最近处大约64m。根据中国铁道科学研究院提供的《宁波市轨道交通1号线二期工程育王岭隧道施工对既有铁路北仑支线安全影响评估》及专家评审意见（2011年4月），既有铁路各项保护设施的爆破震动安全允许标准按最严格要求，取为爆破震动速度峰值小于2.5cm/s。

采用微差控制爆破技术，妥善安排起爆顺序和临空面方向，控制飞石方向背向被保护的既有铁路和阿育王寺。

根据《铁路运输安全保护条约》的要求，育王岭隧道的进出口100m深度以内进行爆破

作业时，要预先与铁路运营管理部门联系，安排铁路运输天窗期间进行爆破，当隧道开挖掌子面进入 100m 深度以后，爆破震动和飞石对既有铁路的安全影响已有很大衰减，只需继续进行爆破震动监测就可以满足既有铁路运输安全的要求，爆破作业可以不受铁路运输天窗时间的限制。

爆破施工单位应制订详细的控制爆破措施的专项施工方案，并报相关部门审批。在施工前应做好阿育王寺文物建筑的现场调查记录工作。

由于该段位于隧道进口段及出口段，岩石较破碎，埋深较浅，建议采用非爆破开挖：并在掌子面距既有铁路一定距离时开始采用弱爆破开挖，直至隧道爆破施工对既有铁路无影响为止。

第八节 小结

经 20 多年的实践和推广，新奥法已在欧洲一些国家，如奥地利、德国、瑞典、瑞士、法国等的山岭隧道中普遍使用（占 70%～80%），并已用于地下铁道，且取得沉降量特别小的显著成果。日本从 1976 年以来，已有近 100 座隧道采用了新奥法。

我国从 20 世纪 60 年代初开始推广喷锚支护新技术，到 1981 年年底，采用喷锚支护的地下工程和井巷的总长度已接近 7500km。2012 年以来，又在普济、下坑、大瑶山等铁路隧道采用新奥法进行施工。

新奥法作为育王岭隧道的施工方法，应遵循以下几个基本要点：

（1）洞室开挖后，应使围岩自身承担主要的支护作用，而衬砌只是对围岩进行加固，使成为一个整体而共同发生作用。因此，须最大限度地保持围岩的固有强度，以发挥围岩的自承能力。如，及时喷混凝土封闭岩壁，就能有效地防止围岩松弛，而不使其强度大幅度降低，同时也不存在因顶替支撑而使围岩变形松弛的问题。总之应使围岩经常处于三轴应力约束状态，最为理想。

（2）预计围岩有较大变形和松弛时，应对开挖面施作保护层，而且应在恰当的时候敷设，过早或过迟均不利。其刚度不能太大或太小，又必须是能与围岩密贴，而要做成薄层柔性，允许有一定变形，以使围岩释放应力时起卸载作用，尽量不使其有弯矩破坏的可能。这种支护和传统的支护不同，不是因受弯矩而是受压剪作用破坏的。由于混凝土的抗压和抗剪强度比抗拉和抗弯强度大得多，从而具有更高的承载能力。一次支护的位移收敛后，可在其光滑的表面上敷设高质量的防水层，并修筑为提高安全度的二次支护。前后两次支护与围岩之间都只有径向力作用。

（3）衬砌需要加强的区段，不是增大混凝土的厚度，而是加钢筋网、钢支撑和锚杆，使隧道全长范围采用大致相同的开挖断面。此外，因为新奥法不在坑道内架设杆件支撑，空间宽敞，从而提高了安全性和作业效率。

（4）为正确掌握和评价围岩与支护的时间特性，可在进行室内试验的同时，在现场进行量测。量测内容为衬砌内的应力、围岩与衬砌间的接触应力以及围岩的变位，据以确定围岩的稳定时间、变形速度和围岩分类等最重要的参数，以便适应地质情况的变化，及时变更设计和施工。量测监控是新奥法的基本特征，量测的重点是围岩和支护的力学特征随时间的变化动态。衬砌的做法和施作时间是依据围岩变位量测决定的。

（5）隧道支护在力学上可看作厚壁圆筒。它是由围岩支承环和衬砌环组成的结构，且两者存在共同作用。圆筒只有在闭合后才能在力学上起圆筒作用，所以除在坚硬岩层之外，敷设仰拱使衬砌闭合是特别重要的。围岩的动态主要取决于衬砌环的闭合时间。当上半断面超前掘进过多时，就相应地推迟了它闭合时间，在隧道纵方向形成悬臂梁的状态而产生大弯曲的不良影响。另外，为防止引起围岩破坏的应力集中，断面应做到无角隅，最好采用圆形断面。

（6）围岩的时间因素还受开挖和衬砌等施工方法的影响，它对结构的安全性起着决定的作用。考虑掘进循环周期、衬砌中仰拱的闭合时间、拱部导坑的长度以及衬砌强度等变化因素，把围岩和支护作为一个整体来谋求稳定。从应力重分布角度去考虑，全断面一次开挖是最有利的；分部开挖会使应力反复分布而造成围岩受损。

（7）岩层内的渗透水压力，必须采取排水措施来降低。同时在育王岭隧道的设计过程中，还应遵循"管超前、严注浆、短开挖、强支护、勤量测、快封闭"的基本原则，以保证隧道的安全和质量。

本章参考文献

[1] 韩瑞庚．地下工程新奥法[M]．北京：科学出版社，1987．

[2] L·米勒．岩石力学[M]．北京：煤炭工业出版社，1981．

[3] 李晓红．隧道新奥法及其量测技术[M]．北京：科学出版社，2002．

[4] 朱汉华，尚岳全．公路隧道设计与施工[M]．北京：人民交通出版社，2002．

[5] 何满潮，景海河，孙晓明．软岩工程力学[M]．北京：科学出版社，2002．

[6] 钟桂彤．铁路隧道[M]．北京：中国铁道出版社，2000．

[7] 陶光龙，巴肇论，等．城市地下工程[M]．北京：科学技术出版社，2002．

[8] 王群选．锚喷支护、新奥法推广应用中的几个问题[J]．岩土工程界，2000，3（11）：48-49．

[9] 芮艳杰，贺少辉．新奥法施工技术及其在地铁工程中的应用[J]．西部探矿工程，2005（2）：105-107．

[10] 傅鹤林．梅关隧道工程施工技术[M]．北京：科学出版社，2009．

[11] 李晓红．隧道新奥法及其量测技术[M]．北京：科学出版社，2002．

第三章
隧道施工关键技术

隧道施工关键技术，主要包括爆破设计方案、不良地质条件下隧道施工方案、隧道控制测量及周边建构筑物的保护等。国内学者在这些方面都做了大量的研究工作，为隧道施工起了一定指导作用。

洪开荣教授结合重庆市地质情况[1]，论述了山区高速公路隧道施工中的洞口工程施工、浅埋地层大跨隧道施工、断层破碎带施工、水平岩层施工、岩溶及采空区施工、煤层瓦斯隧道施工及塌方处理等关键技术，提出了诸多宝贵的理念、原则和要点，逐渐形成较完整的山区高速公路隧道施工关键技术。

孔恒、宋克志研究了地下工程邻近施工分类及邻近影响程度[2]，阐述了隧道邻近施工安全性评估与风险分析，邻近施工对既有环境的变形影响与评价方法，邻近施工变位分配原理、方法与控制，隧道邻近施工地层变形控制技术，邻近施工监控量测与反馈控制技术等内容。另外，作为城市地下工程邻近施工理论与技术的应用，还介绍了8个邻近施工的工程实例。

肖广智介绍了隧道施工中关键技术的创新[3]，并研究了不良、特殊地质条件下隧道施工技术[4]，主要包括：高压富水断层，第三系未成岩含水砂层，高地应力软岩，高压富水宽张裂隙，高地应力硬质破碎岩，隧道塌方、岩溶突水、突泥事故预防及处治，列举了诸多工程实例。

路伯祥、许提多、黄丁发等针对隧道控制测量的特点[5]，阐述了应用GPS技术时应考虑的问题，提出了布点原则和应用方案，通过实例验证，得出了一些有益的结论。顾利亚以GPS测量的基线向量为观测量[6]，推导出适合GPS隧道控制网横向贯通精度的计算式。经实例验证，忽略观测量协方差的计算结果与严密计算结果非常接近；采用GPS接收机标称精度进行估算，其结果也满足隧道控制网的要求。这种估算横向贯通精度的方法完全适合GPS隧道控制网的测前设计。算例结果表明，影响隧道横向贯通精度的主要因素是两端洞口进洞基线方位角测量的相对精度。

杨会军、胡春林、谌文武等[7]根据断层及其破碎带是隧道开挖支护施工中难度很大、容易出现事故的地段等情况，结合甘肃省兰临高速公路新七道梁隧道的实例，根据其地质特征，加强基础资料收集，采用地面地质调查、波速测试、隧道内掌子面和侧壁地质素描及超前钻孔等方法手段，通过数据分析处理，对其中F4断层基本地质特征进行了预报，如断层岩性、规模、位置的长期超前地质预报和精度较高的短期超前地质预报。同时，对施工中收敛变形、拱顶下沉和围岩压力等测量数据进行了曲线分析，动态反馈于施工过程中，此即断层及其破碎带隧道信息化施工。该方法在隧道穿越F4断层施工指导中取得了令人满意的结果。

由于隧道掘进钻爆法施工具有经济、高效及对地质适应能力强的明显优势，所以至今仍是我国隧道掘进施工中最重要和最常用的技术手段。郭陕云、何广沂分别对钻爆法施工的进展做了阐述[8,9]。

朱正国、孙明路、朱永全等以南京地铁超小净距隧道为工程背景[10],结合国内外现有研究成果和规范,研究确保小净距先行隧道安全稳定的后行隧道爆破施工控制技术。以现代信息化施工理论为依据,充分运用现场监控量测,对先行隧道爆破质点震动速度进行监测分析和施工中爆破采用减震和隔震两方面控制技术;最终现场监测结果表明,优化后的循环进尺、段最大装药量与分段爆破差等爆破参数设计合理,该爆破设计在施工中未对先行隧道安全产生较大影响;同时,通过三维数值模拟计算,得到先行隧道壁面的质点震动速度随时间的变化规律,所得最大震速符合规范要求,也再次验证了优化后的爆破设计是合理的。通过数据分析得出隧道边墙的切向和径向震速比拱脚相应震速大,爆破面前方先行洞衬砌受爆破震动的影响稍大于后方衬砌,临近爆破点的左线隧道衬砌表面震动大于远离爆破点的衬砌表面震动。该研究成果为本工程施工提供了科学依据与技术指导,也可为类似隧道工程的爆破掘进工程在理论和施工方法上提供参考借鉴。

隧道掌子面附近围岩的稳定性对施工人员和隧道自身的安全至关重要。实践证明,由隧道爆破远区震动数据得出的围岩震动规律不适用于爆破近区。因此,测试隧道爆破近区围岩的震动、研究隧道掌子面附近围岩的震动规律是隧道钻爆施工安全的重要保证。傅洪贤、赵勇、谢晋水等以贵阳—广州铁路棋盘山隧道为工程背景[11],在隧道掌子面后方隧道拱顶5m范围的围岩内安装定制的速度传感器,测试隧道拱顶部位围岩的爆破震动速度;利用隧道中导洞的开挖,在中导洞掌子面正上方和侧面2m范围的围岩内安装定制的速度传感器,测试掌子面正上方和侧面围岩的爆破震动速度;研究隧道掌子面后方隧道拱顶、掌子面正上方和侧面围岩的爆破震动规律。研究成果对隧道钻爆施工具有一定的指导意义。

杨年华、张志毅结合开元寺隧道和杭州引水隧洞钻爆掘进中的爆破震动测试和分析[12],发现这两个埋深25m左右的隧道掘进中,掏槽爆破产生的地表震动最为强烈。试验证明采用多级复式楔形掏槽可以有效降低爆破震动,同时利用高精度延时雷管或数码电子雷管调整掏槽爆破起爆时差,可以实现震动波错峰减震,并能改善掏槽效果,提高炮孔利用率。爆破试验过程中配合爆破震动监测,不断调整和优化掏槽爆破方案,最终顺利通过隧道浅埋震动敏感区,而且平均单炮进尺在3m左右,地表爆破震动控制在1.5~2.5cm/s,达到保证安全的前提下实现快速钻爆施工。

电子雷管是一种延期时间可以根据实际需要任意设定并精确实现发火延时的新型电能起爆器材,是近年来起爆器材领域里新进展之一,被称为爆破技术的一场革命。傅洪贤、沈周、赵勇等结合兰渝铁路的建设[13],在人和场隧道进行电子雷管降震试验、电子雷管与非电雷管联合降震试验,对隧道电子雷管爆破降震机制进行研究,优化隧道炮眼的延时时间,研究电子雷管与非电雷管的衔接方法,取得隧道电子雷管单孔连续起爆降震技术和电子雷管与非电雷管联合降震技术。隧道电子雷管单孔连续起爆降震技术,与隧道非电雷管爆破相比,在爆破进尺不变的情况下,爆破震动降低80%以上;在爆破进尺增加25%的情况下,爆破震动降低50%以上。隧道电子雷管与非电雷管联合降震技术,与隧道非电雷管爆破相比,在爆破进尺增加25%的情况下,爆破震动降低40%以上。隧道电子雷管单孔连续起爆降震技术的炮眼间延时间隔时间对隧道爆破的效果至关重要,炮眼间延时间隔时间过大,影响隧道的爆破进尺和岩石破碎效果;炮眼间延时间隔时间过小,降震效果不明显,有时震动反而增大。隧道电子雷管降震技术,不但解决复杂环境下铁路隧道的施工问题,该技术也可在城市公路隧道中进行应用,已取得良好的社会和经济效益,对类似工程具有很好的指导意义。

耿萍、吴川、唐金良等通过数值分析和振动台模型试验相结合的方法[14],研究穿越断层破碎带隧道在地震荷载作用下横向内力分布和纵向动力响应特性。结果表明:围岩条件是影响衬砌地震内力的重要因素,围岩越差,地震作用产生的内力越大,其抗震性能越差;在横断面方向,不同围岩条件下衬砌内力均在共轭45°方向最大,为隧道抗震最不利位置;在纵断面方向,隧道位于围岩与断层破碎带接触面时,衬砌地震内力急剧增大;当隧道断面沿纵向远离断层破碎带一定距离后,其内力趋于一个稳定值。研究结果可为穿越断层破碎带隧道结构抗震设防提供参考。

第一节 隧道技术参数及施工标准化

一、隧道主要技术参数

(1)结构计算及荷载取值

隧道初期支护根据工程类比并辅以必要的理论分析确定。

隧道二次衬砌按荷载-结构模式对其单独承受围岩压力和结构自重进行了验算,衬砌结构用平面梁单元模拟,围岩弹性抗力用只受压的弹簧单元模拟。根据计算结果结合已有的施工经验,采取相应的技术措施保证施工安全和隧道结构稳定。荷载类型及其取值见表3-1。

荷载类型及其取值情况 表3-1

荷载类型	荷 载 取 值
永久荷载	(1)结构自重:素混凝土重度按24kN/m³,钢筋混凝土重度按25kN/m³; (2)岩土压力:根据现行《铁路隧道设计规范》(TB 10005—2005)深埋及浅埋隧道相关计算公式确定竖向岩土压力及水平岩土压力。地层的物理力学指标依据岩土工程勘察报告取值
可变荷载	(1)地面超载:地面超载一般按20kPa计算,地表覆土按其厚度折合成超载; (2)地下水压力:隧道采用半包排水的防排水措施,确实保证隧道排水系统的可靠性以减少作用在隧道衬砌上的水压力
偶然荷载	地震作用:按照《铁路隧道抗震设计规范》(GB 50111—2006),设防烈度为6度时不需要验算地震作用

结构设计时按整体或单个构件可能出现的最不利组合进行荷载组合,并考虑施工过程中荷载变化情况分阶段计算,主要荷载组合见表3-2(括号内为其效应对结构有利情况)。

主要荷载组合　　　　　　　　　　　　　　　　　　　表 3-2

极限状态	荷载\组合工况	永久荷载	可变荷载
承载能力极限状态	基本组合强度计算	1.35（1.0）	1.4
正常使用极限状态	标准组合裂缝宽度验算	1.0	0.7
正常使用极限状态	构件变形验算	1.0	0.7

（2）明洞衬砌设计参数

明洞结构为现浇 700mm 厚 C40 钢筋混凝土衬砌结构，洞顶填土最大厚度控制在 5m 以内。

明洞结构计算方法采用荷载 - 结构模型，根据作用在支护结构上的荷载按弹性地基上拱形平面杆系结构计算结构内力，并据此进行截面设计和配筋设计。

（3）暗洞衬砌设计参数

育王岭隧道衬砌结构均按照新奥法原理进行设计，隧道采用复合式衬砌，即初期支护采用锚网喷混凝土和钢拱架结合，在地质条件较差段辅以不同形式的超前支护，隧道二次衬砌全部采用钢筋混凝土以确保隧道结构安全。隧道复合式衬砌参数如表 3-3 所示。

支 护 参 数 表　　　　　　　　　　　　　　　　　　表 3-3

衬砌类型	开挖宽度（m）	开挖高度（m）	围岩级别	超前支护	初期支护				预留变形量	二次衬砌
					锚杆	钢筋网	喷射混凝土	钢拱架		
进洞口加强段	11.92	10.627	V级浅埋	φ108大管棚	D25×5mm 中空注浆锚杆 L=4.0m（纵）50cm×80cm（环）	φ8 钢筋网 15×15cm 双层	C25 喷射混凝土 厚 28cm	I20a 工字钢 间距 50cm	8cm	C40 60cm（钢筋）
出洞口加强段	11.96	10.667	V级浅埋	φ108大管棚	D25×5mm 中空注浆锚杆 L=4.0m（纵）50cm×80cm（环）	φ8 钢筋网 15×15cm 双层	C25 喷射混凝土 厚 28cm	I20a 工字钢 间距 50cm	10cm	C40 60cm（钢筋）
IVA1	11.64	10.347	IV级深埋	φ22锚杆	D25×5mm 中空注浆锚杆 L=4.0m（纵）100cm×80cm（环）	φ8 钢筋网 20×20cm 双层	C25 喷射混凝土 厚 25cm	钢格栅 间距 100cm	7cm	C30 50cm（钢筋）
IVA2	11.86	10.567	IV级浅埋	φ42小导管	D25×5mm 中空注浆锚杆 L=4.0m（纵）75cm×80cm（环）	φ8 钢筋网 20×20cm 双层	C25 喷射混凝土 厚 26cm	I18 工字钢 间距 75cm	7cm	C30 60cm（钢筋）
IVB1	11.64	10.347	IV级深埋	φ22锚杆	D25×5mm 中空注浆锚杆 L=4.0m（纵）100cm×80cm（环）	φ8 钢筋网 20×20cm 双层	C25 喷射混凝土 厚 25cm	钢格栅 间距 100cm	7cm	C30 50cm（钢筋）
IVB2	11.86	10.567	IV级浅埋	φ42小导管	D25×5mm 中空注浆锚杆 L=4.0m（纵）75cm×80cm（环）	φ8 钢筋网 20×20cm 双层	C25 喷射混凝土 厚 26cm	I18 工字钢 间距 75cm	7cm	C30 60cm（钢筋）
IIIA	11.16	9.867	III级深埋	无	D25×5mm 中空注浆锚杆 L=2.5m（纵）120cm×100cm（环）	φ8 钢筋网 25×25cm 单层	C25 喷射混凝土 厚 15cm	无	3cm	C30 40cm（钢筋）
IIIB	11.16	9.867	III级深埋	无	D25×5mm 中空注浆锚杆 L=2.5m（纵）120cm×100cm（环）	φ8 钢筋网 25×25cm 单层	C25 喷射混凝土 厚 15cm	无	3cm	C30 40cm（钢筋）

（4）洞门设计参数

洞门仰坡及明洞开挖边坡，设网锚喷临时防护（开挖回填以上的边仰坡按永久边坡设计），喷 C25 混凝土厚 20cm；钢筋网采用 φ8 钢筋网，网格间距 15cm×15cm；锚杆采用 φ22 钢筋砂浆锚杆，锚杆长 5.0m，间距均为 1.2m×1.2m；临时边坡坡率根据地质情况而定，具体表现为：微风化基岩为 1∶0.5，强风化基岩为 1∶0.75，地表覆土为 1∶1；永久边坡坡率亦随地质情况而异，具体表现为：微风化基岩为 1∶0.75，强风化基岩为 1∶1，地表覆土为 1∶1.25。

边、仰坡面上，应打设仰斜式 DN110 排水孔，内插 φ80mm 软式透水管，端部扎进，与水平夹角呈 −9°，深 5m，间距 2.5m×2.5m，局部富水区域可适当加密。

（5）超前预报

育王岭隧道的地质超前预报，包括 TSP、探地雷达和红外探水三种预报方法，对全洞段实施超前预报工作，其探测频次和任务为：TSP 每掘进 100m 探测一次；探地雷达每掘进 20m 探测一次，对发出警报、紧急警报洞段或围岩完整程度较差洞段适当加密预报频次；红外线探水和探地雷达预报同步进行。

在施工掌子面及侧壁进行探地雷达探测，探测掌子面前方及侧壁 0～20m 深度范围内的地层岩性界面、较大节理与构造、富水带、溶蚀通道及地下水等，确定其位置、规模及大致产状，推测其性质。

在掌子面进行红外线地下水探测，可辅助探测掌子面前方 0～20m 范围内地下水的大致富水程度，推测地下水对隧道掘进施工的潜在危害程度。

（6）爆破震动控制

爆破参数设计原则为：

①多打眼，少装药，多分段，严格控制地震震速，保守装药试爆 3 次，以震动监测实测数据调整同段最大装药量；

②严格控制炸药单耗取小值；

③严格控制炮眼填塞长度取大值；

④加强平面覆盖防护。

同时爆破施工必须重视炮眼（掏槽眼、辅助眼、周边眼）的布置、数目、深度和角度、爆破器材、装药量的计算和装药结构、起爆方法和起爆顺序。炮眼布置，应符合下列规定：

①掏槽眼可依据围岩情况来选定直眼掏槽、中空直眼和斜眼掏槽，尤其是坚硬、整体性较好的围岩宜选用中空直眼和斜眼楔形掏槽；

②周边眼应选隧道开挖轮廓域布置，顺帮打眼，并注意外插角 1°～3° 以保证开挖断面符合设计要求；

③辅助炮眼在掏槽和周边眼之间交错梅花状均匀布置，要求爆出的块体满足装载要求；

④周边与辅助炮眼的眼底应在同一垂直面上，而掏槽炮眼应较前者加深 100mm 以保证爆破效果。

（7）统一技术标准

①结构设计使用年限：100 年。

②结构的安全等级:一级;按荷载效应基本组合进行承载能力计算时,重要性系数 $r=1.1$。

③结构抗震设防烈度:6度;结构抗震等级:3级。

④钢筋混凝土构件裂缝控制等级:三级;裂缝宽度:迎水面不大于0.2mm,其他部位不大于0.3mm。

⑤结构的耐火等级:一级。

二、隧道施工标准化

1. 施工原则及指导思想

根据承建公司隧道施工技术水平,遵循以下具体原则施工。

(1)先防护后施工的原则

优先做好改沟及地面排水系统,尽量减少洞口、洞顶明挖数量,施工时避免破坏堆积层,尽早做好洞口防护,力争早进洞。洞身施工时,应将水的治理放在首要地位充分重视,做好超前探水、堵水和排水工作。

(2)稳扎稳打的原则

洞口加强段施工,应坚持求稳的原则,采取交叉中隔壁法(CRD),严格按照"短开挖、弱爆破、强支护、快封闭、适时衬砌、勤量测"的原则组织施工,确保隧道不塌方。

(3)综合支护的原则

本隧道按复合衬砌设计,施工中对破碎带、浅埋等不良地质段切实做好超前预测预报,采取超前大管棚、超前小导管、超前锚杆、中空注浆锚杆、注浆堵水、喷射混凝土、型钢拱架、系统锚杆等综合支护手段。

(4)不渗不漏原测

为保证隧道完工后不渗不漏,开挖时要保证开挖面圆顺,对渗水地段预先进行有效处理;衬砌施工时采取无钉铺设复合防水板工艺;对施工缝的处理坚持按规范处理并逐个检查、落实,衬砌背后按设计要求保证环向、纵向管排水顺畅等,进行防排水综合处治。

(5)施工指导思想

针对育王岭隧道施工的主要特点,施工的指导思想是:严格按设计要求,遵循新奥法施工原理,提前做好地质预测预报手段,超前探明地质、涌水等情况。施工中管超前,短开挖、弱爆破、强支护、勤检查、勤量测、适时衬砌,稳妥前进,不留隐患,确保安全、确保质量,实现工期。施工中贯彻"光面爆破是基础,初期支护保安全,围岩量测明情况,施工通风出效率,铺底先行造环境,二次衬砌质量树形象"的工作思路。

2. 隧道主要施工设备配置

根据本工程施工总体安排,结合工程的实际工作内容,施工机械设备的配置(表3-4)以确保工期、安全、质量为目标,以满足工程施工需要为原则进行配置。

主要施工设备表　　　　　　　　　　　　　　表3-4

序号	机械设备名称	型号	单位	数量
1	混凝土搅拌机	JS-500	套	1
2	混凝土输送泵	HBT60C	台	1
3	自卸车	斯太尔	辆	4
4	发电机	JLY250GF	台	1
5	变压器	S9-800	台	1
6	通风、排风设备	SDDY-Ⅱ	台	1
7	空压机	BJ-22/8G	台	4
8	挖掘机	DH220LC-7	台	1
9	装载机	ZLC50E 柳工	台	2
10	台钻	YT-28	把	20
11	电焊机	BX1-500-2	台	8
12	钢筋调直机	GX-Ⅰ-Ⅱ	台	1
13	断筋机	GQ40	台	2
14	湿喷机	GP2-7	台	10
15	型钢冷弯机	HLY-H175	台	1
16	万能工作台架	自制	台	2
17	管棚钻机	Atlas Copco	台	1
18	注浆机	BW-250/50	台	2
19	钢筋弯曲机	GW-40B	台	2
20	风镐	G-20	把	10
21	二次之衬砌台车	正常断面 9m 长	台	1
22	二次之衬砌台车	加大断面 6m 长	台	1
23	通风机	SDDY-Ⅱ型	台	1

3. 隧道施工人员配置及任务安排

针对本工程施工特点，以配强配足施工队伍技术力量为原则，从人力资源上确保满足工程需要。组建1个隧道专业架子队和2个监控小组，投入施工人员约170人，全部由专业施工人员组成，其中技工、高级技工占60%以上，特殊工种均持证上岗。投入的各施工队任务安排见表3-5。

施工队人员配备及任务安排　　　　　　　　　表3-5

序号	队伍名称	人数(人)	任务安排
1	隧道专业架子队	160	负责育王岭隧道进、出口端施工
2	监控一组	5	负责育王岭隧道进、出口端监控量测工作
3	监控二组	5	负责育王岭隧道进、出口端地质预报工作
	合计	170	

根据隧道工程的内容、工期要求和投入的机械设备，按照专业工种每个队伍配备施工队

员,组成掘进、支护、衬砌、运输等机械化作业班组。具体详见表3-6。

劳动力安排表 表3-6

工班	掘进班	支护班	防水、衬砌班	运输班	结构件加工班	安装工班	保障班	合计人数
职责分工	钻眼、装药、起爆、排险	超前支护、锚喷支护	防水材料铺挂、衬砌混凝土	出渣、运输及材料运输	钢构件、锚杆加工运输	洞内安装工程施工	供风、供水、供电及施工通风	
人数(人)	35	35	30	15	15	15	15	160

第二节 爆破设计方案

一、设计原则及注意事项

隧道开挖施工采用钻爆法施工,掏槽及底板眼按抛掷爆破设计。其他炮眼采用浅孔微震动控制爆破,在保证爆破效果的前提下,尽量减少炮眼的炸药用量。采用光面爆破,减少对围岩的扰动及降低震动强度。爆破设计应注意以下事项:

(1)钻爆设计的装药集中度为试验装药量,施工时由现场施工技术管理人员在每茬炮后分析掌握调整。

(2)原则上V级围岩每次进尺最大不超过0.75m,IV级围岩每次进尺最大不超过1.5m,III级围岩每次进尺最大不超过2.5m,II级围岩每次进尺最大不超过3.5m。

(3)结构装药:若无小药卷供应,则由施工段自行加工,原则上V级围岩采用$\phi20$(或$\phi22$)×10 小药卷,IV级围岩采用$\phi20$(或$\phi22$)×15 小药卷,导爆索连接,间隔梯度装药,为便于加工和安设,可使用一小竹片作依托,采用2号岩石乳胶炸药,事先加工成周边眼光爆药串,长度较炮孔深度短20cm,导爆索每米折算2号岩石炸药11g,装药梯度和间隔先按本式试验(用药量Q由眼底向外):$Q/2$+ 间隔 5~10cm+$Q/3$+ 间隔 10~15cm+$Q/6$+ 空会 + 堵孔炮泥 20cm,再根据爆破效果进行必要的调整。

(4)采用2号岩石炸药或乳胶炸药、非电毫秒雷管起爆,孔口一定要用炮泥堵塞,长20cm。爆破网络连好后,必须进行认真检查,确认无漏接和不良接头。

(5)炮孔直径要求 40~50mm,装药不耦合系数D为 1.8~1.5(中硬岩),遇软岩应取 2.0~2.3。

(6)掏槽眼采用楔形掏槽,掏槽角60°左右,眼底相距在20cm以内,V级围岩可设6孔,IV、III、II级围岩设8孔或更多,以充分掏出槽口为准。

(7)扩槽眼间距要以掏槽眼眼底计算,辅助眼间距按 80~100cm 布设,周边眼间距和最小抵抗线根据围岩情况和爆破效果不断据实调整。

(8)底眼爆破效果好坏,直接影响进度,应一次爆至设计轮廓,避免补炮延误时间,因此,打眼一般要超深0.1～0.2m,装药量一般取大值,特别是两个角眼的位置、方向、角度和装药量更加关键。

（9）本光爆设计,每循环进尺按匀质特征段面进行设计,施工时如风化较重,软硬不一,应针对掌子面围岩的具体石质情况布眼,打硬不打软。因此,间距可适当调整。但在匀质岩石中,布孔间距应尽量满足光爆设计要求,并且不断总结经验,改善和提高光爆效果。

（10）Ⅴ级围岩段,一般采用人力及机械开挖,不允许爆破,只有在人工及机械不能挖动时,才允许爆破法开挖,炮眼布置图未专门进行设计,若确需采用爆破时,只需将Ⅳ级围岩钻爆设计参数换为Ⅴ级围岩爆破参数即可。

（11）在Ⅴ～Ⅲ级围岩段,钢支撑（按设计间距架设）可适当滞后开挖面50～75cm,以便钻孔作业,但必须初喷,防止掉块伤人。

二、设计依据

爆破施工设计依据以下规范及条例：
(1)国家《爆破安全规程》（GB 6722—2003）。
(2)《民用爆破物品安全管理条例》。
(3)《爆破设计施工常用数据与技术标准规范用速查标准手册》。
(4)《爆破手册》汪旭光主编,冶金工业出版社2010。
(5)该项目提供的有关资料及现场踏勘。
(6)该项目的施工图纸。
(7)根据以往的施工经验。

三、工程规模

宁波市轨道交通1号线二期工程育王岭隧道为宝幢站—邱隘站区间的一部分,两侧与高架区间连接,线路出宝幢站后,采用高架形式沿既有北仑铁路支线南侧向东敷设,上跨天宝公路后,经过育王公墓三墓园,在其北侧进洞,穿越育王岭山,出洞后再次以高架形式上跨既有北仑铁路支线。隧道进口里程为K30+730,出口里程为K32+110,隧道全长1380m。

其中K30+730～K31+413长683m在鄞州区辖区内,其围岩级别为：明洞20m（K30+730～K30+750）、Ⅴ级围岩15m（K30+750～K30+765）、Ⅳ级围岩105m（K30+765～K30+790、K30+995～K31+015、K31+205～K31+265）、Ⅲ级围岩515m（K30+790～K30+995、K31+015～K31+205、K31+265～K31+385）、Ⅱ级围岩28m（K31+385～K31+413）。隧道洞内开挖工程量约为6.9万 m^3（其中需爆破的方量为6.5万 m^3）,本段施工工期约为9个月。

其中K31+413～K32+110长697m在北仑区辖区内,其围岩级别为：明洞20m（K32+090～K32+110）、Ⅴ级围岩15m（K32+075～K32+090）、Ⅳ级围岩440m（K31+495～K31+520、K31+625～K31+930、K31+965～K32+075）、Ⅲ级围岩190m（K31+445～

K31+495、K31+520～K31+625、K31+930～K31+965)、Ⅱ级围岩32m(K31+413～K31+445)。隧道洞内开挖工程量约为7.1万 m^3（其中需爆破的方量为6.8万 m^3），本段施工工期约为9个月。

本工程整条隧道合计开挖方量约14万 m^3（其中爆破方量为13.3万 m^3）。由于采取从隧道出口端单头掘进的方法施工，故施工总工期为18个月。由于本工程跨越北仑区和鄞州区2个辖区，因此要求分开评估、审批。

本工程隧道宽11.65m，高10.35m，标准断面面积为99 m^2。其标准断面如图3-1所示。

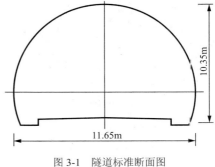

图3-1 隧道标准断面图

四、爆破参数设计

本隧道进口端的东侧、南侧是山体，西侧有民房、坟墓，隧道口离民房约110m（在红线范围内，拟施工前拆除），离坟墓约55m（开挖范围内的已全部迁移），北侧有铁路、329国道、育王寺和电信发射塔，隧道口离通信电缆约60m，离北仑铁路支线约70m（货运支线，货运量很少），离329国道约80m，离育王寺围墙约90m，距寺内建筑约120m，离电信发射塔100m（和隧道的直线距离为60m）。隧道出口端的东侧、南侧和西侧基本是山和农地。北侧有北仑铁路支线、村庄民房和隧道施工临时活动板房，隧道口离北仑铁路支线约115m，离村庄民房约130m，隧道K31+930北侧有高压线铁塔，离隧道直线距离为90m，覆盖层厚40m，距离隧道施工临时活动板房约70m，环境较复杂。

1. 隧道Ⅴ级围岩开挖爆破参数

隧道进出洞口段Ⅴ级围岩段采用CRD工法施工（图3-2～图3-7、表3-7～表3-10），首先进行超前支护，进行左侧上部开挖→初期支护施工→左侧下部开挖→边墙支护→右侧上部开挖→初期支护施工→右侧下部开挖→边墙支护→仰拱开挖与支护。

施工中应严格遵循"管超前，严注浆，短开挖，强支护，勤测量，早封闭"的基本原则，爆破施工时尽量做到多钻孔、少装药的弱爆破的方法，确保安全。

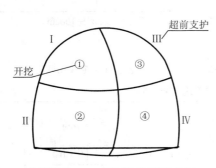

图3-2 Ⅴ级围岩CRD工法施工工序示意图

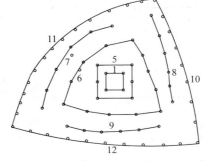

图3-3 Ⅴ级围岩CRD工法开挖①部炮孔布置示意图

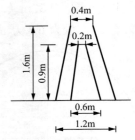

图 3-4 掏槽孔剖面示意图

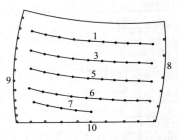

图 3-5 V级围岩CRD工法开挖②部炮孔布置示意图

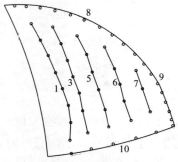

图 3-6 V级围岩CRD工法开挖③部炮孔布置示意图　　图 3-7 V级围岩CRD工法开挖④部炮孔布置示意图

V级围岩CRD工法开挖①部爆破参数表　　表 3-7

名称	炮眼			雷管段号	炸药			
	数量（个）	眼深（m）	垂直夹角（°）		类型	每孔装药（节/孔）	每孔药量（kg）	总装药量（kg）
掏槽眼	4	0.9	70	1	2号硝铵	4	0.6	2.4
掏槽眼	6	1.6	70	5	2号硝铵	6	0.9	5.4
辅助眼	10	1.3	90	6	2号硝铵	4	0.6	6
辅助眼	5	1.3	90	7	2号硝铵	4	0.6	3
辅助眼	5	1.3	90	8	2号硝铵	4	0.6	3
辅助眼	5	1.3	90	9	2号硝铵	4	0.6	3
辅助眼	7	1.3	90	10	2号硝铵	4	0.6	4.2
周边眼	12	1.3	90	11	2号硝铵	3	0.45	5.4
底眼	7	1.3	90	12	2号硝铵	4	0.60	4.2
合计	61							36.6

注：1. 本参数表中辅助眼孔距为 80～130cm，周边眼孔距为 45～60cm，底眼孔距为 80～100cm。
　　2. 预计每循环进尺 1.0m，循环方量约 25 m^3。
　　3. 炸药单耗约 1.46kg/m^3。
　　4. 周边眼采用 $\phi32\times150$ 药卷间隔装药，其余炮眼采用 $\phi32\times150$ 药卷连续装药，有水眼采用乳化炸药。

V级围岩CRD工法开挖②部爆破参数表　　表 3-8

名称	炮眼			雷管段号	炸药			
	数量（个）	眼深（m）	垂直夹角（°）		类型	每孔装药（节/孔）	每孔药量（kg）	总装药量（kg）
辅助眼	8	1.3	90	1	2号硝铵	3	0.45	3.6
辅助眼	8	1.3	90	3	2号硝铵	3	0.45	3.6

续上表

名称	炮眼			雷管段号	炸药			
	数量(个)	眼深(m)	垂直夹角(°)		类型	每孔装药(节/孔)	每孔药量(kg)	总装药量(kg)
辅助眼	8	1.3	90	5	2号硝铵	3	0.45	3.6
辅助眼	8	1.3	90	6	2号硝铵	3	0.45	3.6
辅助眼	3	1.3	90	7	2号硝铵	3	0.45	1.35
辅助眼	5	1.3	90	8	2号硝铵	3	0.45	2.25
周边眼	12	1.3	90	9	2号硝铵	2	0.3	3.6
底眼	8	1.3	90	10	2号硝铵	3	0.45	3.6
合计	60							25.2

注:1. 本参数表中辅助眼孔距为80～130cm,周边眼孔距为45～60cm,底眼孔距为80～100cm。
2. 预计每循环进尺1.0m,循环方量约32 m^3。
3. 炸药单耗约0.79kg/m^3。
4. 周边眼采用$\phi32\times150$药卷间隔装药,其余炮眼采用$\phi32\times150$药卷连续装药,有水眼采用乳化炸药。

V级围岩CRD工法开挖③部爆破参数表　　表3-9

名称	炮眼			雷管段号	炸药			
	数量(个)	眼深(m)	垂直夹角(°)		类型	每孔装药(节/孔)	每孔药量(kg)	总装药量(kg)
辅助眼	5	1.3	90	1	2号硝铵	3	0.45	2.25
辅助眼	4	1.3	90	3	2号硝铵	3	0.45	1.8
辅助眼	4	1.3	90	5	2号硝铵	3	0.45	1.8
辅助眼	3	1.3	90	6	2号硝铵	3	0.45	1.35
辅助眼	2	1.3	90	7	2号硝铵	3	0.45	0.9
周边眼	7	1.3	90	8	2号硝铵	2	0.3	2.1
周边眼	8	1.3	90	9	2号硝铵	2	0.3	2.4
底眼	6	1.3	90	10	2号硝铵	3	0.45	2.7
合计	39							15.3

注:1. 本参数表中辅助眼孔距为80～130cm,周边眼孔距为45～60cm,底眼孔距为80～100cm。
2. 预计每循环进尺1.0m,循环方量约21 m^3。
3. 炸药单耗约0.73kg/m^3。
4. 周边眼采用$\phi32\times150$药卷间隔装药,其余炮眼采用$\phi32\times150$药卷连续装药,有水眼采用乳化炸药。

V级围岩CRD工法开挖④部爆破参数表　　表3-10

名称	炮眼			雷管段号	炸药			
	数量(个)	眼深(m)	垂直夹角(°)		类型	每孔装药(节/孔)	每孔药量(kg)	总装药量(kg)
辅助眼	4	1.3	90	3	2号硝铵	3	0.45	1.8
辅助眼	4	1.3	90	5	2号硝铵	3	0.45	1.8
辅助眼	4	1.3	90	6	2号硝铵	3	0.45	1.8
辅助眼	5	1.3	90	7	2号硝铵	3	0.45	2.25
辅助眼	5	1.3	90	8	2号硝铵	3	0.45	2.25
周边眼	11	1.3	90	9	2号硝铵	2	0.3	3.3
底眼	7	1.3	90	10	2号硝铵	3	0.45	3.15
合计	40							16.35

注:1. 本参数表中辅助眼孔距为80～130cm,周边眼孔距为45～60cm,底眼孔距为80～100cm。
2. 预计每循环进尺1.0m,循环方量约26m^3。
3. 炸药单耗约0.63kg/m^3。
4. 周边眼采用$\phi32\times150$药卷间隔装药,其余炮眼采用$\phi32\times150$药卷连续装药,有水眼采用乳化炸药。

由上述参数表可知,V级围岩最大单响为开挖①部的 5 段和 11 段,最大段起爆药量为 5.4kg,经计算V级围岩综合炸药单耗为 0.90kg/m³。

2. 隧道Ⅳ级围岩开挖爆破参数

隧道Ⅳ级围岩开挖爆破参数如图 3-8～图 3-12、表 3-11～表 3-13 所示。

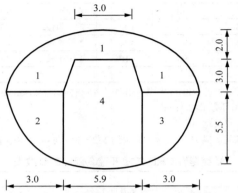

图 3-8　Ⅳ级围岩上下台阶预留核心土施工工序示意图(尺寸单位:m)

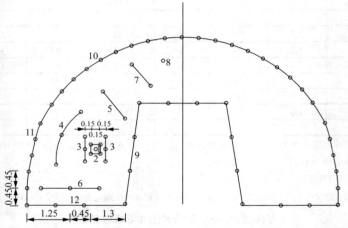

图 3-9　Ⅳ级围岩上下台阶预留核心土开挖①部炮孔布置示意图(尺寸单位:m)

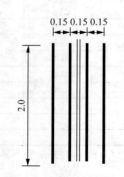

图 3-10　掏槽孔剖面图
（尺寸单位:m)

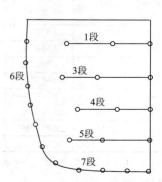

图 3-11　Ⅳ级围岩上下台阶预留核心土开挖②、③部炮孔布置示意图

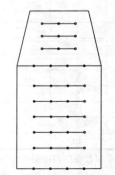

图 3-12　Ⅳ级围岩上下台阶预留核心土开挖④部炮孔布置示意图

Ⅳ级围岩上下台阶预留核心土开挖①部爆破参数表

表 3-11

炮眼				雷管段号	炸药			
名称	数量(个)	眼深(m)	垂直夹角(°)		类型	每孔装药(节/孔)	每孔药量(kg)	总装药量(kg)
掏槽眼	8	2.0	90	1	2号硝铵	8	1.2	9.6
掏槽眼	12	2.0	90	3	2号硝铵	6	0.9	10.3
辅助眼	6	1.8	90	4	2号硝铵	5	0.75	4.5
辅助眼	4	1.8	90	5	2号硝铵	5	0.75	3.0
辅助眼	6	1.8	90	6	2号硝铵	5	0.75	4.5
辅助眼	4	1.8	90	7	2号硝铵	5	0.75	3.0
辅助眼	2	1.8	90	8	2号硝铵	5	0.75	1.5
辅助眼	8	1.8	90	9	2号硝铵	5	0.75	6.0
周边眼	14	1.8	90	10	2号硝铵	3	0.45	6.3
周边眼	15	1.8	90	11	2号硝铵	3	0.45	6.75
底眼	6	1.8	90	12	2号硝铵	6	0.90	5.4
合计	85							61.35

注:1. 本参数表中辅助眼孔距为80～130cm,周边眼孔距为45～60cm,底眼孔距为80～100cm。

2. 预计每循环进尺1.5m,循环方量约40m³。

3. 炸药单耗约1.53kg/m³。

4. 周边眼采用$\phi32\times150$药卷间隔装药,其余炮眼采用$\phi32\times150$药卷连续装药,有水眼采用乳化炸药。

Ⅳ级围岩上下台阶预留核心土开挖②、③部爆破参数表

表 3-12

炮眼				雷管段号	炸药			
名称	数量(个)	眼深(m)	垂直夹角(°)		类型	每孔装药(节/孔)	每孔药量(kg)	总装药量(kg)
辅助眼	4	1.8	90	1	2号硝铵	5	0.75	3
辅助眼	4	1.8	90	3	2号硝铵	5	0.75	3
辅助眼	4	1.8	90	4	2号硝铵	5	0.75	3
辅助眼	4	1.8	90	5	2号硝铵	5	0.75	3
周边眼	12	1.8	90	6	2号硝铵	3	0.45	5.4
底眼	5	1.8	90	7	2号硝铵	6	0.9	4.5
合计	33							21.9

注:1. 本参数表中辅助眼孔距为80～130cm,周边眼孔距为45～60cm,底眼孔距为80～100cm。

2. 预计每循环进尺1.5m,循环方量约25m³。

3. 炸药单耗约0.88kg/m³。

4. 周边眼采用$\phi32\times150$药卷间隔装药,其余炮眼采用$\phi32\times150$药卷连续装药,有水眼采用乳化炸药。

Ⅳ级围岩上下台阶预留核心土开挖④部爆破参数表

表 3-13

炮眼				雷管段号	炸药			
名称	数量(个)	眼深(m)	垂直夹角(°)		类型	每孔装药(节/孔)	每孔药量(kg)	总装药量(kg)
辅助眼	3	1.8	0	1	2号硝铵	6	0.9	2.7

续上表

名称	炮眼			雷管段号	炸药			
	数量(个)	眼深(m)	垂直夹角(°)		类型	每孔装药(节/孔)	每孔药量(kg)	总装药量(kg)
辅助眼	3	1.8	0	3	2号硝铵	6	0.9	2.7
辅助眼	3	1.8	0	4	2号硝铵	6	0.9	2.7
辅助眼	4	1.8	0	5	2号硝铵	6	0.9	3.6
辅助眼	4	1.8	0	6	2号硝铵	6	0.9	3.6
辅助眼	4	1.8	0	7	2号硝铵	6	0.9	3.6
辅助眼	4	1.8	0	8	2号硝铵	6	0.9	3.6
辅助眼	4	1.8	0	9	2号硝铵	6	0.9	3.6
辅助眼	4	1.8	0	10	2号硝铵	6	0.9	3.6
底眼	4	1.8	0	12	2号硝铵	7	1.05	4.2
合计	37							33.9

注：1. 本参数表中辅助眼孔距为80～130cm，底眼孔距为80～100cm。
　　2. 预计每循环进尺1.0m，循环方量约60m³。
　　3. 炸药单耗约0.57kg/m³。
　　4. 周边眼采用φ32×150药卷间隔装药，其余炮眼采用φ32×150药卷连续装药，有水眼采用乳化炸药。

由上述参数表可知，Ⅳ级围岩最大单响为开挖①部的3段，最大段起爆药量为10.8kg，经计算Ⅳ级围岩综合炸药单耗为0.93kg/m³。

3. 隧道Ⅲ级围岩开挖爆破参数

隧道洞身Ⅲ级围岩采用上下台阶开挖方法（图3-13、图3-14）。分上半断面和下半断面开挖，上断面掏槽采用楔形掏槽。上断面掘进两个工作面后，对洞顶、侧墙等先采取初期的防护，打好锚杆并安好型钢拱架，然后再开挖下断面，下断面开挖好后，初期支护随之跟上，型钢拱架跟上部连接好，再和底部的仰拱进行封闭，钢筋网挂好后，喷射混凝土。

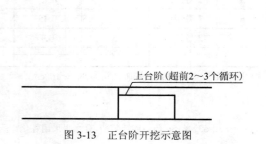

图3-13　正台阶开挖示意图

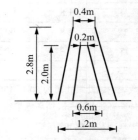

图3-14　掏槽孔剖面示意图

施工顺序：先超前支护，后开挖并及时初期支护；开挖由上而下，衬砌由下而上的原则；开挖时应短进尺，弱爆破，每循环进尺不得超过2.0m；初期支护及混凝土施工应及时封闭仰供。施工要求采取"多钻孔、短进尺、弱爆破"的施工方法，进尺控制在1.5m，装药量从实验阶段的小药量逐渐地根据对建筑物影响的实际程度而适当加大。开挖爆破参数见表3-14。

施工中应严格遵循"管超前,严注浆,短开挖,强支护,勤测量,早封闭"的基本原则,确保施工及民房的安全。直至开挖到Ⅱ类围岩时,采用全断面开挖。

Ⅲ级围岩上下台阶开挖爆破参数表　　　　　表3-14

部位	雷管段别	炮孔名称	炮孔数量（个）	炮孔深度（m）	间距（m）	药卷直径（cm）	单孔装药（kg）	小计装药量（kg）
上台阶	1	掏槽眼	8	2.0	0.4	φ32	1.8	14.4
	3	扩槽眼	6	2.5	0.6	φ32	1.8	10.8
	5	扩槽眼	6	2.5	0.6	φ32	1.5	9
	7	掘进眼	4	2.2	1	φ32	1.8	7.2
	8	二圈眼	3	2.2	0.8	φ32	1.5	4.5
	9	二圈眼	4	2.2	0.8	φ32	1.5	6
	10	二圈眼	4	2.2	0.8	φ32	1.5	6
	11	二圈眼	4	2.2	1	φ32	1.5	6
	12	二圈眼	4	2.2	1	φ32	1.5	6
	13	周边眼	25	2.2	0.45	φ25	0.6	15
	14	底板眼	6	2.2	1	φ32	1.8	10.8
	15	底板眼	6	2.2	1	φ32	1.8	10.8
	小计		80					106.5
下台阶	1	掘进眼	4	2.2	1.3	φ32	1.5	6
	3	掘进眼	4	2.2	1.3	φ32	1.5	6
	5	掘进眼	4	2.2	1.3	φ32	1.5	6
	7	掘进眼	4	2.2	1.3	φ32	1.5	6
	8	掘进眼	4	2.2	1.3	φ32	1.5	6
	9	掘进眼	4	2.2	1.3	φ32	1.5	6
	10	掘进眼	4	2.2	1.3	φ32	1.5	6
	11	掘进眼	4	2.2	1.3	φ32	1.5	6
	12	掘进眼	5	2.2	1.3	φ32	1.5	7.5
	13	周边眼	12	2.2	0.5	φ25	0.6	7.2
	14	底板眼	6	2.2	1	φ32	1.8	12.6
	15	底板眼	6	2.2	1	φ32	1.8	10.8
	小计		61					86.1
合计			141					192.6

注:1. 本参数表中辅助眼孔距为80～130cm,周边眼孔距为45～60cm,底眼孔距为80～100cm。
　　2. 预计每循环进尺2.0m,循环方量约185m³。
　　3. 炸药单耗1.04kg/m³。
　　4. 周边眼采用φ32×150药卷间隔装药,其余炮眼采用φ32×150药卷连续装药,有水眼采用乳化炸药。
　　5. 如无大段别雷管,则13段以上的孔内全部装13段再在孔外串5段雷管接力。

由上述参数表可知,Ⅲ级围岩最大单响为上台阶开挖的1段,最大段起爆药量为14.4kg,经计算Ⅲ级围岩综合炸药单耗为1.04kg/m³。

4. Ⅱ级围岩全断面开挖炮孔布置图及参数表

炮孔布置及参数见图 3-15、图 3-16、表 3-15。

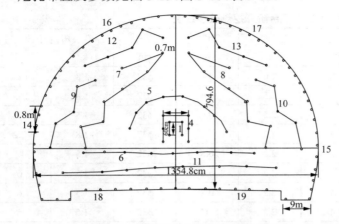

图 3-15　Ⅱ级围岩全断面开挖炮孔布置图

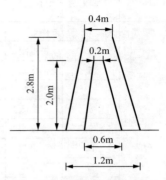

图 3-16　掏槽孔剖面示意图

Ⅱ级围岩全断面开挖爆破参数表　　表 3-15

名称	炮眼			雷管段号	炸药			
	数量(个)	眼深(m)	垂直夹角(°)		类型	每孔装药(节/孔)	每孔药量(kg)	总装药量(kg)
掏槽眼	4	2.0	75	1	2号硝铵	11	1.65	6.6
掏槽眼	6	2.8	75	4	2号硝铵	15	2.25	13.5
辅助眼	8	2.3	90	5	2号硝铵	10	1.5	12
辅助眼	8	2.3	90	6	2号硝铵	10	1.5	12
辅助眼	8	2.3	90	7	2号硝铵	10	1.5	12
辅助眼	8	2.3	90	8	2号硝铵	10	1.5	12
辅助眼	5	2.3	90	9	2号硝铵	10	1.5	7.5
辅助眼	5	2.3	90	10	2号硝铵	10	1.5	7.5
辅助眼	8	2.3	90	11	2号硝铵	10	1.5	12
辅助眼	5	2.3	90	12	2号硝铵	10	1.5	7.5
辅助眼	5	2.3	90	13	2号硝铵	10	1.5	7.5
周边眼	11	2.3	90	14	2号硝铵	9	1.35	14.85
周边眼	11	2.3	90	15	2号硝铵	9	1.35	14.85
周边眼	11	2.3	90	16	2号硝铵	9	1.35	14.85
周边眼	11	2.3	90	17	2号硝铵	9	1.35	14.85
底眼	6	2.3	90	18	2号硝铵	10	1.8	10.8
底眼	6	2.3	90	19	2号硝铵	10	1.8	10.8
合计	126							191.1

注：1. 本参数表中辅助眼孔距为 80～130cm，周边眼孔距为 45～60cm，底眼孔距为 80～100cm。

2. 预计每循环进尺 2.0m，循环方量约 180m³。

3. 炸药单耗 1.06kg/m³。

4. 周边眼采用 φ32×150 药卷间隔装药，其余炮眼采用 φ32×150 药卷连续装药，有水眼采用乳化炸药。

5. 如无大段别雷管，则 13 段以上的孔内全部装 13 段再在孔外串 5 段雷管接力。

由上述参数表可知，Ⅱ级围岩最大单响为 14、15、16、17 段，最大段起爆药量为 14.85kg，经计算Ⅱ级围岩综合炸药单耗为 1.06kg/m³。

五、育王岭隧道爆破作业

育王岭隧道爆破作业基本步骤如下：

（1）测量放样：放样轮廓的计算公式为：设计净空＋二次衬砌厚度＋初期支护厚度＋预留沉落量＋施工误差。预留沉落量先暂按设计预留，施工误差按 5cm 预留。

用仪器放置隧道中线和开挖拱顶高程，用坐标法绘制开挖断面轮廓线，按钻爆设计划出掏槽眼、周边眼孔位。

（2）钻爆作业框图如图 3-17 所示。

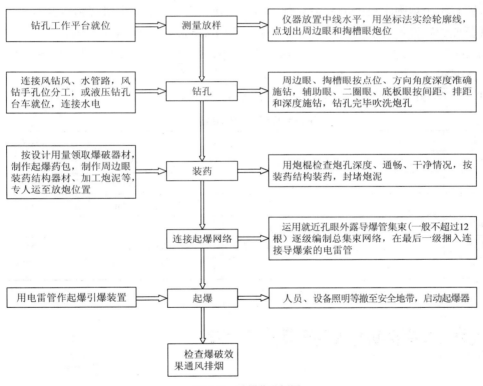

图 3-17　钻爆作业框图

（3）钻孔：按钻爆设计中各种炮眼的孔径、深度、角度、方向、间距钻孔，其掏槽眼和周边眼的孔位允许误差为小于 5cm，并力求使除掏槽眼以外的所有钻孔的眼底在同一垂面上。

（4）钻眼完成后，必须将孔内石屑、残液吹洗干净，按设计检查，并做好记录。

（5）按设计装药量、起爆顺序和装药结构装药，每装完一个孔，应及时用炮泥封堵炮口，长度 20cm。

（6）孔内有出水的孔眼，药卷外应采用防水胶套防水，若普遍水大，应更换使用防水乳化炸药。

(7) 装药结束,及时连接起爆网络,接头应避开淋水区,更不能掉在水中,连接完毕后,还应检查一遍有无漏接和不良接头。

(8) 网络终端用一个电雷管起爆。

(9) 爆破效果检查：

① 爆破面目测,检查有无瞎炮或孔内残余爆炸物,如有应及时按照规程进行处理,检查有无危石或险情,如一切正常,专人清找顶部危石后(找顶),下一工序人员方可进入作业,检查掌子面是否平整、周边眼外插角度是否合适等。

② 爆破效率检查：丈量实际进尺,与设计循环进尺对比,求算出爆破效率,如果低于设计值,应研究分析原因,不断修正设计参数,使之达到预期目标。

③ 眼迹保存率检查计算,眼迹保存率是光面爆破效果的重要指标,每茬炮需检查记录围岩上残留有半个炮眼眼迹的周边眼数量,其与周边眼总数的比值即为眼迹保存率。

规范要求眼迹保存率：软岩≥50%,中硬岩≥70%,硬岩≥80%。

如果未达到上述要求,则未达到预定光爆效果,应分析原因,改善周边眼钻爆参数,使之达到上述要求。

(10) 主洞每循环进尺计划和钻孔深度见表3-16。

主洞每循环进尺计划和钻孔深度　　　　表3-16

掘进部位	计划进尺(m)	钻孔深度(m)	备　注	爆破效率(%)
Ⅴ上半	0.50	0.60	楔形掏槽眼0.80m	83
Ⅳ上半	1.00	1.15	楔形掏槽眼1.30m	87
Ⅲ上半	1.50	1.65	楔形掏槽眼1.80m	90
Ⅲ下半	2.50	2.70	无掏槽	93
Ⅱ上半	3.50	3.80	掏槽眼4.00m	92
Ⅱ下半	4.00	4.20	无掏槽	95

第三节　穿越断层破碎带施工方案

一、断层破碎带施工原则

鉴于断层破碎带对隧道施工的潜在威胁,隧道开挖须严格做到以下三点：

(1) 谨慎地做好超前地质预报,根据预报地质情况及时制订施工对策。

(2) 加强围岩变形、拱顶下沉的监控量测,分析初期支护的稳定状态,动态调整支护参数。

(3) 严格按设计工法、辅助措施施工,确保施工安全。

二、严格施工流程

断层、破碎带是本标段隧道施工主要的地质隐患之一,如果施工组织不当或管理过程不规范,容易造成坍塌、冒顶、突水、突泥等地质灾害,影响工期目标的实现。因此,在穿越断层、破碎带时,要加强过程控制,充分利用超前地质预报、监控量测等手段辅助指导施工,对施工过程实行动态、全过程监控。在快达到设计勘测破碎带前10m时,通知第三方检测单位进行加强监控量测。

隧道穿越断层、破碎带,严格按施工流程图(图3-18)组织施工。

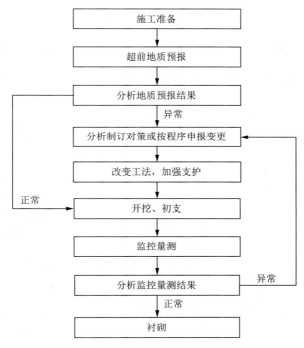

图3-18 隧道穿越断层、破碎带施工流程图

三、交叉中隔壁CRD法施工方案

对于断层破碎带的处理,本着"超前探、预注浆、强支护、弱爆破",稳扎稳打、稳中求快的原则,结合施工经验,对具体类型施工地段,采取如下具体施工手段:

1. 超前地质预报

超前地质预报是保证正确选用合适的施工方案方法的重要依据,采用的超前地质预报方法为:先采用TSP203超前地质预报仪预报前方围岩的结构特性,基本掌握断层或软岩大变形地段的大致位置,待开挖至预测的断层结构面15～20m时,再采用超前水平地质钻机进行超前钻孔,准确判断断层位置及断层内充填物的性质、富水情况及水压,判断涌水的可能性,制订相应的、可行的技术措施和施工方案并严格按方案进行施工,在超前处理措施实

施后进行隧道施工,地质专业工程师进行详细的地质调查和断面地质素描,通过三者有机结合,准确判断前方未开挖地段的围岩情况及超前处理措施的效果。

2. 跨度不长的断层破碎带的施工方案

(1)注浆法固结围岩

采取先用大管棚超前注浆预支护,然后边开挖边施工中空锚杆径向注浆,充分固结隧道周边3~5m的破碎岩体,形成自稳护拱,再施作钢架支撑加强支护,保证施工和隧道结构的安全。

大管棚超前注浆与超前小导管注浆施工过程要严格把关,确保施工安全。

(2)开挖及支护方法

全断面超前帷幕注浆方案和CRD开挖方式,开挖进尺控制在0.5~1.0m/循环为宜。支护措施严格按设计图Ⅳ级围岩衬砌结构施工。

3. 特别破碎,甚至是堆积、淤积性断层的施工方案

此种断层为恶性不良地质,根据超前探孔和地质预报仪显示成果,要准确判断充填物及水压力,判断突泥、突水的可能性,制订如下施工方案:

(1)在跨越断层前至少预留5m较硬围岩,作为布置工作的安全墙。如果预留厚度小于5m,应根据超前预报提供的参数,进行浇筑混凝土安全墙,注浆加固。

(2)以安全墙为保护,在安全墙设置导向管,安装水平钻机,为全断面帷幕注浆做好前期准备工作。

(3)采取小孔试钻探水,并对承压水泄压,洞室内布置好排水应急机具,启动应急预案,发出应急预警,做好一切应急准备工作。

(4)开挖方式。采用CRD法,开挖进尺控制在0.5~1.0m/循环为宜。支护措施严格按设计图Ⅳ级围岩衬砌结构施工。超前小导管注浆充分固结隧道周边3~5m的破碎岩体,形成自稳护拱,再施作钢架支撑加强支护,保证施工和隧道结构的安全。形成严密的止水帷幕,确保每一循环施工的绝对安全。开挖进尺控制在0.5~0.8m/循环为宜。

支护形式:每循环开挖时采用超前小导管注浆进行超前支护,径向采取径向中空注浆锚杆加固,再施作型钢钢架支护,喷射聚酯纤维混凝土进行支护。

4. 开挖方案实施

1)施工步骤

对于断层、破碎带的处理,根据设计要求按四部CRD法施工。

(1)施作①号洞室上方超前支护,注浆加固。开挖①号洞室,并施作永久初期支护及临时初期支护,封闭成环。采用锁脚锚杆加固墙脚。为了施工方便,将原设计中临时中隔壁改成垂直支撑,如图3-19所示。

(2)施作②号洞室上方超前支护,注浆加固地层,开挖②号洞室,并施作永久及临时初期支护,封闭成环。采用锁脚锚杆加固墙脚。将原设计中②号洞室与③号洞室开挖顺序调换。结合施工实际,机械与人工使用都比原设计较方便,无论从位移和结构受力均优于原设计,如图3-20所示。

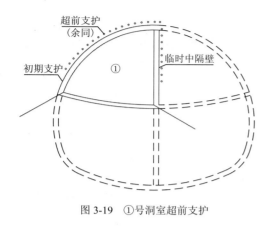

图 3-19　①号洞室超前支护　　　　　　图 3-20　②号洞室超前支护

（3）为了给下部开挖创造有利的施工条件，待支护结构稳定后及时拆除临时仰拱支撑开挖③号洞室，拆除几榀支撑随即开挖几榀距离，并施作永久及临时初期支护，封闭成环，如图 3-21 所示。

（4）待支护结构稳定后及时拆除临时仰拱支撑开挖④号洞室，并施作永久初期支护，使之整个断面封闭成环，如图 3-22 所示。

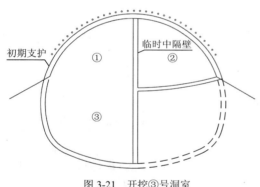 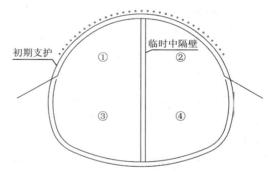

图 3-21　开挖③号洞室　　　　　　　　图 3-22　开挖④号洞室

（5）根据监控量测情况沿隧道纵向分段拆除临时中隔壁，为确保隧道结构的稳定与安全，一次拆除长度不得大于 4m。及时浇筑仰拱，待仰拱初凝后浇筑仰拱填充，如图 3-23 所示。

（6）根据监控量测结果，确定二次衬砌施作时机，尽早形成整体，如图 3-24 所示。

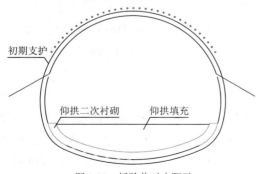 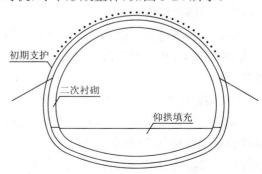

图 3-23　拆除临时中隔壁　　　　　　　图 3-24　二次衬砌封闭

2）施工步长

（1）开挖步长：考虑到台阶的开挖高度与宽度及围岩地质情况，确定合理的开挖长度为0.5～1m。

（2）各开挖面施工步长：8～10m。

（3）初期支护、临时支护必须随开挖紧跟。

3）施工要点

（1）临时中隔壁在洞身主体结构初期支护施工完毕并稳定后方可拆除，中隔壁拆除前拱顶下沉量、周边收敛应小于0.2mm/d，拆除中、拆除后的拱顶下沉量增量应不大于6mm，每次拆除临时钢架的长度不宜超过4m，应从上往下分段进行拆除。现场主要采用收敛仪进行位移量测监控、拱顶沉降观测等来判断拆除各构件的顺序及安全度。

（2）仰拱施工随④部开挖及时跟进，距离下台阶开挖面10m左右。

（3）针对衬砌施工中隔墙受力状态发生变化情况，通过对监测数据分析，初期支护收敛后，及时施作二次衬砌。衬砌施工首先检查隧道断面尺寸，铺设土工布、防水板，防水板采用无损挂设，绑扎二次衬砌钢筋，就位衬砌台车模筑混凝土。混凝土集中拌制，搅拌车运输，泵送入模，插入式震动棒振捣。二次衬砌距离下台阶掌子面宜控制在30～50m范围。

5. 围岩量测

隧道作业特别是不良地质地段的隧道作业被多个行业划分为高风险作业，因此，对于围岩动态了解至关重要，而发现围岩动态的最佳方法即为围岩量测。

（1）围岩量测的目的

确保施工安全及结构的长期稳定性；验证支护结构效果，确认或调整支护参数和施工方法；确定二次衬砌施作时间；监控工程对周围环境影响；积累量测数据，为信息化设计与施工提供依据。

本标段隧道均照监控量测设计及《铁路隧道监控量测技术规程》（TB 10121—2007）等相关规定进行施工监控量测，了解围岩稳定状态和支护、衬砌可靠程度，确保施工安全及结构的长期稳定性，为围岩级别变更、衬砌支护和二次衬砌的参数调整提供依据。

（2）监测要求

本标段隧道均进行监控量测设计，除必测项目外，根据工程地质、水文地质条件对选测项目委托科研单位实施。

隧道地质条件的复杂性和隧道结构的特性，要求在施工阶段根据超前预测预报、施工监控量测资料的分析对设计进行修正，监控量测资料是调整支护结构、施工方法等设计资料的依据。

（3）编制监控量测实施细则

编制监控量测实施细则，报送监理、指挥部批准后实施，并成立现场监控量测小组，建立相应的质量保证体系，监控量测人员要求相对稳定，确保监控量测工作的连续性，监控量测小组负责及时将监控量测信息反馈给施工，当管理等级为Ⅱ、Ⅰ级时，反馈设计单位，对设计进行修正。

四、交叉中隔壁 CRD 法安全应急预案

1. 预防塌方及掉块的基本措施
（1）组织措施

建立、健全安全生产管理机构：项目部成立安全生产治安综合管理领导小组、应急领导小组、应急工作小组和义务应急小分队。

落实安全生产责任制：项目部每年与公司签订安全生产责任书，同时也必须与项目部各部门、中队、班组签订安全生产责任书。

编制施工组织设计方案，编制隧道施工安全技术保障措施方案。

组织作业人员进行岗前安全培训、安全教育及特种作业人员技能培训。

（2）管理措施

贯彻"安全第一、预防为主"的方针，严格执行施工组织方案、安全技术保证措施和安全生产的规章制度。

严格技术管理，组织认真细致的施工技术和安全技术的三级交底，认真落实"三同时"。

制订严格的施工规范和安全操作规程，认真落实班组安全生产责任制和进洞交接班制度，规定进洞开挖作业的人员，必须预备 $1 \sim 2d$ 的应急干粮。

遵循"短进尺、弱爆破、强支护、快衬砌"的方针和"少扰动、早喷锚、勤量测、紧封闭"的施工方法，确保施工安全。

严格、认真做好爆破后的排险，确保围岩掉块清排彻底、干净，工序进行过程发现围岩有松脱的，必须进行二次排险。

围岩有断层、滑板以及围岩较为破碎的地段必须严格采取超前支护的施工措施，在边沟底预设通风管（2 寸钢管）。

严格做好围岩多水（特别是顶部）部位的导排施工，确保围岩的稳定性。

认真落实作业人员劳动安全保护用品的规章制度。进洞必须戴好安全帽、防尘口罩等。

在每个开挖掌子面前方预置 50m 逃生管道。

2. 发生塌方及掉块事故的应急响应措施
（1）一般措施

无论塌方大小或是极部较大的掉块，现场作业的所有人员、机械都必须立即撤离危险区，现场带班的施工员、班组长必须迅速发出撤离现场的指令。确保人员、机械设备不受伤害。

根据险情，按报告程序要求及时逐级报告。

（2）具体措施

发现塌方，作业人员必须在第一时间撤离危险区，立即报告项目部相关部门或主管领导。

当有作业人员遇险或机械设备被淹埋时，必须在塌方的围岩基本稳定后，第一时间采取有效的防护措施后，方可立即救护遇险人员或设备。

救护抢险行动由应急领导小组长组织义务应急小队进行,必要时再组织其他人员参加。

如果较大塌方,必须立即组织工程技术人员勘察现场,探明塌方损坏程度、是否有穿顶及其他险情,并报告监理、业主等。

(3)遇险受伤人员的现场救治

尽快将被淹埋或受伤的人员搬离危险区,移至空气较流通的地方进行现场救治,如供氧、止血、包扎、固定等。

应尽快转送医院救治,途中必须安排专人护送并注意观察情况,及时报告医院救治。

(4)塌方事故原因、调查、分析、处理

保护事故现场,对塌方事故原因,向施工现场相关作业人员进行调查、记录。

对塌方原因进行分析,针对原因采取措施对塌方围岩进行技术处理,使塌方得到有效控制。最大限度减少工程损失,并按规定逐级报告事故损害情况。

按照"四不放过"的原则,追究违章责任人的责任。

第四节 隧道工法转换

根据设计要求及专家意见执行,随着地质条件的改变,隧道开挖施工方法随之改变,具体地质条件对应相应工法情况见隧道地质纵断面图(图3-25)。

一、交叉中隔壁 CRD 法转换成台阶法

由加宽段 CRD 法向正常断面台阶法过渡,加宽段①号导洞停止掘进,等待③号导洞与①号导洞施工掘进齐平时。①号导洞与③号导洞形成上断面,此时型钢拱架按照正常断面加工掘进。下断面保持原有施工工法掘进,最后下半断面紧跟上部,即错开8～10m的超短台阶,一次落底开挖,循环进尺与上部相同(图3-26)。

二、台阶法转换成交叉中隔壁 CRD 法

加宽渐变段(即转换段)长度为5m,即由正常断面台阶法向加宽段CRD法过渡(图3-27)。设置12榀拱架,第一榀为正常断面钢架,第二榀到第十榀为渐变段拱架,第十二榀为加宽段段拱架。具体渐变段拱架安装如下:

(1)第一榀正常安装后,第二榀安装轮廓线放大,依此类推,第三榀则比第二榀多出相同数据,直到第十二榀拱架安装完毕。

(2)加宽渐变段拱架加工图以设计完成,共需特殊加工10榀拱架。

(3)加宽段渐变段喷射混凝土厚度为28cm。

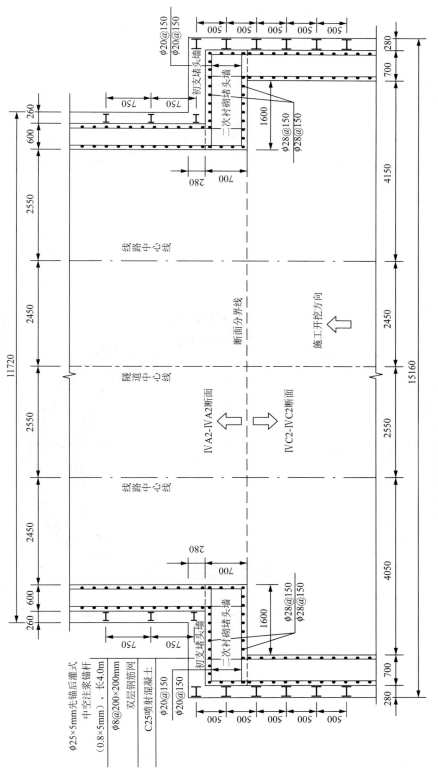

图 3-26 CRD 工法—台阶法转换示意图（尺寸单位：mm）

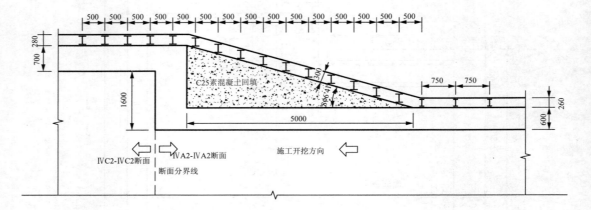

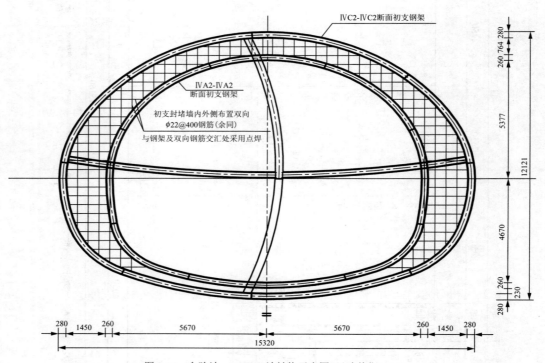

图 3-27 台阶法—CRD 工法转换示意图(尺寸单位:mm)

第五节　隧道中隔墙施工方案

一、钢筋

（1）钢筋加工

钢筋品种、规格及数量必须符合设计要求。钢筋的主筋、箍筋在钢筋加工场地加工好后，必须按品种、规格、长度编号堆放，以免造成弯曲或错用，加工好后的钢筋要注意防水、防潮，以免钢筋锈蚀。钢筋在制作、运输和安装过程中，应采取防止变形措施。

（2）钢筋安装绑扎

加工好的钢筋运往施工现场后，通过现场自制的钢筋台车安装绑扎钢筋，钢筋绑扎必须按图纸要求施工。施工中必须确保钢筋定位准确，钢筋焊接接头数量同一截面不超过钢筋数量的50%，且间隔布置。焊接采用双面搭接焊，搭接长度≥5d。绑扎成型后必须经施工人员全面质量检查后，报现场质检人员自检，自检合格后方可报现场监理工程师进行抽检，抽检合格后方可进行下一道工序施工。

二、模板

中隔墙模板（台车）是经专业厂家按设计图纸进行加工，台车长9m，共两台，在钢筋绑扎成型后，台车就位。台车就位后，检查台车与钢筋之间的保护层厚度，固定台车，台车之间用高强对拉螺栓连接，台车与二次衬砌之间用钢管交叉支撑，确保台车模板在浇筑混凝土时不变形、不晃动，如图3-28所示。

三、混凝土浇筑

混凝土拌和与运输：本工程使用商品混凝土，在浇筑过程中派专职试验员、质检员和技术员现场旁站，并测其坍落度是否符合要求。混凝土运到施工现场后，由混凝土输送泵入模，浇筑应分层进行，浇筑后的混凝土由台车自身的震动达到密实状态。在浇筑过程中，要注意模板的变形，发现变形要随时调整。浇筑完中隔墙混凝土后，进行中隔墙顶部混凝土回填。

四、脱模、养生

混凝土待初凝后即强度达到2.5MPa后，拆除模板。模板拆除后，派专人负责混凝土养护，用水管进行洒水养生，养护时间一般为不少于7d，每天洒水次数以能保持混凝土表面经常处于湿润状态为度。由于施工温度较低,在洒水养护时,不能使混凝土表面有积水,以免结冰,给混凝土表面造成伤害。

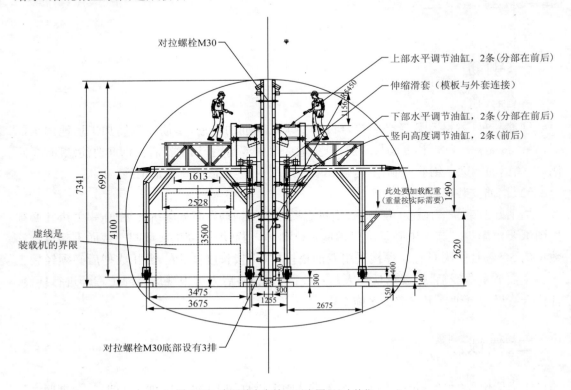

图 3-28　中隔壁台车施工示意图(尺寸单位:mm)

第六节　隧道控制测量

隧道工程施工前,应熟悉隧道工程的设计图纸,并根据隧道的长度、线路形状和对贯通误差的要求,进行隧道测量控制网的设计。隧道控制网的设计,是隧道施工测量前期工作的重要内容,其主要包括洞外、洞内控制网的网形设计、贯通误差分析和精度估算,并根据所使用的仪器设备制订作业方案。

由于隧道施工的特殊环境,对监控点的布设有着特殊的要求。即隧道贯通前,洞内平面控制测量只能采用支导线的形式,测量误差随着开挖深度的延伸而积累,因此洞外控制网和洞内控制测量应保证应有的精度;由于隧道施工洞内工作面狭小,控制点应布设在不易被破坏的位置处。隧道控制测量的任务主要有以下两点:

(1)保证隧道开挖工作面,按照规定精度在预定位置贯通。

(2)保证洞内各项建筑物以规定的精度按照设计位置修建,不得侵入建筑物限界。

隧道施工之前,首先要建立洞外平面和高程控制网,每一开挖口附近都应设立平面控制点和高程控制点,作为施工放样的依据。然后根据洞外控制测量的结果,测算洞口控制点的坐标和高程,同时按设计要求计算洞内待定点的设计坐标和高程,并放样出洞门内的待定点点位,这就是洞外和洞内的联系测量(也称进洞测量)。进洞测量将洞外的坐标、方向和高程引测到隧道内,使洞内和洞外建立了统一坐标和高程系统。继而进行隧道洞内测量,包括洞内平面控制测量和洞内高程控制测量。

隧道洞内的施工测量包括:洞门的施工放样、洞内中线测量、腰线的测设、掘进方向的测设、开挖断面及结构物的施工放样。

一、洞外测量

1. 平面控制测量

育王岭隧道为长大隧道,采用在进、出口分别布设控制点,其中每个洞口附近布设不小于3个控制点,用 GPS 做独立控制以提高精度。点位埋设在通视良好、稳定坚实的地方。因本隧道总长超过 1000m,控制网按三级标准使用 GPS 仪器施测。控制网平差采用 GPS 仪器销售商提供的平差软件《上海恒达 Solution2.6 软件》进行。同时,每个洞口应至少有 2 个控制点纳入导线网的整体平差计算。

2. 高程控制测量

利用导线点作为传递高程的点,采用往返水准测量的形式,和平面控制同时施测。本隧道洞外控制测量按三等精度的要求进行,数据处理采用简单平差方法即可。

二、洞内测量

洞内控制测量采用莱卡全站仪(测量精度 1.5″)和 DSZ2 水准仪(精度 ±1.5mm)。

1. 洞内平面控制测量

(1) 进洞

利用距离洞口较近、通视效果较好的导线点 SD_1,后视其他导线点,分别测得 SD_1 至洞口导线点的方位角。再取均值作为 SD_1 距洞口导线点的方位角。控制网见图 3-29。

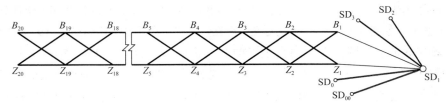

图 3-29 隧道交叉导线主控网

(2) 主网布设

采用交叉导线作为主控网,导线平均边长 200 ~ 400m,主控网布设导线点如图 3-29 所示。沿隧道中线布设 Z_1、Z_2……Z_{20} 各点,沿隧道一侧布设 B_1、B_2……B_{20} 各点,B_i、Z_i 近似在同一里程。各导线点同时作为水准点,采用精密几何水准测 B_i 与 Z_i 间高差来检核导线点稳定性。

施工导线:在开挖面向前推进时,用以进行放样来指导开挖的导线,其边长直线段为 150~250m,曲线段为 60~100m。

基本导线:当掘进 200~500m 时,为了检查隧洞的方向是否与设计相符,选择一部分施工导线,敷设≥300m 精度较高的基本导线,以减小测量误差的传递与积累。

2. 洞内高程控制测量

洞内水准测量采用往返闭合环,每千米水准测量误差小于 2mm。

3. 洞内施工放样

隧道开挖放样采用全站仪直接设站于洞内中线点上,将掌子面里程和仪器高程输入编程计算机后即可确定掌子面拱部中心,据此再放出开挖断面。

三、贯通测量

隧道贯通测量中对贯通误差的分析及估计对隧道精确贯通起着关键作用。贯通误差包含纵向贯通误差和横向贯通误差,而隧道的纵向贯通误差对隧道工程本身的影响不大,而横向贯通误差的影响将比较显著。

本隧道平面控制测量误差对横向贯通中误差的影响主要由三个方面引起,即洞外控制测量的误差、洞内开挖导线测量的误差、洞口联系测量的误差。

第七节 阿育王寺建筑物保护关键技术

阿育王寺是我国禅宗名刹,"中华五山"之一。由于寺内珍藏着一座名闻天下的佛祖舍利宝塔而享誉中外佛教界。相传印度孔雀王朝国王阿育王统治时期(公元前 2 世纪),在波吒利费城举行了佛教史上规模最大的第三次结集,编纂整理经、律、论三藏经典,并派遣僧侣四方传播佛教,使佛教成为世界性宗教。他还取出王舍城大宝塔阿阇世王分得的佛陀舍利,分成 84000 份,"令羽飞鬼,各随一光尽处,安立一塔"。在中国,共建造了 19 座舍利塔,唯一保存下来的就是宁波鄞县鄮山阿育王寺的舍利宝塔。阿育王寺 1983 年被国务院确定为汉族地区佛教全国重点寺院,2006 年 6 月被国务院公布为第六批全国重点文物保护单位。

阿育王寺现占地面积 124100m^2,建筑面积 23400m^2。寺内现存建筑大都为明、清时期重建、重修,很多建筑外墙为土坯垒成,梁柱为木结构。寺内纵轴线上的主体建筑山门(距隧道 205m)、阿耨达池、天王殿(距隧道 300m)、大雄宝殿、舍利殿、藏经楼由南而北依次升高。其中天王殿为重檐歇山建筑,高 16.71m,通面宽 30.36m,通进深 18.20m。

寺之东西各有一塔，西塔距离隧道最近约220m，建于元至正二十四年，是寺内现存最古老的建筑，通高35.68m，砖木结构，仿楼阁式，共7层。东塔于1990年寺院扩建时建造，该塔平时不对一般游客开放，东塔距离隧道最近约330m。寺内另存有唐、宋碑刻，唐石雕造像等，并设有宗教文物陈列室，宗教寺庙距离隧道最近的约126m。大多数建筑在1980年后陆续进行了加固维修。

综观阿育王寺，很多建筑和围墙虽然经过修复，外观粉饰一新，但仍有不少建筑比较破旧。因此阿育王寺保护区的抗震强度较低，需要格外重视和保护。

隧道进洞口距离阿育王寺核心保护范围较近，最近处大约98.6m。隧道爆破施工中，因爆破的规模、爆破的方法、爆破自由面及爆破区域岩石地质条件的不同，爆破所引起的震动、空气冲击波，对与其相近的房建、工程机械、围岩将产生不同程度的影响。自2014年8月5日连日来，阿育王寺庙2号预警点实测震动速度为0.309cm/s，4号预警点实测震动速度为0.322cm/s、0.462cm/s、0.341cm/s等，都已超过0.30cm/s警戒值，得知此情况，项目部积极采取一系列措施成功将爆破震动控制在有效的范围以内。测点布置如图3-30所示。

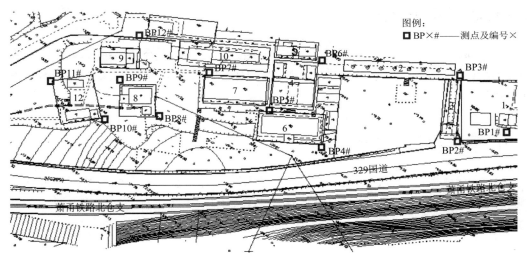

图3-30　爆破震动监测阿育王寺测点布置示意图

一、选取合理的孔网参数

根据爆破机理的微分原理，为达到安全、合理的目的，将炸药均匀地分布在被爆岩体中，防止能量过于集中，达到减小爆破震动强度的目的。爆破设计中选取比较合理的孔网参数。

二、选取合适的炸药单耗

单位炸药消耗量，是爆破设计中计算炸药量的一个非常重要的参数，除了对保证爆破效果起决定作用外，还影响着爆破震动的强度。单位炸药消耗量过高，会引起强烈的震动和空气冲击波；单位炸药消耗量过低，则会造成岩石的破碎和松动不良，大部分能量消耗在震动上。最优的炸药单耗，要通过现场测试和长期实践来确定。

三、利用微差技术降低爆破震动强度

微差起爆，就是将爆破的总药量，分组以毫秒级的时间间隔进行顺序起爆，符合爆破机理的微分原理，对减弱爆破地震效应有很大作用。大量的试验研究表明，在总装药量及其他条件相同的情况下，微差起爆的震动强度要比齐发爆破的震动强度降低 1/3～2/3。确定微差时间的原则是使前后起爆的炸药量产生的地震波主震相不重叠；并且选取的微差时间应使前后起爆的炸药量产生的地震波互相干扰。本工程在原有的 1～15 段单段雷管基础上改增加 10 段、12 段和 14 段毫秒雷管，结果证明效果很好，至今爆破震动数值都在规定范围以内。

四、控制单响药量

一次爆破时的最大炸药量与爆破震动的强度成正比，一次爆破药量越大，爆破震动强度越大。所以在利用微差爆破时，可采用增加雷管的段别、减少同段雷管起爆药量来减少爆破震动强度。

五、选择合理的掏槽形式

掏槽是隧道爆破成败的关键，也是产生最大爆破震动速度的主要振源。为了达到减震的目的，根据岩石的性质，选择合理的掏槽形式。本工程在原有的掏槽眼上增加了斜眼掏槽。

六、监测方案及成果分析

1. 监测内容及要求

（1）阿育王寺建筑沉降监测

为了不破坏阿育王寺的古建筑，在 4 栋建筑物的四个角和东、西塔塔基上分别标记 4 个布点（图 3-31），作为沉降观测点，共有 24 个测点。在隧道开挖之前，测读初始值（连续测读三次，取平均值）。沉降测点必须在隧道开挖工前，完成点位布设及初始数据的采集。

保护措施：在测点附近立有"测量标志、严禁破坏"字样的标志。钢筋顶上用红色油漆涂有红色标志。

由于隧道开挖爆破震动影响，对阿育王寺建筑周边进行沉降监测，监测频率和报警值分别见表 3-17、表 3-18。根据位移速率判断：速率大于 2.0mm/d 时，阿育王寺建筑周边处于急剧变形状态,应进行加固;速率变化在 0.2～2.0mm/d 时,应加强观测,做好加固的准备;速率小于 0.2mm/d 时,阿育王寺建筑周边达到基本稳定。由于隧道为出口向进口单向开挖,阿育王寺建筑周边沉降监测开始的时间,应根据爆破测振反馈的数据来确定。

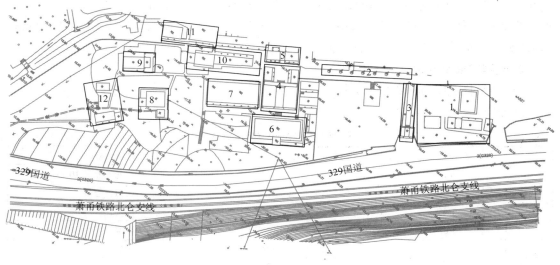

图 3-31 阿育王寺沉降监测点布置图

监测频率　　　　　　　　　　　　　　　　　　　　　　　表 3-17

监测项目	监测频率
阿育王寺建筑周边沉降	2 次/d（第一周）,1 次/d（第二周）,以后 1 次/2d,直到稳定为止

阿育王寺建筑监测报警值一览表　　　　　　　　　　　　　　表 3-18

监测项目	报警值(cm/s)	
	累计值(mm)	速率(mm/d)
阿育王寺建筑周边沉降	20	2

（2）阿育王寺爆破震动监测

为了及时了解与掌握隧道爆破施工引起的地表震动,科学指导爆破施工,保证隧道爆破施工周边环境的安全与隧道施工的顺利进行,设置爆破震动安全及建筑物沉降监测项目,通过爆破震动观测、安全监测、跟踪监测与沉降监测过程中的信息反馈预警以及合理的技术与管理措施建议与意见,降低和控制爆破震动。监测采取以下实施措施:

①布置位置:阿育王寺院 12 栋主建筑,每栋主建筑物按沿爆破点－监测建筑方向近远建筑物对角位置布置测点,临近建筑考虑兼顾测点,共布置 14 个测点（图 3-30）,编号为 BP-T22#～BP-T35#。为了进行早期爆破震动观测试验及保护区爆破震动衰减规律研究,分别在靠近隧道进出口的北路铁路支线轨道两侧布置测点(各 1 条测线),共有 4 个测点。

②监测点间距:原则上按建筑物对角布置测点,并遵循"最近、最远距离原则"与邻近建筑共用测点原则。

③保护措施:在测点附近标"测量标志、严禁破坏"标志。测点部位涂红色油漆,以突出标识。

④考虑爆破震动影响及其规律以及开展工作时隧道爆破实际情况与施工进度条件,分别针对爆破施工可能影响范围的最近位置测点展开监测,每次监测2～4个测点。每个测点布置垂直方向、水平方向(径向、切向)三个速度传感器。由于震动监测技术发展的历史原因,目前一般使用分量震动值进行评价。

2. 监测成果及分析

(1)建筑物沉降监测成果及分析

沉降统计表见表3-19。

阿育王寺建筑物沉降统计表　　　　　　　　　　表3-19

测点编号	累计沉降量(mm)	最大沉降速率(mm/d)	最大沉降速率对应日期	沉降量(mm/d)		
				8月份沉降量	9月份沉降量	10月份沉降量
JC6+1	1.00	0.05	2014年8月23日	0.77	0.08	0.15
JC6+2	1.45	0.06	2014年8月9日	1.03	0.31	0.12
JC6+3	1.08	0.05	2014年8月23日	0.86	0.14	0.08
JC6+4	1.25	0.07	2014年8月9日	1.14	−0.01	0.12
JC2+1	1.20	0.06	2014年8月23日	0.87	0.25	0.09
JC2+2	1.24	0.07	2014年8月23日	1.07	0.04	0.13
JC2+3	0.59	0.03	2014年8月23日	0.64	−0.08	0.03
JC2+4	0.74	0.05	2014年8月9日	0.86	−0.20	0.08
JC7+1	0.60	0.04	2014年8月9日	0.84	−0.30	0.06
JC7+2	1.08	0.05	2014年8月9日	0.93	0.03	0.12
JC7+3	1.22	0.05	2014年8月9日	1.01	0.27	0.06
JC7+4	0.82	0.06	2014年8月9日	1.08	−0.35	0.09
JC10+1	0.62	0.04	2014年8月9日	0.78	−0.14	−0.02
JC10+2	1.13	0.04	2014年8月9日	0.80	0.16	0.17
JC10+3	0.70	0.04	2014年8月9日	0.86	−0.14	−0.02
JC10+4	0.68	0.05	2014年8月23日	0.94	−0.35	0.09
JCDT+1	1.00	0.05	2014年8月9日	0.76	0.08	0.16
JCDT+2	1.23	0.05	2014年8月9日	0.92	0.22	0.09
JCDT+3	1.20	0.05	2014年8月9日	0.79	0.34	0.07
JCDT+4	1.20	0.06	2014年8月9日	1.04	0.09	0.07
JCXT+1	0.06	0.01	2014年9月5日	0.00	0.07	0.07
JCXT+2	0.02	0.01	2014年9月5日	0.05	0.03	0.05
JCXT+3	0.04	0.01	2014年9月5日	0.02	0.02	−0.01
JCXT+4	0.02	0.01	2014年9月5日	0.05	−0.15	0.05
最大值	1.46	0.07	—	1.14	0.34	0.17
最小值	0.02	0.01	—	0.00	−0.35	−0.06
平均值	0.84	0.04	—	0.75	0.02	0.07

注:沉降方向以向上为"−",向下为"+"。

阿育王寺建筑物沉降统计时间为2014年7月30日至2014年10月31日,所有测点在此期间,累计沉降量最大为JC6+2:1.46mm,沉降速率最大为JC6+4:0.07mm/d,对应日期为2014年8月9日。

根据现场施工工况,8月5日至8月16日期间,阿育王寺建筑物爆破震动速率连续超预警值,震动速率最大达到0.542cm/s(8月14日,天王殿)。对应此期间,建筑物沉降速率也相应增大,从表3-19中也可以看出,大部分测点的最大沉降速率对应时间均在8月9日至8月23日之间;8月17日至9月30日期间,隧洞内爆破施工正常进行,施工单位采取掏槽眼多段爆破措施,爆破震动速率明显降低且都控制在预警值以内,对应此期间的阿育王寺建筑物沉降量也明显降低;10月,隧洞内爆破施工暂停,对应此期间的阿育王寺建筑物沉降几乎没有变化。

综上所述,在距离阿育王寺较近位置的洞内爆破施工,会对部分建筑物的沉降产生一定的影响,特别是在爆破震动速率超过预警值期间,建筑物沉降明显增大,一旦爆破震动速率控制在预警值以内,相应的建筑物沉降变化并不明显。由此判断,控制好洞内爆破施工的震动速率对于控制阿育王寺建筑物沉降起着决定性的作用。

(2)爆破震动监测成果及分析

在项目开工前,指挥部曾委托中国铁道科学研究院铁道建筑研究所对阿育王寺进行了专项爆破震动影响评估研究,根据研究结果对阿育王寺保护区的爆破震动安全允许标准应严格要求,爆破震动速度峰值(PPV)控制标准取为0.3cm/s,并要求PPV超过0.25cm/s时发出预警,以采取更严格控制措施,确保爆破震动控制在0.3cm/s以内。另外根据《爆破安全规程》(GB 6722—2003)及设计文件的规定,北仑铁路支线的PPV控制标准定为3cm/s,预警指标设为2.5cm/s。

根据第三方监测实施方案,对阿育王寺爆破震动监测,抽测频率为每周两次,震动速度峰值(PPV)超过预警值时适当增加抽测频次,由于隧道从出洞口开始单向掘进,爆破点距离阿育王寺越来越近,爆破震动影响逐渐增大,爆破震动监测随掘进进度实时跟进。2013年7月至2014年9月,共提交爆破震动监测简报55期,报告编号为YWLSD-BM-001~YWLSD-BM-055,监测成果见表3-20。

爆破震动监测成果表　　　　表3-20

监测日期	监测点编号	监测位置	爆破点桩号	控制标准(cm/s)	最大震动速度(cm/s)		评价
2014.6.20	BP-T23#	阿育王寺东塔	K31+207上台阶	0.30	水平径向	0.03	未超限
					水平切向	0.03	未超限
					垂直向	0.03	未超限
2014.6.20	BP-T22#	阿育王寺停车场	K31+207上台阶	0.30	水平径向	0.08	未超限
					水平切向	0.04	未超限
					垂直向	0.16	未超限
2014.6.28	BP-T23#	阿育王寺东塔	K31+155上台阶	0.30	水平径向	0.02	未超限
					水平切向	0.03	未超限
					垂直向	0.03	未超限

续上表

监测日期	监测点编号	监测位置	爆破点桩号	控制标准(cm/s)	最大震动速度(cm/s)		评价
2014.6.28	BP-T22#	阿育王寺停车场	K31+155 上台阶	0.30	水平径向	0.04	未超限
					水平切向	0.02	未超限
					垂直向	0.05	未超限
2014.7.2	BP-T23#	阿育王寺东塔	K31+124 上台阶	0.30	水平径向	0.03	未超限
					水平切向	0.03	未超限
					垂直向	0.03	未超限
2014.7.2	BP-T22#	阿育王寺停车场	K31+124 上台阶	0.30	水平径向	0.10	未超限
					水平切向	0.03	未超限
					垂直向	0.16	未超限
2014.7.11	BP-T22#	阿育王寺停车场	K31+068 上台阶	0.30	水平径向	0.10	未超限
					水平切向	0.06	未超限
					垂直向	0.14	未超限
2014.7.11	BP-T24#	阿育王寺塔柱	K31+068 上台阶	0.30	水平径向	0.04	未超限
					水平切向	0.04	未超限
					垂直向	0.08	未超限
2014.7.20	BP-T22#	阿育王寺停车场	K31+036 上台阶	0.30	水平径向	0.08	未超限
					水平切向	0.02	未超限
					垂直向	0.04	未超限
2014.7.24	BP-T26#	阿育王寺山门	K31+010 上台阶	0.30	水平径向	0.08	未超限
					水平切向	0.06	未超限
					垂直向	0.14	未超限
2014.7.24	BP-T27#	阿育王寺砖2	K31+010 上台阶	0.30	水平径向	0.05	未超限
					水平切向	0.07	未超限
					垂直向	0.15	未超限
2014.7.30	BP-T22#	阿育王寺停车场	K30+983 上台阶	0.30	水平径向	0.15	未超限
					水平切向	0.38	超限
					垂直向	0.19	未超限
2014.7.30	BP-T26#	阿育王寺山门	K30+983 上台阶	0.30	水平径向	0.14	未超限
					水平切向	0.09	未超限
					垂直向	0.24	未超限
2014.8.1	BP-T22#	阿育王寺停车场	K30+977 上台阶	0.30	水平径向	0.13	未超限
					水平切向	0.06	未超限
					垂直向	0.27	未超限
2014.8.1	BP-T26#	阿育王寺山门	K30+977 上台阶	0.30	水平径向	0.11	未超限
					水平切向	0.08	未超限
					垂直向	0.17	未超限
2014.8.5	BP-T22#	阿育王寺停车场	K30+967 上台阶	0.30	水平径向	0.31	超限
					水平切向	0.11	未超限
					垂直向	0.17	未超限

续上表

监测日期	监测点编号	监测位置	爆破点桩号	控制标准（cm/s）	最大震动速度（cm/s）		评价
2014.8.5	BP-T26#	阿育王寺山门	K30+967 上台阶	0.30	水平径向	0.11	未超限
					水平切向	0.09	未超限
					垂直向	0.18	未超限
2014.8.6	BP-T22#	阿育王寺停车场	K30+964 上台阶	0.30	水平径向	0.12	未超限
					水平切向	0.22	未超限
					垂直向	0.11	未超限
2014.8.6	BP-T26#	阿育王寺山门	K30+964 上台阶	0.30	水平径向	0.06	未超限
					水平切向	0.10	未超限
					垂直向	0.29	未超限
2014.8.8	BP-T26#	阿育王寺山门	K30+961 上台阶	0.30	水平径向	0.10	未超限
					水平切向	0.10	未超限
					垂直向	0.46	超限
2014.8.8	BP-T28#	阿育王寺砖1	K30+961 上台阶	0.30	水平径向	0.04	未超限
					水平切向	0.06	未超限
					垂直向	0.15	未超限
2014.8.8	BP-T26#	阿育王寺山门	K30+958 上台阶	0.30	水平径向	0.11	未超限
					水平切向	0.07	未超限
					垂直向	0.38	超限
2014.8.8	BP-T29#	阿育王寺天王殿	K30+958 上台阶	0.30	水平径向	0.06	未超限
					水平切向	0.05	未超限
					垂直向	0.31	超限
2014.8.9	BP-T26#	阿育王寺山门	K30+955 上台阶	0.30	水平径向	0.09	未超限
					水平切向	0.09	未超限
					垂直向	0.36	超限
2014.8.9	BP-T28#	阿育王寺砖1	K30+955 上台阶	0.30	水平径向	0.03	未超限
					水平切向	0.16	未超限
					垂直向	0.12	未超限
2014.8.10	BP-T26#	阿育王寺山门	K30+950 上台阶	0.30	水平径向	0.07	未超限
					水平切向	0.09	未超限
					垂直向	0.18	未超限
2014.8.10	BP-T27#	阿育王寺砖2	K30+950 上台阶	0.30	水平径向	0.07	未超限
					水平切向	0.08	未超限
					垂直向	0.21	未超限
2014.8.11	BP-T29#	阿育王寺天王殿	K30+946 上台阶	0.30	水平径向	0.09	未超限
					水平切向	0.06	未超限
					垂直向	0.36	超限
2014.8.12	BP-T26#	阿育王寺山门	K30+941 上台阶	0.30	水平径向	0.11	未超限
					水平切向	0.05	未超限
					垂直向	0.37	超限

续上表

监测日期	监测点编号	监测位置	爆破点桩号	控制标准(cm/s)	最大震动速度(cm/s)		评价
2014.8.12	BP-T29#	阿育王寺天王殿	K30+941 上台阶	0.30	水平径向	0.08	未超限
					水平切向	0.09	未超限
					垂直向	0.29	未超限
2014.8.14	BP-T22#	阿育王寺停车场	K30+932 上台阶	0.30	水平径向	0.08	未超限
					水平切向	0.17	未超限
					垂直向	0.22	未超限
2014.8.14	BP-T29#	阿育王寺天王殿	K30+932 上台阶	0.30	水平径向	0.07	未超限
					水平切向	0.09	未超限
					垂直向	0.45	超限
2014.8.15	BP-T29#	阿育王寺天王殿	K30+928 上台阶	0.30	水平径向	0.04	未超限
					水平切向	0.08	未超限
					垂直向	0.29	未超限
2014.8.15	BP-T30#	阿育王寺福寿堂	K30+928 上台阶	0.30	水平径向	0.09	未超限
					水平切向	0.08	未超限
					垂直向	0.20	未超限
2014.8.16	BP-T29#	阿育王寺天王殿	K30+924 上台阶	0.30	水平径向	0.04	未超限
					水平切向	0.07	未超限
					垂直向	0.20	未超限
2014.8.17	BP-T29#	阿育王寺天王殿	K30+920 上台阶	0.30	水平径向	0.05	未超限
					水平切向	0.03	未超限
					垂直向	0.23	未超限
2014.8.18	BP-T28#	阿育王寺牌位房	K30+916 上台阶	0.30	水平径向	0.02	未超限
					水平切向	0.03	未超限
					垂直向	0.10	未超限
2014.8.18	BP-T29#	阿育王寺天王殿	K30+916 上台阶	0.30	水平径向	0.03	未超限
					水平切向	0.07	未超限
					垂直向	0.21	未超限
2014.8.19	BP-T26#	阿育王寺山门	K30+912 上台阶	0.30	水平径向	0.02	未超限
					水平切向	0.02	未超限
					垂直向	0.05	未超限
2014.8.20	BP-T26#	阿育王寺山门	K30+906 上台阶	0.30	水平径向	0.02	未超限
					水平切向	0.02	未超限
					垂直向	0.06	未超限
2014.8.20	BP-T29#	阿育王寺天王殿	K30+906 上台阶	0.30	水平径向	0.02	未超限
					水平切向	0.03	未超限
					垂直向	0.07	未超限
2014.8.21	BP-T26#	阿育王寺山门	K30+900 上台阶	0.30	水平径向	0.04	未超限
					水平切向	0.03	未超限
					垂直向	0.08	未超限

续上表

监测日期	监测点编号	监测位置	爆破点桩号	控制标准（cm/s）	最大震动速度（cm/s）		评价
2014.8.21	BP-T27#	阿育王寺牌位房	K30+900 上台阶	0.30	水平径向	0.03	未超限
					水平切向	0.04	未超限
					垂直向	0.06	未超限
2014.8.23	BP-T27#	阿育王寺牌位房	K30+890 上台阶	0.30	水平径向	0.04	未超限
					水平切向	0.05	未超限
					垂直向	0.09	未超限
2014.8.23	BP-T30#	阿育王寺福寿堂	K30+890 上台阶	0.30	水平径向	0.04	未超限
					水平切向	0.03	未超限
					垂直向	0.09	未超限
2014.8.26	BP-T26#	阿育王寺山门	K30+875 上台阶	0.30	水平径向	0.04	未超限
					水平切向	0.04	未超限
					垂直向	0.12	未超限
2014.8.26	BP-T30#	阿育王寺福寿堂	K30+875 上台阶	0.30	水平径向	0.03	未超限
					水平切向	0.03	未超限
					垂直向	0.08	未超限
2014.9.2	BP-T26#	阿育王寺山门	K30+861 上台阶	0.30	水平径向	0.04	未超限
					水平切向	0.05	未超限
					垂直向	0.09	未超限
2014.9.2	BP-T29#	阿育王寺天王殿	K30+861 上台阶	0.30	水平径向	0.04	未超限
					水平切向	0.02	未超限
					垂直向	0.15	未超限
2014.9.4	BP-T30#	阿育王寺福寿堂	K30+849 上台阶	0.30	水平径向	0.07	未超限
					水平切向	0.04	未超限
					垂直向	0.14	未超限
2014.9.4	BP-T31#	阿育王寺西塔	K30+849 上台阶	0.30	水平径向	0.03	未超限
					水平切向	0.03	未超限
					垂直向	0.08	未超限
2014.9.5	BP-T27#	阿育王寺牌位房砖2	K30+845 上台阶	0.30	水平径向	0.06	未超限
					水平切向	0.08	未超限
					垂直向	0.15	未超限
2014.9.5	BP-T30#	阿育王寺福寿堂	K30+845 上台阶	0.30	水平径向	0.13	未超限
					水平切向	0.09	未超限
					垂直向	0.17	未超限
2014.9.10	BP-T29#	阿育王寺天王殿	K30+825 上台阶	0.30	水平径向	0.05	未超限
					水平切向	0.07	未超限
					垂直向	0.15	未超限
2014.9.10	BP-T30#	阿育王寺福寿堂	K30+825 上台阶	0.30	水平径向	0.07	未超限
					水平切向	0.06	未超限
					垂直向	0.17	未超限

续上表

监测日期	监测点编号	监测位置	爆破点桩号	控制标准(cm/s)	最大震动速度(cm/s)		评价
2014.9.12	BP-T26#	阿育王寺山门	K30+818 上台阶	0.30	水平径向	0.06	未超限
					水平切向	0.07	未超限
					垂直向	0.10	未超限
2014.9.13	BP-T31#	阿育王寺西塔	K30+814 上台阶	0.30	水平径向	0.05	未超限
					水平切向	0.04	未超限
					垂直向	0.08	未超限
2014.9.13	BP-T33#	阿育王寺变电室	K30+814 上台阶	0.30	水平径向	0.07	未超限
					水平切向	0.11	未超限
					垂直向	0.18	未超限
2014.9.14	BP-T30#	阿育王寺福寿堂	K30+810 上台阶	0.30	水平径向	0.11	未超限
					水平切向	0.10	未超限
					垂直向	0.12	未超限
2014.9.14	BP-T33#	阿育王寺变电室	K30+810 上台阶	0.30	水平径向	0.08	未超限
					水平切向	0.06	未超限
					垂直向	0.12	未超限
2014.9.16	BP-T27#	阿育王寺牌位房砖2	K30+802 上台阶	0.30	水平径向	0.10	未超限
					水平切向	0.11	未超限
					垂直向	0.13	未超限
2014.9.16	BP-T33#	阿育王寺变电室	K30+802 上台阶	0.30	水平径向	0.07	未超限
					水平切向	0.12	未超限
					垂直向	0.11	未超限
2014.9.18	BP-T34#	阿育王寺住房砖1	K30+796 上台阶	0.30	水平径向	0.23	未超限
					水平切向	0.08	未超限
					垂直向	0.18	未超限
2014.9.24	BP-T34#	阿育王寺住房砖1	K30+772 上台阶	0.30	水平径向	0.13	未超限
					水平切向	0.10	未超限
					垂直向	0.13	未超限
2014.9.28	BP-T33#	阿育王寺变电室	K30+759 上台阶	0.30	水平径向	0.08	未超限
					水平切向	0.09	未超限
					垂直向	0.16	未超限

隧道掘进至 K31+207 时，爆破点与阿育王寺核心保护区的最小距离约为 350m，此时开始对阿育王寺进行爆破震动监测，直至隧道贯通为止，共提交阿育王寺的爆破震动监测简报 38 期（YWLSD-BM-018～YWLSD-BM-055）。监测成果中提供了水平径向、水平切向、垂直向三分量震动速度最大值，大部分测点的垂直向速度均大于水平向速度，且超过预警值和控制值的速度均为垂直向，因此对阿育王寺的垂直向最大震动速度作曲线，如图 3-37 所示。

如图 3-32 所示，2014 年 7 月月底至 2014 年 8 月上旬，隧道掘进至 K31+000 附近时，阿育王寺山门、天王殿、停车场、牌位房等多处爆破震动监测结果开始超过预警指标 0.25cm/s，

8月8日阿育王寺山门处爆破震动垂直向速度最大达0.46cm/s。第三方监测单位开始加密监测频次,并加强现场巡视检查,根据连续多次监测结果先后发出蓝色预警和黄色预警,根据预警会议决议,施工单位采取了以下爆破施工措施以降低爆破震动影响:

①选取合理的孔网参数。

②选取合适的炸药单耗。

③使用微差引爆技术。利用毫秒雷管的微差间隔时间顺序引爆,并在原有毫秒雷管段别跳段(1、3、5、7、9、11、13、15段)使用的基础上,通过增加段别(1、3、5、7、9、10、11、12、13、14、15段)和段别调整,可以有效降低最大震动强度。

④控制单响药量。

⑤掏槽分段爆破。在原来的12个掏槽眼中间增加4个小掏槽孔,首先第一段小药量引爆中间小掏槽,再引爆第二段周围掏槽孔。由于增加了一定的临空面,第二段主要掏槽对岩石的破裂效果明显增强,可大大减少对围岩的震动。

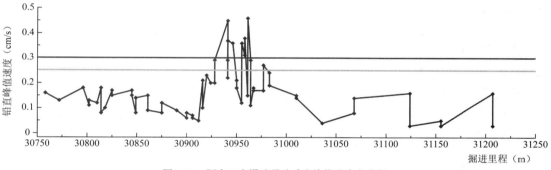

图3-32 阿育王寺爆破震动垂直峰值速度曲线图

采取以上措施后,阿育王寺的爆破震动影响得到有效的控制,现场爆破震动监测结果显示,8月16日之后直至隧道上台阶贯通,里程K30+924~K30+750段的最大震动速度明显降低,阿育王寺最大震动速度为0.23cm/s,为控制标准的77%,未达到预警指标,可见在此范围内的爆破施工对阿育王寺的古建筑和文物未产生不良影响。

第八节 小结

(1)根据《爆破安全规程》(GB 6722—2003)的规定,国家级文物阿育王寺保护区的爆破震动安全允许标准应严格要求,取为爆破震动速度峰值小于0.3cm/s比较合适。

(2)根据现场地形地质条件和现有隧道爆破掘进技术,采取分台阶、短进尺、小药量控制爆破,可以将育王岭隧道爆破开挖的震动控制在安全允许标准以内,确保阿育王寺文物古建筑的安全。

(3)为了确保阿育王寺保护区的安全,在隧道爆破开挖过程中进行震动跟踪监测是非常重要的措施，要求一旦阿育王寺保护区的爆破震动速度（PPV）超过0.25cm/s就应发出警告、采取更严格控制措施，确保爆破震动控制在0.3cm/s以内。

（4）根据《古建筑防工业震动技术规范》（GB/T 50452—2008）的规定，宁波市轨道交通1号线二期运营期间产生的震动危害应考虑疲劳破坏，古建筑物的容许震动标准应以疲劳极限作依据，在此基础上确定了阿育王寺山门和西塔等砖结构类的建筑容许震动速度为$[V]$=0.15mm/s，其他木结构类的建筑容许震动速度为$[V]$=0.18mm/s。

（5）依据《古建筑防工业震动技术规范》（GB/T 50452—2008）提供的分析计算方法，核算了轨道交通产生的最大震动速度响应全部小于容许震动标准，结合其他工程类比分析，认为宁波市轨道交通1号线在育王岭隧道处的运营震动不会对阿育王寺文物建筑造成有害影响。

本章参考文献

[1] 洪开荣．山区高速公路隧道施工关键技术[M]．北京：人民交通出版社，2011．

[2] 孔恒，宋克志．城市地下工程邻近施工关键技术与应用[M]．北京：人民交通出版社，2013．

[3] 肖广智．铁路隧道施工新技术[M]．北京：人民交通出版社，2016．

[4] 肖广智．不良、特殊地质条件隧道施工技术及实例（一）[M]．北京：人民交通出版社，2015．

[5] 路伯祥，许提多，黄丁发，等．GPS在铁路隧道平面控制测量中的应用[J]．铁道学报，1995，17（2）：60-66．

[6] 顾利亚．GPS隧道控制网横向贯通精度估算[J]．西南交通大学学报，2004，39（1）：25-29．

[7] 杨会军，胡春林，谌文武，等．断层及其破碎带隧道信息化施工[J]．岩石力学与工程学报，2004，23（22）：3917-3922．

[8] 郭陕云．隧道掘进钻爆法施工技术的进步与发展[J]．铁道工程学报，2007（9）：67-74．

[9] 何广沂，田雄文．我国隧道掘进钻爆技术发展综述[J]．铁道建筑技术，2006（6）：71-80．

[10] 朱正国，孙明路，朱永全，等．超小净距隧道爆破震动现场监测及动力响应分析研究[J]．岩土力学，2012，33（12）：3747-3759．

[11] 傅洪贤，赵勇，谢晋水，等．隧道爆破近区爆破震动测试研究[J]．岩石力学与工程学报，2011，30（2）：335-340．

[12] 杨年华，张志毅．隧道爆破震动控制技术研究[J]．铁道工程学报，2010（1）：82-86．

[13] 傅洪贤，沈周，赵勇，等．隧道电子雷管爆破降振技术试验研究[J]．岩石力学与工程学报，2012，31（3）：597-603．

[14] 耿萍，吴川，唐金良，等．穿越断层破碎带隧道动力响应特性分析[J]．岩石力学与工程学报，2012，31（7）：1406-1413．

第四章
爆破施工动力响应与控制措施

第一节　爆破震动特性

一、概述

地下工程爆破施工引起爆破震动所造成的影响研究,必须围绕震源机制、爆破地震波在岩土介质中的传播规律[1]及其作用下保护物结构动力响应分析[2,3]等方面进行研究,主要研究爆破地震波在岩土介质中的传播机理和衰减规律、完善爆破地震效应作用机理理论,进而指导、控制和优化爆破,预测预报和控制地下工程开挖爆破引起的爆破地震效应,以保证地面与地下结构和建筑物安全以及地下工程施工安全。

在爆破近区、中区传播的依次是冲击波、应力波,地震波由应力波在传播远区到达界面产生反射和折射叠加而形成[4],它是一种由爆源附近的应力波转换而来在岩土介质中传播的一种能量逐渐衰减的扰动,尽管只占爆炸所释放能量中的一小部分[5],但研究爆破地震波的特性对研究爆破地震波的传播机理、衰减规律及危害控制都具有重要意义。

爆破地震波是在岩土介质中传播的一种扰动。在无限介质体内,扰动以体波与面波的形式传播出去,其传播速度取决于介质本身的物理特性(弹性和密度)以及介质体本身的结构特征。如果介质具有不同的物理力学性质以及存在不均匀或不连续带时(如节理、断层等),就会产生反射与折射现象。同时,在一定条件下会在地表地层或介质体分界面产生面波,面波的强度随深度的增加而迅速下降。

在工程爆破实践中,实际传播介质并非理想的弹性介质,而是黏弹性介质。波速不但和介质的成分、弹性、密度有关,还和介质的孔隙度、孔隙中所含流体的种类、相态有关。此外,它还和介质的埋藏深度、地质年代、经受地质构造运动的历史等因素有关[6]。爆炸能量经过粉碎区与破裂区的大部分能量耗散而传播开去,在传播过程中将发生反射、透射与绕射、衍射、波型转换、波导、层间波等复杂现象,使地震波传播方向与途径发生变化。地震波在各种界面处垂直入射时要发生多次反射、透射与绕射。所以层面介质对地震波的传播速度和特性有重要影响。爆炸引起的地面震动是非常复杂的随机过程,测到的波形既有体波也有面波,它是不同幅值、不同频率与不同相位的各种波形叠加而成的复合波[7]。随着曲面半径的增大,单位曲面上的能量不断减小,同时在非理想弹性体,由于波的反射与折射及介质体内的内摩擦现象而发生能量吸收作用等耗散现象,因此地震波的传播过程是一个地震波能不断衰减的过程[8]。

爆炸所释放的能量中，其实只有一小部分转化为地震波，其百分比因传播介质而异。在干土中为2%～3%，在湿土中为5%～6%，在水中约为20%。在其他条件相同的情况下，在煤层中的爆破效应大于在岩石中的爆破效应。有专家认为，水下爆炸的地震效应可能要比地下爆炸的地震效应大6～10倍，因此可以认为，由于岩土介质不能视为均匀介质体，与可视为均匀不可压缩的水介质存在非常大的差异，水中波传播过程中的能量损耗要远小于岩土介质体。

二、爆破引起的地震类型

针对爆破地震对周边环境和建构筑物产生的影响与破坏作用，研究与工程实践表明，不同的爆破方式产生的爆破地震有所不同。

（1）浅孔爆破产生的地震

浅孔爆破传递的能量较低，一般来说只能对爆源周围几十米范围有较强震感，对其造成一定的影响，典型的浅孔爆破工程包括建筑基础的开挖、城市房屋的拆除、隧道与地下工程开挖爆破等。该类地震波波长较短，主振频率集中在30～100Hz，且持续时间在1.0s～3.5s，循环爆破作业，所以其造成的破坏有限，周边建筑物仅承受瞬态冲击力，随机震动波快速衰减，破坏程度相对较小，爆破地震作用下的建（构）筑物仅产生较小的动力响应。

（2）深孔微差爆破产生的地震

深孔微差爆破一般传递的能量较大，即使相隔较远也能感到较强的震感，且在爆破远区都能产生一定的破坏作用，典型的深孔微差爆破工程包括矿山开采、路堑爆破开挖、工业场地爆破平整，在施工中一般采用微差爆破技术，循环爆破作业，爆破地震作用下的建构筑物动力响应较大，主振频率多集中在10～40Hz，持续时间较长，爆破地震对建构筑物会产生较长时间的反复作用，会由于累计损伤或累积作用导致破坏。

（3）硐室大爆破产生的地震

硐室大爆破一般指的是较大药量、集中装药且一次性爆破，此类爆破震感非常强，能量传递距离非常远，影响范围非常广（可达数公里）。典型硐室爆破包括矿山剥离、定向筑坝、深路堑开挖以及移山填海工程等，其主振频率大都集中在7～20Hz，爆破地震造成的质点震动幅值较大，持续时间较长。相比前两类爆破，硐室大爆破产生的爆破地震特性更加趋向于天然地震，爆破近区与爆破远区爆破地震效应明显，危害较为严重。

三、爆破引起的地震波分类

爆破地震波分为体波与面波两大类，在地层内部传播的爆破地震波称为体波，在地层表面或介质体表面传播的波称为面波。具体分类情况如图4-1所示。

体波包括纵波（P波）和横波（S波），纵波是纵向运动，质点

图4-1　地震波分类

的震动方向与波的前进方向一致,在其作用下介质被压缩和膨胀,故纵波又叫压缩波、疏密波、无旋波或 P 波。横波为横向运动,质点震动方向与波的前进方向垂直,使介质被剪切,故其又叫剪切波、等体积波、旋转波或 S 波。S 波在分界面上分为 SV 波与 SH 波两个分量,SV 波运动平面垂直分界面,SH 波运动平面平行于分界面,P 波通常表现为周期短、振幅小,而 S 波通常周期较长、振幅较大。P 波使介质体产生压缩与膨胀变形,S 波使介质体产生剪切变形。由于流体的剪切模量 $G=0$,故流体中不存在横波,横波只在固体介质中传播。

面波通常认为是体波经地层界面的多次反射形成的次生波,是在地表或结构体表面以及结构层面传播的波,目前发现包括 Love 波与 Rayleigh 波两种形式。

Love 波传播时,质点作与波的传播方向垂直的水平横向剪切型震动,而没有垂直分量的运动。只有在半无限空间上至少覆盖一低速地表层时,Love 波才会出现。Love 波在层状介质中的传播速度介于最上层横波速度与最下层横波速度之间。

Rayleigh 波传播时,质点在波的传播方向和表面层法向组成的平面内作逆进的椭圆运动,而在与该平面垂直的水平方向上没有横向分量的运动。Rayleigh 波只在弹性体的表面传播,并不深入弹性体内部。Rayleigh 波的波速较横波波速略小。Rayleigh 波使介质体产生膨胀与剪切变形。

由于传播速度的不同,在远区体波与面波在时空上彼此分开。

四、爆破地震波特性分析

炸药在土岩介质中爆炸产生应力波,应力波向远处传播衰减为地震波。根据我国《爆破安全规程》(GB 6722—2003)[9] 及国内外的一些研究成果,目前普遍采用萨道夫斯基公式来研究爆破震动的传播规律。与天然地震相比,爆破地震存在频率高、幅值大、衰减快、持续时间短等特点,早期通常把爆破地震波分为初级地震波和次级地震波(诱发地震波),认为地下爆炸只产生初级地震波,而空气与水中爆炸或接近地表的地下爆炸将产生初级与次级地震波,二者对结构的影响程度视具体情形而不同。

1)爆破地震波是一种重复性与可预见性差的随机波

爆源的复杂性,以及传播介质体物理力学性质和地质结构构造的多样性,使得爆破地震波具有非重复性的特性,因此,爆破地震波是一种随时间作复杂变化的随机波。图 4-2 为岩石、地表土层和混凝土等几种不同介质中的爆破地震波波形及频谱。从图中可以看出,爆破地震波不仅在幅值上随时间作复杂的变化,而且波的频率成分和持续时间等也随环境条件、爆心距、爆破规模以及地层地质条件等变化而变化。爆炸激励的不确定性与难估量性以及传播介质特性的复杂性,也导致了作为随机震动的爆破震动很难用数学分析方法和微分方程表示出其确定性规律,往往只能用概率和统计方法描述其不确定状态,对于随机震动,最重要的是评价受载荷结构的安全度问题,爆破地震通常视为有限持续时间的震动问题,可视为非平稳随机过程。随机震动的精确描述,理论上要作无限长时间的记录,但记录时间过长,描述方法也将变得十分复杂。因此,通常使用的方法是建立在统计力学和信息理论的基础上，并涉及用概率密度表示振幅概率分布和用均方频谱表示连续震动频谱之类的系列概念。

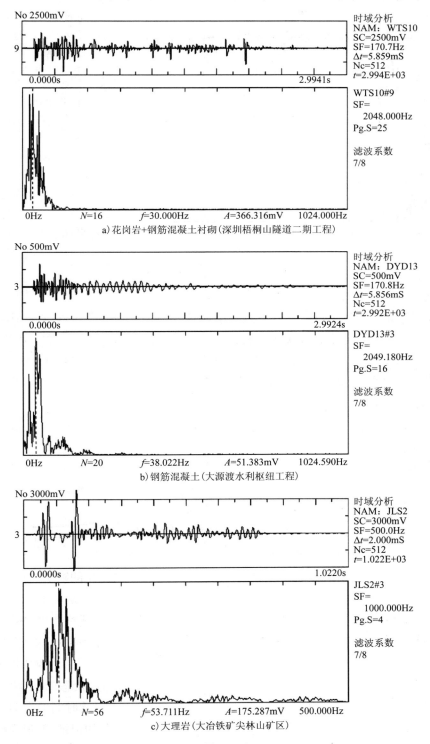

图 4-2

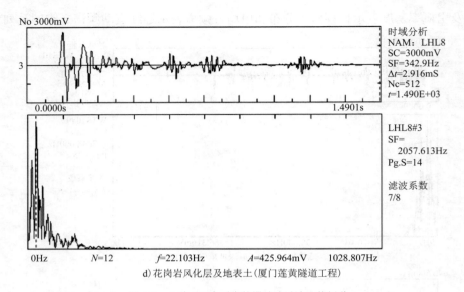

d) 花岗岩风化层及地表土(厦门莲黄隧道工程)

图 4-2　几种不同介质中的爆破地震波及其频谱

2)爆破地震波频谱的丰富性与集中性

图 4-3 为莲黄隧道不同距离范围质点震动速度主频频度分布图。远、近距离范围内的质点震动速度主频频度分布趋势线非常相似，主振频率均分布在 10～100Hz 的范围内，且集中在 20～45Hz 段，从主振频率频度分布图来看，近距离主频依次以 32.2Hz、24.1Hz、44.2Hz 出现频度最高，远距离依次以 24.1Hz、22.1Hz、44.2Hz 出现频度最高，同时，近距离范围相对更趋于低频段的低端。

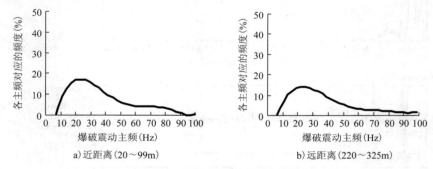

a)近距离(20～99m)　　　　　　　　　b)远距离(220～325m)

图 4-3　不同距离质点震速主频频度

不同于天然地震，爆破地震持续时间一般较短，一定程度上具有突发性瞬态冲击震动特性。在从爆源向四周的传播过程中，介质体内阻尼使爆破地震波幅值衰减，但这种阻尼作用的大小因地震波的频率特性而异，对于高频震动阻尼作用较大，因此远距离范围的质点震动高频成分衰减得非常快，低频成分则相对增大。

(1)爆破地震波所含频率的丰富性

频率体现了爆破地震波的变化速率，高频波的变化速率快而低频波的变化速率相对要慢，爆破地震波包含由 0～∞Hz 所有频率成分，而且频率谱是连续谱，并非是离散的频率分量。

爆破地震波通过傅里叶积分分解为连续的频率谱,通过频谱分析,可以得到爆破地震波的各种频率成分,及其幅值、能量与相位特征等,这些对结构的震动特性、振型和动力反应研究有着十分重要的意义。然而,在进行爆破地震安全评估与反演预测中,常把爆破地震波视为不同幅值、不同频率和相位的谐波合成,爆破地震认为是复杂周期运动,通过傅里叶积分从时域变换成频域上来描述。

根据共振原理,某一特定频率波能引起相应固有频率的结构体震动加剧的现象(即共振现象),在结构分析中,结构体往往包含各种不同固有频率的结构或子结构,尤其是低频部分的成分波更是不容忽视。但又不能仅重视低频波而忽略高频波,有时高频波也在结构分析中有着显著作用。因此,爆破地震波频率的丰富性的特性不容忽视。

(2)爆破地震波威胁性频率(段)的集中性

爆破地震波由应力波转化而成,其特点是距离爆源较近时,地震波的高频成分较为丰富,而且持续时间较短,随着爆破地震波向远处传播,高频成分逐渐被吸收,在远处,震动速度幅值很小,故在一定距离以外,爆破地震波对环境不构成威胁。爆破地震波在介质中传播,由于介质特性造成的高频滤波的特性,低频传播距离大。

不同的频率成分对结构、设备和人员的影响有着显著的差别。爆破地震波包含一个或几个主要的频率成分,这些频率成分对结构物的影响尤其显著,这些具威胁频率或频率段具有相对集中性,一般集中在较低频率段。

3)爆破地震波危害特征的隐蔽性与难估量性

以往人们对爆破破坏效应的研究主要集中在针对爆破近区范围内的破坏机理和破坏程度等的研究,往往忽略了爆破远区范围内的可能发生的破坏效应,对通常被视为弹性波的爆破地震波的影响更是缺乏足够的重视。由于各种不同介质中的爆破地震波能仅占爆炸所释放能量的3%～20%,加之爆破近区的破坏效应显著大于爆破远区,因此爆破地震波能量特征常常被忽视。

近阶段,虽然爆破地震波对结构所构成的威胁与危害越来越受到人们的关注,但由于爆破地震波危害的隐藏性与渐变性,并未引起足够的重视,越来越多的事例说明爆破震动的危害有时是很难估量的,甚至是毁灭和灾难性的。炸药爆炸产生的能量迅速传入地层,直接引起地层震动,而地层震动本身也表明对这些能量输入的反应。密闭炸药爆炸产生波峰更大、周期更长的脉冲,并导致较高的峰值震动和较低的频率反应。工程爆破工作人员大多注意到爆破破碎效果不佳,会导致地层震动能量的额外增多,这在某种程度上是正确的。最易增大地层震动的方式之一是爆破最小抵抗线过大。有经验提示,爆破地震波的频率与爆破参数有一定的因果关系。

4)爆破地震波传播特性的可变性与多样性

爆破地震波在土岩介质中传播,是复杂的波动过程的合成,即纵波(P)与横波(S)以及面波(R,L)、直达波与反射波及折射波等组成的复杂震动,通过介质从爆源向四周传播。由于纵波、横波和面波的传播速度各不相同,在土岩介质中传播不断产生反射波、折射波等后生波,与直达波之间不断发生相长与相减叠加,爆破地震波的波形参数(幅值、频率与相位等)随时间不断发生变化。

同时,爆破地震波随着传播介质的不同,其传播特性也不同,尤其在缺陷介质中的传播更具可变性与多样性。爆破点周围的地层起过滤系统的作用,以不同的速率抑制或衰减爆破地震波频谱。对于岩石共振范围内的频率没有像对在这个范围外的频率衰减那么大。通常情况下,岩石、土壤对较高频率的衰减作用要大于对较低频率的衰减(滤出)作用。因此埋设距离爆破点愈远的测震探头记录到的频率就越低。美国的军械安全手册中就不同距离条件下的允许速度与比例距离给出规定。我国的《爆破安全规程》也针对不同主振频率提出了相应的允许质点峰值震动速度。

爆破规模对爆破地震波的幅频等特性也产生较大影响,拆除控制爆破由于爆破药量少而采用短炮孔及较近的爆破震动监测距离,获得的地震波频率较高;采石场等土石方爆破采用中长孔及延时爆破和中等监测距离,就获得中等地震波频率;露天大爆破规模大,采用远距离监测获得的爆破地震波频率较低。对于地面建筑物的主要破坏威胁频率为 40Hz 以下。同时爆破地震波在传播过程中,可能会因为各种原因具有其几何扩展特性。

五、爆破震动的工程特性

爆破震动工程特性,主要指的是爆破地震产生的质点震动的幅值、频谱、持续时间在工程中体现出来的特性。爆破震动幅值大小体现着爆破地震的强弱;频谱则是爆破地震波幅值与频率的分布关系,爆破震动频谱含有各种不同的震动频率成分,属于连续谱,不同频率下的震动幅值也不尽相同,主振频率(基频)指的是最大幅值对应的频率;持续时间是指爆破地震作用下质点震动从开始到结束的时间。上述三个参数的结合及其参数间的不同组合,决定了爆破震动安全评价结果的差异。

爆破震动的工程特性主要包括以下几个方面:

(1)在相同方向和相同地段,爆破震动衰减规律相同,反之,则衰减规律不同。

(2)介质对于横波与纵波的吸收不同,吸收横波的能力更强,这是由于纵波与横波的品质因数不同,当介质为泊松体,纵波与横波的品质因数之比为 9/4。故爆破地震波水平径向震速要大于垂直向震速,这二者的比值随着爆心距的增加而增大,随着药量的加大而加大。

(3)若测点与爆源之间距离相同或高程相同,但相对位置不同,则造成的震速大小也会不同。抵抗线背面的震动速度较大,抵抗线前方的爆破震速较小;抵抗线垂直方向震速为抵抗线径向震速的 3/5~4/5。

(4)地形对地震波震速造成的影响很大。在爆源位置之上的一定高程的测点,震动速度将会出现放大效应。在相同距离条件下,等效药量在地面产生的爆破震动强度相比地下的要大,根据一定数据的统计,地面的震动速度要比地下的大 40%~65%。

(5)爆区的形状不同,造成的震动强度的等强度线形状不同。当爆区为长方形时,在爆破近区形成的等震速线为一长轴与抵抗线平行的椭圆,随着距离的增大,会渐渐扩展为圆形。爆区长度越长,这种现象越为明显。

(6)在坚硬岩石中爆破的震速比在土中要高。微差爆破中,若段间延时不合理,会造成波的干涉与叠加,土中质点震动速度会因此增加 1.5～2.5 倍,但岩石中很少会出现这种情况。一般情况下,要使相邻起爆段间产生的地震波主振相分离,间隔时间要设置为大于主振两个周期。

(7)在预裂爆破和光面爆破中,同一炮孔中随着装药直径增加,爆破震动强度也随之增大。

(8)爆破药量相等的情况下,绝对尺寸影响震动频率。装药时的爆破区段越长,相同条件下爆破产生的地震波频率则越小;爆破形式不同,地震波的频谱不同,前后排微差爆破频率低,V 型起爆震动频率高。

六、爆破震动引起的地面建构筑物破坏

长期以来,相关专家与学者一直非常关注爆破地震对地面建筑物产生的影响与破坏,强度较大的震动会导致房屋产生裂缝,而判据中的评价指标如何确定是一个问题。国内外研究发现,建(构)筑物的破坏与失稳与质点震动速度密切相关,因此一些国家与地区认可建(构)筑物起主要影响与破坏作用的震动参数是质点震动速度,采用质点震动速度作为评价爆破地震强度的指标较为适宜。但不同国家采用的震动强度参数评定准则并不尽相同,有的国家采用加速度指标,也有采用速度或能量等指标的,我国采用的是以地表质点最大震动速度(质点震动速度峰值、峰值质点震动速度)作为对爆破地震时周围建筑产生破坏的判据,采用最大震动速度时,同时采用频率作为辅助参考依据。

1. 爆破震动对建构筑物的力学效应

爆破震动对建筑物的效应包含两方面:其一是力效应,其二是变形效应。力效应的表现主要是它直接作用于结构上的拉力和压力,会使得结构对构件产生内力的重分布。而应变效应的表现主要是爆破震动通过介质传播到建筑物的结构基础上,然后经过底部基础传递到上部结构,因此结构产生动力响应,引起结构的变形反应。对于地下结构,下层土体与地下结构作为一个整体,当土体运动时地下结构也随之一起运动。爆破地震效应在沙土介质场地时易导致沙土的液化,液化时地基土将会由此而不均匀沉降。除上述外,大量工程实例也证明了建筑物上层结构对地震波存在放大效应。

2. 爆破震动频率对建筑物的破坏影响

一般情况下,爆破地震波明显的特点是衰减快、时间短,而低频下的爆破地震波则相反。通过大量爆破震动观测试验与实践以及基于爆破频率的研究分析,相关学者对此得出了爆破地震波主震频率衰减图,如图 4-4 所示。

由图 4-4 可知,频率随着距离的变化而变化,曲线呈现负指

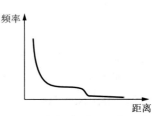

图 4-4 爆破地震波频率衰减图

数趋势。大地系统具有过滤高频波的作用,因此高频波会出现快速下降部分,低频波由于接近岩石的固有频率,因此在爆破远区低频部分会出现缓慢下降的过程。而出现高频频率缓慢下降部分以及低频频率快速下降部分的原因是由于岩石介质受到高频强冲击波的挤压作用,使得岩石介质在破碎前变得密实,随着密度的增加岩石波阻抗被暂时提高,随之出现岩石阻止低频波穿过,而高频波得以通过,但随着岩石的破碎,应力得到释放,又将恢复成过滤高频波。学者根据上面的实验结果进行二元回归法研究,得出了频率 f、距离 R 及炸药量 Q 之间的关系:

$$f=5000e^{\frac{-0.4R}{Q^{0.33}}} \quad (4-1)$$

根据结构动力学,单自由度建筑结构响应的峰值位移为:

$$A'=\frac{1}{\sqrt{(1-\beta^2)^2+4\xi^2\beta^2}}\times\frac{p}{4\pi^2 Mf_s} \quad (4-2)$$

式中:β——频率比,$\beta=f_0/f_s$;

f_0——震动频率;

f_s——结构自然频率;

ξ——阻尼比,一般取值 0.01~0.1,结构质量越大,ξ 越小;

M——结构质量;

p——结构所受地震力,$p=ma$,m 为单元质量,a 为加速度。

通过公式可知,若爆破震动频率和房屋自振频率无限接近 $f_0=f_s$,则 $\beta=1$,故有 $A'_{max}=\frac{1}{2\xi}\times\frac{p}{4\pi^2 Mf_s}$,房屋将会产生严重的破坏。

国内目前有两种公式计算爆破震动频率,其一为:

$$f=\left(\frac{k_f c_s^{7/5}}{Q^{1/3}}\right)\cdot\left(\frac{Q^{1/3}}{R}\right)^{2/5} \quad (4-3)$$

式中:k_f——频率系数,$k_f=0.01\sim0.03$;

c_s——岩石的横波波速(cm/s);

Q——相同距离同时起爆的总药量(kg);

R——测点至爆源距离(m)。

其二为:

$$f=k\sqrt{\frac{Q^{\frac{1}{3}}}{\lg R}} \quad (4-4)$$

式中:k——与起爆方式和药量有关的系数。

频率对结构的动力破坏起着重要的影响,在两个方面体现出来:地震波的外部因素及结构频率的内部因素。当地震波频率偏低,半波长比建筑结构特征尺寸要长时,结构震动明显。低频的持续时间一般较长,将导致累积损伤破坏,破坏一般从结构上部薄弱地带开始发生。

一般情况下,爆破震动中在结构物上的震动若为高加速和低频率,则能够导致结构产生裂缝(图4-5),裂缝的产生位置一般是在墙体平面应力处,且裂缝在每片墙体上是对称的。但爆破产生的裂缝有限,一般情况下不会产生较大、较宽的裂缝,若爆炸应力足够强,能够破坏到地下的土或基础,将也会大范围地破坏高层建筑。所以爆破震动引起的裂缝宽度都极细,若出现稍宽的宽度则可以判定为不是爆破震动引起的。

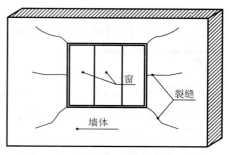

图 4-5　爆破震动引起墙体裂缝示意图

3. 爆破震动持续时间对建筑物的破坏影响

关于爆破震动持续时间,目前相关研究较少,也没有得到人们的重视。但从大量现场实测数据表明,爆破震动的持续时间越长,则对建筑物产生的破坏作用则越大。相关实验数据表明:当震动持续时间由 1s 变为 50s 时,破坏能力将增大 40 倍。由于建构筑物的结构形式不同,爆破方式以及爆破类型各异,即使在地面质点的震动速度相同时,建构筑物的频率和持续时间不相同,结构动力响应也不相同。

苏联学者已得出相关结论:爆破震动持续时间与爆破的药量关系不明显,与距离有一定相关性,满足以下经验公式:

$$\lg t = -1.6 + \lg \frac{R}{1000} \tag{4-5}$$

式中:t——爆破震动持续时间(s);

R——爆心距(m)。

4. 爆破震动的累积效应对建筑物的破坏影响

在实际工程中,类似房屋、土方开挖采用爆破开挖是经常性的,不仅要考虑单次的爆破开挖对建筑物产生的影响,而且要重点考虑长期的、多次的爆破对建构筑物产生的累积破坏影响。目前相关隧道开挖,采用爆破方式时,时间少则几个月,多则几年,由于日积月累产生的对周围建筑物的累积破坏效应应引起足够的重视,相关研究也是必不可少的。

每次爆破对建构筑物产生疲劳效应,而疲劳次数对研究建构筑物的破坏起着重要作用,疲劳次数与震动频率、爆破次数以及波延时间有一定关系。公式如下:

$$N = 12ftny \tag{4-6}$$

式中:N——疲劳次数;

f——平均震动频率(Hz);

t——平均波延时间(s);

n——平均每月的爆破次数(次/月);

y——建筑物的服务年限(年)。

爆破震动波形比较复杂,通常在计算时,选择波形较明显的取作计算依据,由于频率的大小不一,故认为幅值在最大时,疲劳程度就大些,计算时采用平均值。

第二节 结构动力响应与振型分析

通常,较远距离或控制在一定强度的爆破震动产生的震动振幅与能量都较小,从常规安全角度来说,其造成的震动比近距离爆破震动要微弱得多。但是,轨道隧道爆破开挖所产生的震动从某种意义上来说,其实是循环往复爆破条件下的爆破地震作用。循环往复作用于古建筑物势必与持续稳定长时间的震动引起结构动力疲劳类似,所以该类环境条件下的古建筑物容许震动标准应以疲劳极限作依据,即无论往复震动多少次也不会产生疲劳破坏。将古建筑结构的最大动应力控制在疲劳极限以下,即使有长期震动,古建筑不会产生新的裂缝,已有裂纹不会继续扩展,通过古建筑结构动力特性和响应分析,参考全国有代表性的古建筑结构及古建筑材料等进行的现场测试和室内研究所取得的可供分析原始数据,结合育王岭隧道工程概况、阿育王寺现场爆破震动测试数据及相应建筑物的相关资料核查对典型建筑物进行结构动力响应分析与振型分析,得到的研究结论与建议,应该是循环往复爆破地震控制以及文物、古建筑等爆破震动控制的科学、可靠的依据。

阿育王寺地处山谷冲积层地带,地基以黏土质土层为主,阿育王寺保护区作为国家级文物,重点建筑有山门、天王殿、大雄宝殿、舍利殿、藏经阁和东西两塔,其中距离轨道较近的有山门距隧道205m、西塔距离隧道最近约220m和天王殿距隧道300m。只有山门和西塔为典型的砖结构,其他建筑以木结构为主,重要建筑都已在最近加固和维修过,西塔为1980年重建,还有一部分宗教文物陈列室正在维修,整体保护条件较好。

这里主要进行了西塔、山门以及天王殿三类古建筑动力响应分析与结构振型分析。

一、阿育王寺西塔动力响应与振型分析

阿育王寺西塔6面7层,高约36m,宽约9m。通体用砖砌叠,外饰黄色,为楼阁式砖木结构,塔内有梯逆时针螺旋向上可通塔顶,每层相应有一塔窗透光,给塔梯照明。塔周六边砌凹形壁龛,龛座上隐起壸门,供奉石刻佛像。副阶和腰檐上覆盖灰色瓦片。腰檐用菱角牙子砖叠涩挑出,腰檐上六角发戗起翘,腰檐下有红色木质斗拱支撑。平座为青砖叠砌,上有栏杆痕迹。塔刹为宝葫芦(图4-6)。

根据《古建筑防工业震动技术规范》(GB/T 50452—2008),计算古建筑砖石结构西塔的水平固有频率,按下式计算:

$$f_j = \frac{\alpha_j b_0}{2\pi H^2}\psi \tag{4-7}$$

式中:f_j——结构第j阶固有频率(Hz);

α_j——结构第j阶固有频率的综合变形系数,按表4-1选用;

b_0——结构底部宽度;

H——结构计算总高度；

ψ——结构质量刚度参数(m/s)，按表4-2。

图4-6 阿育王寺西塔

砖石古塔的固有频率综合变形系数 α_j　　　　表4-1

H/b_m	b_m/b_0	0.6	0.65	0.70	0.80	0.90	1.00
2.0	α_1	1.175	1.106	1.049	0.961	0.899	0.842
	α_2	2.564	2.633	2.727	2.928	3.142	3.343
	α_3	4.348	4.637	4.939	5.580	6.220	6.868
3.0	α_1	1.414	1.301	1.213	1.081	0.987	0.911
	α_2	3.318	3.406	3.512	3.764	4.009	4.247
	α_3	5.843	6.239	6.667	7.527	8.394	9.255
5.0	α_1	1.596	1.455	1.326	1.162	1.043	0.955
	α_2	4.197	4.285	4.405	4.675	4.945	5.209
	α_3	7.867	8.426	9.004	10.160	11.297	12.409
8.0	α_1	1.678	1.502	1.376	1.194	1.068	0.974
	α_2	4.725	4.807	4.926	5.196	5.466	5.730
	α_3	9.450	10.135	10.826	12.171	13.477	14.740

注：b_m 为高度 H 范围内各层宽度对层高的加权平均值(m)。

砖石古塔质量刚度参数 ψ（m/s）　　　　表4-2

结构类型	ψ	结构类型	ψ
砖塔	$5.4H+615$	石塔	$2.4H+591$

根据上表 $H/b_m=4.0$，$b_m/b_0=0.9$，根据插值法取值，同时可知砖塔的质量刚度参数为 $(5.4\times36+615)$ m/s。参照结构尺寸参数计算得出结构各阶固有频率结果：$f_1=0.955$Hz；$f_2=4.211$Hz；$f_3=8.320$Hz。

则西塔在考虑循环往复爆破震动或持续恒定的工程震动振源作用下的最大速度响应可按下式计算：

$$v_{\max} = v_r \sqrt{\sum_{j=1}^{n} \gamma_j^2 \beta_j^2} \tag{4-8}$$

式中：$v_{\max}$——结构最大速度响应(mm/s)；

v_r——基础处水平向地面震动速度(mm/s)，参照表 4-3；

n——振型叠加数，取 3；

γ_j——第 j 阶振型参与系数，按表 4-4 选用；

β_j——第 j 阶振型动力放大系数，按表 4-5 选用。

地面震动速度 v_r（mm/s） 表 4-3

振源类型	场地土类别	v_r (m/s)	距离 r（m）								
			10	50	100	200	400	500	700	800	1000
火车	黏土	140～220	—	0.655	0.385	0.255	0.125	0.100	0.060	0.040	0.025
火车	粉细砂	150～200	—	0.825	0.435	0.220	0.110	0.085	0.050	0.035	0.020
火车	淤泥质粉质黏土	110～140	—	0.755	0.470	0.340	0.175	0.125	0.075	0.045	0.035
汽车	粉细砂	150～200	—	0.230	0.110	0.050	0.025	—	—	—	—
地铁	黏土	140～200	0.418	0.166	0.072	0.056	0.044	—	—	—	—
城铁	黏土	140～200	—	0.206	0.113	0.030	0.020	—	—	—	—
打桩	砂砾土	200～280	—	1.100	0.640	0.370	0.220	0.180	0.140	0.120	0.100
强夯	回填土	110～130	—	11.87	3.130	1.000	0.433	0.150	0.070	—	—

注：1. 汽车的 v_r 值，当汽车载质量大于 7t 时，应乘 1.3；小于 4t 时，应乘 0.5。
2. 地铁的 v_r 值，当距离 r 等于 1～3 倍地铁隧道埋深 h 时，应乘 1.2。
3. 打桩的 v_r 为桩尖入土深度 22m 时的值；
4. 强夯的 v_r 为夯锤质量 20t、落距 15m 时的值。

砖石古塔的振型参与系数 γ_i 表 4-4

H/b_m	b_m/b_0	0.6	0.65	0.70	0.80	0.90	1.00
2.0	γ_1	2.284	2.051	1.892	1.699	1.591	1.523
	γ_2	-2.164	-1.693	-1.394	-1.046	-0.856	-0.738
	γ_3	1.471	1.054	0.817	0.561	0.426	0.344
3.0	γ_1	2.412	2.129	1.947	1.736	1.619	1.547
	γ_2	-2.484	-1.896	-1.541	-1.143	-0.929	-0.796
	γ_3	1.786	1.256	0.964	0.654	0.495	0.397
5.0	γ_1	2.474	2.164	1.972	1.753	1.634	1.559
	γ_2	-2.742	-2.054	-1.654	-1.216	-0.984	-0.841
	γ_3	2.192	1.510	1.145	0.767	0.575	0.459
8.0	γ_1	2.487	2.171	1.978	1.758	1.638	1.563
	γ_2	-2.812	-2.097	-1.687	-1.240	-1.004	-0.858
	γ_3	2.388	1.631	1.232	0.822	0.615	0.491

砖石结构古建筑动力放大系数 β_j 表 4-5

f_r/f_j	0	0.3～0.8	1.0	1.4～1.9	2.3～2.8	3.3～3.9	≥5.0
β_j	1.0	7.0	10.0	6.0	4.0	2.5	1.0

轻轨铁路隧道距离阿育王寺西塔最近处220m，基础处水平震动根据表4-3取值，最近振源至200m距离处的强夯地面震动速度为1.000mm/s。γ_j取值按H/b_m=4，b_m/b_0=0.9。根据轻轨铁路隧道振源及距离确定：f_r=10.9Hz，按照西塔各阶固有频率计算：f_r/f_1=11.4；f_r/f_2=2.6；f_r/f_3=1.3。已经求得：γ_1=1.626；γ_2=-0.956；γ_3=0.535。由此计算的西塔V_{max}=2.0mm/s。

西塔为典型砖结构类建筑物，通过表4-6可知，其工业震动条件下的容许震动速度宜定为：$[v]$=0.20mm/s。对于西塔：$V_{max}>[v]$。

古建筑砖结构的容许震动速度$[v]$（mm/s）　　　　　表4-6

保护级别	控制点位置	控制点方向	砖砌体V_p（m/s）		
			<1600	1600～2100	>2100
全国重点文物保护单位	承重结构最高处	水平	0.15	0.15～0.20	0.20
省级文物保护单位	承重结构最高处	水平	0.27	0.27～0.36	0.36
市、县级文物保护单位	承重结构最高处	水平	0.45	0.45～0.60	0.60

注：当V_p介于1600～2100m/s时，$[v]$采用插入法取值。

轻轨铁路隧道爆破如考虑循环往复持续震动长期作用时，可能会对阿育王寺西塔产生疲劳破坏（在此是以强夯震动为参考，爆破震动与强夯震动还是存在一定差别的）。

根据古塔尺寸，采用MSC.MARC软件进行有限元分析计算，其中砖石弹性模量取5.221×10^8N/mm^2，泊松比0.15，重度18kN/m^3。采用3D-shell（壳）单元，得到简化模型如图4-7所示。

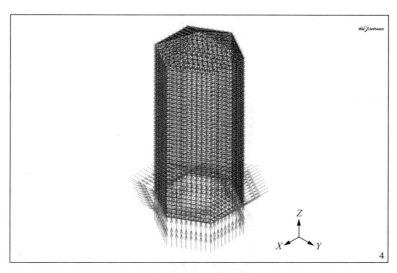

图4-7　西塔有限元模型

提取前3阶振型，结果如图4-8所示，f_1=0.9705Hz，f_2=1.597Hz，f_3=2.318Hz。前3阶振型分别为X向平动、Y向平动、扭转。

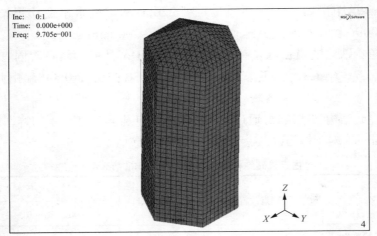

a) 1阶振型(X向平动)

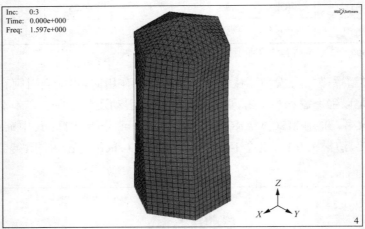

b) 2阶振型(Y向平动)

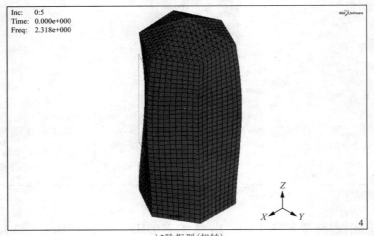

c) 3阶振型(扭转)

图 4-8　西塔振型图

二、山门结构动力响应与振型分析

山门也即寺院正面的楼门,是人们对寺院的一般性称呼。阿育王寺山门为典型砖结构,高约 9m,宽约 6.8m,纵深 5m,如图 4-9 所示。

图 4-9 阿育王寺山门

计算古建筑砖石结构山门的水平固有频率,可按下式计算:

$$f_j = \frac{1}{2\pi H} \lambda_j \psi \qquad (4-9)$$

式中:f_j——结构第 j 阶固有频率(Hz);

λ_j——结构第 j 阶固有频率的计算系数,按表 4-7 选用;

H——结构计算总高度;

ψ——结构质量刚度参数(m/s),取 230。

砖石结构的固有频率计算系数 λ_j 表 4-7

H_2/H_1	A_2/A_1	0.2	0.4	0.6	0.8	1.0
0.6	λ_1	2.178	1.958	1.798	1.673	1.571
	λ_2	4.405	4.528	4.611	4.669	4.712
	λ_3	7.630	7.704	7.763	7.813	7.854
0.8	λ_1	2.272	2.002	1.818	1.680	1.571
	λ_2	4.068	4.322	4.491	4.616	4.712
	λ_3	8.269	8.122	8.012	7.925	7.854
1.0	λ_1	2.300	2.012	1.824	1.682	1.571
	λ_2	3.982	4.268	4.460	4.601	4.712
	λ_3	8.582	8.296	8.107	7.965	7.854

注:1. H_1 为台基顶至第一层台面的高度(m),H_2 为第一层台面至承重结构最高处的高度(m),$H=H_1+H_2$;A_1 为第一层结构截面周边所围面积(m²),A_2 为第二层结构截面周边所围面积(m²)。

2. 当 $H_2/H_1 > 1.0$ 时,按 H_1/H_2 选用。

3. 对于单层结构,A_2/A_1 取 1.0,与 H_2/H_1 无关。

按照山门结构和尺寸参数计算得出结果:f_1=6.393Hz;f_2=19.175Hz;f_3=31.961Hz。

则山门在考虑循环往复爆破震动或持续恒定的工程震动振源作用下的最大速度响应按式(4-8)计算。计算方法同阿育王寺西塔,由此计算的山门(强夯条件):v_{max}=2.5mm/s。

由于山门为砖石结构,故取强夯对其震动容许值:$[v]$=0.20mm/s;显然对于山门:$v_{max}>[v]$。

同样说明,轻轨铁路隧道爆破如考虑循环往复持续震动长期作用时,可能会对阿育王寺山门产生疲劳破坏(在此是以强夯震动为参考,爆破震动与强夯震动还是存在一定差别的)。

由于山门同为砖石类结构,计算参数资料输入同西塔,根据现场尺寸简化模型如图4-10所示。

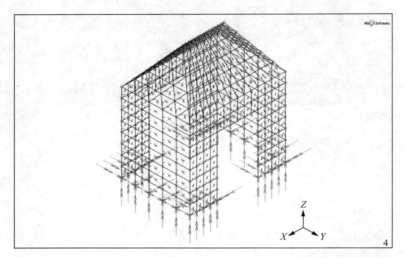

图4-10 山门有限元模型

结果如图4-11所示,f_1=6.680Hz,f_2=7.490Hz,f_3=9.333Hz。前3阶振型分别为X向平动、Y向平动、扭转。

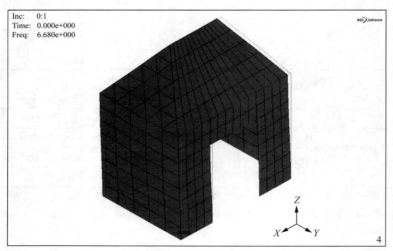

a)1阶振型(X向平动)

图 4-11

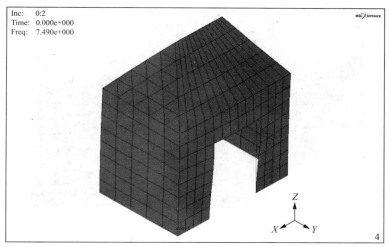

b) 2阶振型（Y向平动）

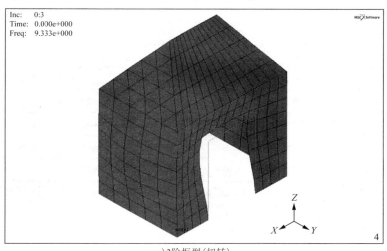

c) 3阶振型（扭转）

图 4-11　山门振型图

三、天王殿二重檐结构动力响应与振型分析

阿育王寺天王殿为两重檐木结构，黑瓦顶底层开间，上层 5 间，高约 12m，宽约 26m，正脊上有"国基巩固"四个字；檐间横匾书"天王殿"；大门上有"八吉祥地"四寂横匾，如图 4-12 所示。

计算古建筑木结构天王殿水平固有频率，与山门相同，即式（4-9），计算的固有频率结果，见表 4-8。木结构古建筑动力放大系数 β_j 取值见表 4-9。

图 4-12 阿育王寺天王殿

两重檐木结构的固有频率计算系数 λ_j 表 4-8

H_2/H_1	A_2/A_1	0.5	0.6	0.7	0.8	0.9	1.0
0.6	λ_1	1.873	1.798	1.732	1.673	1.619	1.571
	λ_2	4.574	4.611	4.642	4.669	4.692	4.712
	λ_3	7.735	7.763	7.789	7.813	7.834	7.854
0.8	λ_1	1.903	1.818	1.745	1.680	1.623	1.571
	λ_2	4.414	4.491	4.558	4.616	4.667	4.712
	λ_3	8.064	8.012	7.966	7.925	7.888	7.854
1.0	λ_1	1.911	1.824	1.748	1.682	1.623	1.571
	λ_2	4.373	4.460	4.535	4.601	4.660	4.712
	λ_3	8.194	8.107	8.032	7.965	7.907	7.854

注：1. H_1 为台基顶至底层檐柱顶或二层楼面的高度(m)，H_2 为底层檐柱顶或二层楼面至顶层檐柱的高度(m)，$H=H_1+H_2$；A_1、A_2 分别为下檐柱和上檐柱外围周边所围面积(m^2)。

2. 当 $H_2/H_1>1.0$ 时，按 H_1/H_2 选用。

木结构古建筑动力放大系数 β_j 表 4-9

f_r/f_j	0	0.3~0.8	1.0	1.4~1.9	2.3~2.8	3.3~3.9	≥5.0
β_j	1.0	5.0	7.0	4.5	3.0	2.0	0.8

根据天王殿结构和尺寸参数取 $H_2/H_1=0.6$，$A_2/A_1=0.6$，得：$f_1=1.432$Hz；$f_2=3.671$Hz；$f_3=8.563$Hz。

同上计算：$f_r/f_1=7.6$；$f_r/f_2=2.9$；$f_r/f_3=1.3$；$\gamma_1=1.388$；$\gamma_2=-0.579$；$\gamma_3=0.291$。

则天王殿在考虑循环往复爆破震动或持续恒定的工程震动振源作用下的最大速度响应按式(4-8)计算。计算方法同阿育王寺西塔，由此计算的天王殿：$v_{max}=2.4$mm/s。

由表 4-10 知，古建筑木结构的容许震动速度：$[v]=0.18$mm/s；显然对于天王殿：$v_{max}>[v]$。

同样说明，轻轨铁路隧道爆破如考虑循环往复持续震动长期作用时，可能会对阿育王寺天王殿产生疲劳破坏（在此是以强夯震动为参考，爆破震动与强夯震动还是存在一定差别的）。

古建筑木结构的容许震动速度[v]（mm/s） 表 4-10

保 护 级 别	控制点位置	控制点方向	顺木纹 V_p（m/s）		
			< 4600	4600～5600	> 5600
全国重点文物保护单位	顶层柱顶	水平	0.18	0.18～0.22	0.22
省级文物保护单位	顶层柱顶	水平	0.25	0.25～0.30	0.30
市、县级文物保护单位	顶层柱顶	水平	0.29	0.29～0.35	0.35

注：当 V_p 介于 4600～5600m/s 时，[v]采用插入法取值。

同样采用 MSC.MARC 软件进行有限元分析计算，其中木材弹性模量取 $7.6×10^9 \text{N/mm}^2$，泊松比 0.5，重度 6kN/m^3。采用纤维梁柱（Beam52）单元，简化模型如图 4-13 所示。

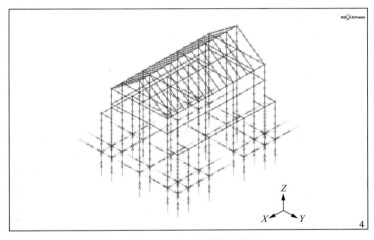

图 4-13 天王殿有限元模型

结果如图 4-14 所示，f_1=1.453Hz，f_2=1.557Hz，f_3=1.967Hz。前 3 阶振型分别为 X 向平动、Y 向平动、扭转。

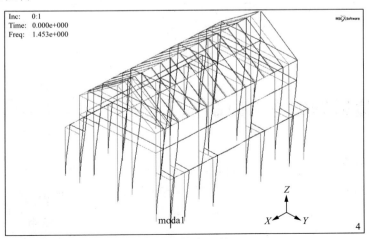

a）1阶振型（X向平动）

图 4-14

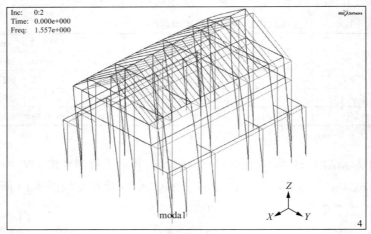

b) 2阶振型（Y向平动）

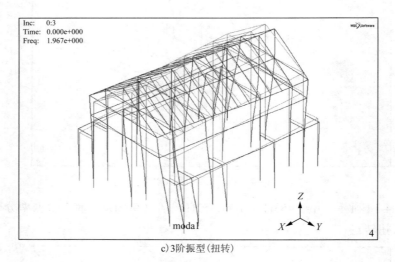

c) 3阶振型（扭转）

图 4-14　天王殿振型图

第三节　隧道爆破施工控制技术

　　通过前面章节的爆破震动对建构筑物产生的影响破坏的理论分析，结合依托工程轻轨隧道爆破震动观测测试与结果分析，并基于业界有关爆破震动控制技术与方法，同时，参考依托工程典型的古建筑的结构动力响应分析与振型分析，在此阐述针对依托工程现场实际情况，围绕育王岭隧道爆破对阿育王寺古建筑群产生震动影响的隧道爆破控制技术，分析探讨轻轨隧道爆破地震控制技术与方法。

一、隧道爆破安全保证措施

（1）洞内爆破必须统一指挥，并由经过专业培训且持有爆破操作合格证的专业爆破工进行作业。

（2）装药与钻孔不宜平行作业。

（3）爆破器材加工房应设在洞口 50m 以外的安全地点。严禁在工作地点加工爆破器材。

（4）爆破作业和爆破器材加工人员，严禁穿化纤衣服。

（5）装药前应检查爆破工作面附近的支护是否牢固，炮眼内的泥浆、流砂是否吹干净，刚打好的炮眼热度过高，不得立即装药。发现流砂、流泥或大量涌水时，严禁装药爆破。

（6）装药前应按设计规定装药，不得任意加大装药量，毫秒雷管应按爆破设计和起爆顺序对号入座，用炮泥堵塞炮孔，严禁用碎石堵塞，堵塞时不得损坏起爆线路。

（7）装药时，严禁一切火种，应使用木质炮棍装药，严禁使用铁器或易产生火花的材料装药；与装药无关人员，应撤离现场。

（8）装药后，由现场施工员检查，确认炮孔无漏装，起爆网络连接良好，人员、设备撤离安全地点，警戒人员到位和警戒范围符合规定后，方可向爆破工发出点炮指令。

（9）洞口段爆破必须按规定布置防护区，统一指挥，并设置明显的爆破警戒标志。

（10）进行爆破时，所有人员必须撤离现场，其安全距离为 200m 以外，采用全断面开挖，进行深孔爆破（孔深 3～5m）时其安全距离不得少于 300m。

（11）采用非电雷管起爆时，总起爆网络火雷管的导火索长度不少于 1.5m，网络连接完成后，应详细检查有无漏接和连接不良现象。

（12）爆破后，必须进行通风排烟，15min 以后，检查人员方可进入工作面，检查有无盲炮及可疑现象，有无残余炸药和雷管，支护有无损坏及变形，拱顶及两侧岩面有无松动及活石，在检查和处理确认无误后方可准许其他工作人员进入工作面施工。

（13）爆破作业，两工作面相近距离在 20m 以内时，一侧装药放炮，另一侧人员应撤离到安全地点。两侧同时爆破时，必须由施工员统一联系指挥。

（14）爆破后当发现有盲炮时，必须由原爆破人员按规定及时处理。如暂不能处理的，应设置明显标志或警戒，并报告工地负责人。

（15）爆破器材的领取，必须设专人持值班施工人员签发的爆破器材领用单领取，并按施工处规定办理领料签认手续。

（16）领取爆破器材后，必须及时运送到爆破或加工地点，中途或人员集中处不得停留，不得搭乘任何机动车辆，人工搬运一人一次不得超过原包装一箱。雷管炸药禁止由一人同时运送。

（17）装药结束后，及时清点剩余爆破器材，按规格、型号、数量填写在爆破器材领用登记证退库栏，由专人送回仓库保管，并办理退库手续。

二、隧道爆破施工控制技术

1. 轻轨隧道爆破对地面建构筑物结构震动影响

隧道爆破地震会引起地面建构筑物产生结构震动,很多因素影响到结构震动,这里主要体现在以下 4 个方面。

(1) 爆源因素的影响

隧道爆破属于浅眼爆破,其爆破的振幅较低,高频部分较为丰富,且基频高、持续时间短,相比同样爆破条件下的洞室爆破,其爆破效果相反,产生高振幅,低频部分的成分相比而言更丰富,基频低、持续时间相对较长。

一般在爆破工程中,爆破规模及一次性爆破炸药量或者药包半径越大,爆破所产生的震动幅值将越大,频率上更加趋向于低频部分,低基频且长持时。且在爆源位置,有关炸药的尺寸、性质,爆破雷管的分段段数,对于微差爆破雷管的延时时间以及其精度,爆源位置不同方向处质点,以及爆破处岩石性质等条件对爆破震动的影响各不相同。

(2) 传播距离的影响

爆破震动在爆破远区的震动幅值将变得更小,且其基频爆破震动随着传播距离增加,震动幅值变得愈小,基频愈低,持时愈长。振幅减小的原因是,爆破震动能在传播过程中,由于距离的增加其传播的空间变大,造成能量分散,密度降低,同时加上传播途中介质的阻尼作用,能量损耗较大。波阵面扩散形式不同幅值衰减速率不相等,线源或一字形多药包齐爆柱面波区衰减较慢,点源爆破球面波区衰减较快。频率将随着距离的增加而衰减,其中高频成分随距离增加而快速衰减,低频成分减小较为缓慢,故由于距离的增加,频谱中高频减少而基频降低。

至于爆破震动持续时间,通常随着距离的增加,质点处的震动持续时间也随之增加,这是因为纵波和横波的传播速度不同,纵波的传播速度比横波要快,距离的增加导致两种波速传递到质点处的时间差变大,造成质点响应时间的变长。震动持续时间的变长对于震动安全影响较大。对于分段延时爆破中,若增加爆破震动的持续时间,将导致震动幅值叠加,这将造成爆破震动幅值随着距离的变化而出现反常现象。过去,学者们对于爆破地震效应分析大都将注意力集中在质点的震动速度上,而对于波的传播速度关注较少。

(3) 场地条件的影响

对爆破震动特性影响非常大的因素有地质结构和传播介质的物理力学性质等。爆破时传播介质场地条件愈坚硬,基频较高、震动幅值相对较低、持续时间较短。相反地,若介质地较为松软,爆破下穿过介质将导致高频成分以及震动幅值的过滤而快速下降,同样基频也会较快地降低。介质场地都有自身的自振卓越周期,在爆破作用下,介质场地将由于地震波的受激作用产生震动,其与爆破地震波叠加会使爆破震动的幅值变大。在工程中经常可以看到在土层较厚或其卓越周期变化较大的地段时,其震动幅值未按照衰减规律变化而出现反常现象,这主要是由于介质场地自身的"调制"作用。在大规模工程爆破远区,若场地自振卓越周期与地震波传播到介质处的基频相同时,将导致自振现象的发生,且震动持续时间变长,将发生爆破震动破坏现象,这也是在爆破远区形成损害异常现象的原因。故对于场地自振卓越周期的调查也尤为重要。

爆区附近环境对爆破震动产生重要影响,若周围出现断层、破碎带等地质构造时将对爆破产生消减作用。若周围有高差较大的山坡或山梁等,将对爆破震动振幅有放大效应。

(4) 建构筑物动力特性的影响

建构筑物的结构形式、材料特性、新旧状况是爆破震动过程中的内因。建构筑物的动力响应,其中阻尼系数和震动卓越周期是主要特性参数。当地震传播到建构筑物处的震动基频与建构筑物自振频率接近时,结构的震动相应将放大,若二者相同时则产生共振现象,即使由地震波传播过来的质点的振幅不大,结构也会因此而出现一定程度的损害。而当二者频率相差较大且持续时间较短时,即便由爆破产生的地震波传播到该处的质点震动幅值较大,但结构对其震动响应不会敏感,大部分被输入的能量将会由于结构自身的阻尼而吸收掉。所以震动基频对建筑物的安全性起到至关重要的作用。场地自振对震动幅值起"调制"作用,所以在震动下的建筑物自振频率和场地自振频率接近时,最容易受到损害。

建构筑物震害损伤具有累积效应。一般情况在强震初时,结构的反应超过弹性阶段后会出现局部破坏,后续的震动会使局部破坏部分进一步扩大,进而导致结构的坍塌。若持续时间较短,结构物虽产生一定损伤但不至于坍塌。有时损伤程度仅产生在内部,从外部难以看出,表现出结构刚度下降,即自振频率降低和阻尼系数增加。后续的爆破震动会使已有损伤继续发展,最终,即使在小振下结构物也有可能倒塌。所以应该对爆破震动持续时间给予足够的重视。

常见的建构筑物振害自振卓越周期见表4-11,也即建构筑物的第一振型自振周期。高振型与第一振型周期 T_1 的关系近似表现为:框架结构 $T_2=T_1/3$、$T_3=T_1/5$,框剪结构 $T_2=T_1/6$、$T_3=T_1/18$。高振型震动频率较高,将会快速衰减为低振型震动。所以爆破震动方案设计中重点考虑被保护建(构)筑物第一振型自振周期,如表4-11所示。

常见建(构)筑物第一振型自振周期　　　　表4-11

建筑类别	结构类型	建筑物名称	层数	自振周期(s)	观测方向
民用	砖木、砖混	普通民房	1~2	0.1~0.2	横向
		办公楼	3	0.34	横向
		宿舍楼	3	0.25	横向
		宿舍楼	3~7	0.3~0.6	横向
	框剪	现浇办公楼	11	0.51	横向
		装配式宾馆	13	0.53	横向
		住宅楼	12~13	0.65~0.75	横向
工业	框架	选洗煤车间	8	0.43	纵向
	单列排架	炼钢车间	1	0.67	纵向
	多列排架	轧钢车间	1	0.92	纵向
	砖砌	烟囱	30~45m	1.0~1.2	

续上表

建筑类别	结构类型	建筑物名称	层数	自振周期(s)	观测方向
公用	大跨度框架	礼堂	高40m	0.56	沿中轴
冶金	钢结构	高炉	容量255m³	0.32	垂直斜桥
	耐火内衬		容量1442m³	0.45	垂直斜桥
公路	三跨桁架	铁路桥	跨度120m	0.5	横向
	排架	出线架		0.46	纵向
水工	混凝土	大头坝		0.19	沿流向
	框架	发电车间	1	0.53	纵向

2. 爆破施工控制技术

（1）改变开挖方法

对于工程地质条件及周围环境特别复杂的情况，可以采取杜绝爆破地震效应产生的方法，即改变隧道开挖方法，将爆破开挖改为其他方式，育王岭隧道由于进、出口端周边的环境复杂，故洞口处开挖时将爆破开挖改成了机械开挖，杜绝了爆破地震效应的产生，保证了周边构（建）筑的安全以及周围居民的人身安全。

（2）选择合适的炸药品种

实验表明，若爆轰压力上升时间较短的炸药，其震动较大，频率相应较高；而炸药爆轰压力上升时间较长，则产生的震动强度快速下降，频率也随之变小。炸药的爆速对于爆轰压力和上升时间起着决定性作用，爆轰速度越快，则爆轰压力上升时间越短，所以得出炸药种类不同能影响爆破震动速度的结论。同时原岩体和表土层爆破震动观测结果表明，爆速越小则爆破震动幅值越小。

从岩土介质与炸药波阻抗匹配方面讲，若岩石与炸药波阻抗接近或相当时，产生的爆轰效果最好，炸药爆炸能量能有效破碎岩石，对应的爆轰冲能转化为地震波能小，爆破震动相应较小；反之，两者波阻抗不匹配时，爆破破碎岩石效果差，大部分能量转换成地震波能，进而导致爆破震动较大。表4-12为目前隧道开挖爆破中常用的炸药品种。

部分隧道开挖常用炸药　　　　　表4-12

炸药名称	药卷直径(mm)	密度(g/cm³)	猛度(mm)	爆力(ml)	爆速(m/s)
2号岩石炸药	32	0.95～1.10	12	320	3600
乳化炸药	35	0.95～1.25	16	280～300	4100～5500
SB光爆炸药	20	0.7	2～5	1700～2500	3000

育王岭隧道开挖爆破和大多数轻轨隧道爆破开挖相同，选择了岩石硝铵乳化炸药，主要是因为其爆破后生存的有毒气体相对较小，防水效果也较好，同时产生的爆破地震效应对周围构（建）物的影响，通过现场观测，达到较好的效果。大量的实践资料表明，轻轨隧道开挖爆破时选择低威力、低爆速的炸药产生的爆破地震效应要比高威力、高爆速的炸药小很多。文献提到，4100～5500m/s爆速的2号岩石硝铵乳化炸药要比爆速为3600m/s的2号岩石

硝铵炸药产生的爆破震动减弱很多。因此选择合理的炸药品种能在一定程度上控制爆破地震效应。

(3) 合理控制爆破开挖进尺

爆破开挖进尺是指从爆破开挖前的掌子面到爆破开挖后的掌子面的距离。随着开挖进尺增大,总装药量也不断增加,当爆破开挖进尺过大时,会导致炸药的用量超线性地增加,从而导致围岩、支护、衬砌等地下构筑物强烈的震动甚至造成破损,对工程质量、安全等产生不利的影响。爆破开挖进尺主要受围岩类别和爆破面积的制约,围岩类别越差,爆破面积越大,则开挖进尺越小。育王岭隧道爆破开挖进尺:Ⅴ级围岩每循环进尺0.6~1.2m,Ⅳ级围岩每循环进尺1.0~1.5m,Ⅲ级围岩每循环进尺2.0~2.5m,Ⅱ级围岩每循环进尺2.3~2.8m。在实际轻轨隧道开挖爆破过程中,当爆破震动超过安全预警值时,现场爆破工作者往往想到的是通过减少爆破开挖进尺来控制爆破震动,虽然有效果,但是这意味着控制了施工进度,施工进度在工程中意味着经济效益,因此,在实际轻轨隧道爆破开挖中,一定要选择一个合理的爆破开挖进尺,兼顾安全与经济效益。

(4) 合理的爆破方式与方法

爆破方式的不同造成的爆破震动不相同,相同的爆破规模下,集中药包产生的震动比分散药包的大,微差爆破产生的震动比普通爆破要小。掏槽方式的不同对爆破产生的震动差异也较大,适当的掏槽方法将有效改善爆破震动效果。

对于毫秒微差爆破,延时间隔时间的确定较为关键,不同的延时间隔产生的爆破震动强度不同。延时间隔时间有一最适值,当达到该值时,震动强度最小,偏离该值时,震动强度将变大。引起最大震动强度时的延时间隔时间 Δt 与地震波传播介质的震动周期 T 相等时,其大小接近甚至超过按总药量计算的齐发爆破所引起的震动强度,当延时间隔 Δt 接近 $T/2$ 或 $3T/2$ 时,所造成的震动强度较小,且对于震动强度较小的延时爆破,其间隔时间的长短与爆破传播介质的物理特性相关,并随爆破规模的增大而增大。同时,震动大小还与施工顺序有关,施工顺序不同,地震效应各异。

育王岭隧道采用双排12孔楔形掏槽,毫秒导爆雷管(表4-13),在后期隧道开挖时随着爆心距离阿育王寺越来越近,产生的爆破震动也越来越大,显然这种方式的爆破开挖不能满足不超过阿育王寺最大允许震速的要求,通过改进掏槽方式,在原有的12个掏槽眼下方增加4个小掏槽眼(图4-15),并且在原有的爆破段别1、3、5、7、9、11、13、15段基础上,增加调整为1、5、7、9、10、11、12、13、14、15段,改变爆破段别间间隔时差。根据阿

毫秒导爆雷管　　　　　　表4-13

段别标志	MS1	MS2	MS3	MS4	MS5	MS6	MS7	MS8	MS9	MS10
段别	1	2	3	4	5	6	7	8	9	10
延期时间(ms)	0	25	50	75	110	150	200	250	310	380
段别标志	MS11	MS12	MS13	MS14	MS15	MS16	MS17	MS18	MS19	MS20
段别	1	2	3	4	5	6	7	8	9	10
延期时间(ms)	460	550	650	760	880	1020	1200	1400	1700	2000

育王寺山门处同一质点，相同炸药量，改变爆破方式的前后两天数据，可以看出所监测到的震动波形图的显著差别，如图4-16所示，图形表明改变爆破方式，以及调整爆破时差，可以显著地改变爆破震动速度。

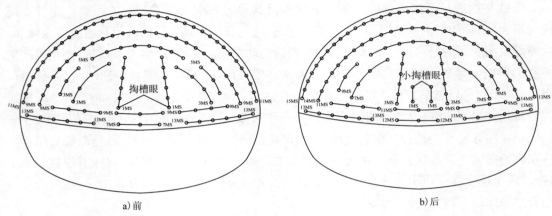

a) 前　　　　　　　　　　　　　　　b) 后

图 4-15　上台阶爆破设计方案

（5）选择合理的装药结构

装药结构是指炸药在炮眼里的装填情况，根据装填方式的不同可以分为，耦合装药与不耦合装药，连续装药与不连续装药，堵塞装药与无堵塞装药，还包括正向起爆装药与反向起爆装药。其中不耦合装药指径向不耦合装药，其径向不耦合装药系数是指炮孔直径与装药直径的比值；不连续装药指轴向不耦合装药，其轴向不耦合装药系数是指总炮孔长度与除去堵塞段的炮孔长度的比值。在隧道爆破开挖过程中，通常采用不耦合装药结构来改善爆破

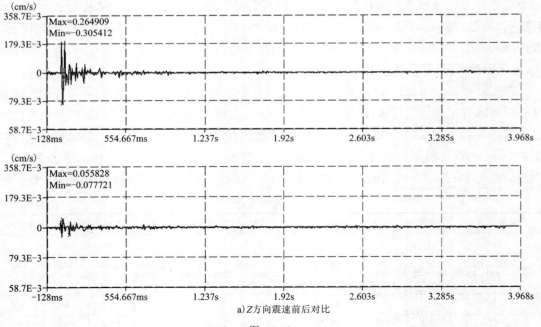

a) Z方向震速前后对比

图 4-16

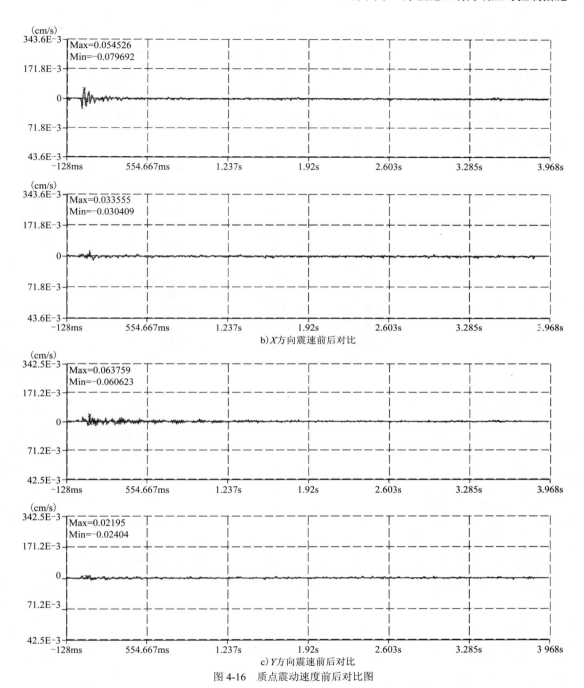

图 4-16 质点震动速度前后对比图

效果,主要是因为不耦合装药可以降低炮孔壁上的初始压力,增加了爆轰产物作用在介质内部的时间,这样减少了周围介质产生塑性变形和发生过于破碎的能量,从而降低了爆破地震效应。通常在工程中选用较大的不耦合系数,来减少甚至避免爆破冲击波与应力波作用于周围围岩产生的粉碎区及爆炸空腔的影响。也用黏土、砂或者土等炮泥材料作为填塞材料,这样能够保证炸药的充分反应,使炮孔内保持较高的爆轰压力和较长的作用时间,同时减少了有毒气体的生成量。通常采用反向装药,主要是因为它能提高炮眼的利用率,能够加强岩石的破碎,降低大块率。育王岭隧道爆破开挖工程中,采用光面爆破技术,装药结构采用不耦合装药,炮孔直径为42mm,药卷直径为32mm,其径向不耦合装药系数为1.3。采用分段装药,在钻孔中把炸药分成数段,使炸药爆炸的能量在岩石中均匀分布,减少孔内不装药部分长度,加强起爆效果。用黏土或砂加黏土进行了填塞装药。采用反向起爆装药,将起爆药包放在孔底。育王岭隧道各炮眼装药示意图如图4-17所示。

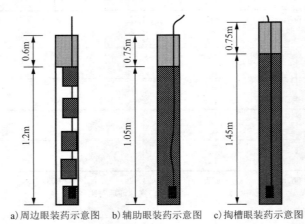

a) 周边眼装药示意图　b) 辅助眼装药示意图　c) 掏槽眼装药示意图

图4-17　各炮眼装药示意图

(6) 确定最佳炸药单耗

炸药单耗是指爆破每立方米原岩所消耗的炸药量。炸药单耗不仅会对岩石的破碎块度、岩块的飞散距离以及爆堆形状产生一定影响,同时还会影响炮眼利用率、隧道轮廓质量以及围岩的稳定性等。因此确立合理的炸药单耗对爆破地震效应控制具有一定意义。文献认为对于不同种类的炸药,针对不同的试爆体都有自己的一个最佳炸药单耗,在最佳单耗的情况下爆破开挖,不仅其岩石破碎效果较好,产生的爆破震动的幅值也降到最低,同时还指出用其他方法来降低和控制炸药单耗引起的爆破震动的提高是非常困难的。合理确定最佳炸药单耗受多种因素的影响,其中主要受岩石单轴抗压强度和开挖断面面积的影响。

炸药单耗主要根据经验公式(4-10)确定:

$$q = 1.1 k_0 \sqrt{\frac{f}{S}} \tag{4-10}$$

式中：q——炸药单耗(kg/m^3)；

　　　f——岩石坚固性系数；

　　　S——开挖断面面积(m^2)；

　　　k_0——炸药爆力的校正系数,$k_0=525/p$,p为爆力(ml)。

(7) 合理控制掏槽孔药量

大量的现场监测数据表明,隧道工作面的掏槽眼、辅助眼、周边眼等各炮眼,其产生的爆破地震效应最为强烈的要属掏槽眼,掏槽眼爆破产生的震动强度往往是其他各类炮孔的两倍以上。这主要是由于掏槽孔爆破时,自由面最少,其夹制作用最大,掏槽孔爆破后,为其他炮眼提供了更多的自由面,减少了岩体爆破的夹制作用,改变了岩石由于爆生气体膨胀压力作用下准静态应力场中的应力值的大小和应力分布,总之,自由面越多、越大,爆破的破坏作用越有利,越能提高炸药能量利用率,其爆破效果越好。因此,控制爆破地震效应时,要合理控制掏槽孔的药量,同时,也可以创造多的自由面来减少爆破地震效应。育王岭隧道掏槽孔最大用药量 16kg,经经验公式验算与数值模拟分析,均满足安全控制要求。

(8) 利用微差爆破合理调整段位,减少最大单段药量

隧道爆破施工过程中,爆破震动强度超过预警值时,施工方往往不是减少一次爆破尺寸,即控制爆破规模来降低爆破地震效应,采用较多的是利用微差爆破,合理调整或增加段位,减小最大单段用药量。这样可以既不影响施工进度也不影响其经济效益。育王岭隧道开挖爆破技术与方案的试验调整,在原有毫秒雷管段别跳段使用的基础上(1、3、5、7、9、11、13、15 段),通过增加段别(1、5、7、9、10、11、12、13、14、15 段)和段别调整,同时提出了进行 50ms 等间隔微差雷管跳段跨段使用的爆破试验和优化爆破方案的建议。从第五章爆破震动监测数据可以看出,爆破震动速度控制效果很好。

(9) 合理利用地形与地质条件

大量资料揭示,不同的地形地貌将对爆破震动强度产生不同的影响,对于此类不同影响主要体现在对于地形较高的位置,爆破震动强度将会有放大效应。现场测试结果表明,地面震动振幅随高程增加将出现一定的增大,而爆破地震波频率则与深度及距离有关,深度越深,则径向高频波振幅变大,高频成分增加。所以考虑到高程对动力反应的影响以及药量与距离体现在衰减公式中,对于爆破地震波实际的衰减更加符合规律。公式(4-11)为在高程影响下的质点震动速度峰值衰减规律经验公式:

$$v_{max} = K\left(\frac{\sqrt[3]{Q}}{R}\right)^{\alpha} e^{\beta H} \quad (4-11)$$

式中:H——高程差;

β——爆破方法与地质条件有关的常数,正高差时 β 取正,反之取负;其他参数同前。

育王岭隧道铁路沿线比隧道位置低 20~30m,存在着一定程度的震动衰减现象,如图 4-18 所示。地形高低的不同,对于质点震动速度峰值来说有可能会出现放大效应也可能出现数值变小,质点高程低于爆源位置时,衰减速度更加明显。

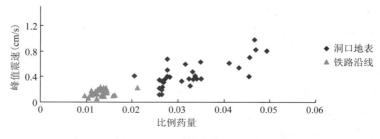

图 4-18 不同高程范围震速比较

从图 4-19 中看出在高程不同情况下频率的变化,在高程差相差 20～30m 的情况下,铁路沿线地势较低时,主振频率更趋向于低频带低端,集中于 5～25Hz 范围内,而洞口位置的主振频率则更趋向于平均分布在 20～70Hz 范围内。这说明高程的变化,主振频率会随着地势的降低快速衰减,多趋向于低频带的低端部分。

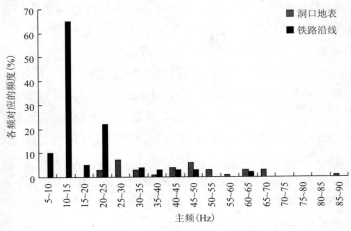

图 4-19 育王岭隧道不同高程主频

（10）安全距离的控制

通过现场监测数据回归分析可知,质点的震动强度随着距离的增加而减小,质点的经验衰减公式与距离存在一定的关系,爆破近区与爆破远区得到的衰减规律有明显的差异,其衰减参数也有明显的不同。同时通过近区与远区频率的分析,得到了随着距离的增加,主振频率将减小,频率域也将缩小;对质点震动持续时间还可以得出,一定范围内随着距离的增加,质点的震动持续时间将增大。可以看出,距离是与爆破震动三要素都有关的参数,因此合理确定震动观测点的距离就等于综合考虑了爆破震动三要素的影响,也是有效控制爆破震动的一个方面。

距离对于爆破地震效应影响显著,在爆破近区可以看出地震波衰减迅速,随着距离的增加,衰减非常明显,主振频率也与距离的变化有关,大体上主振频率随着距离的变远会更加趋向于低频带低端。而且,在爆破近区所产生的破坏作用将比远区大得多。

育王岭隧道在爆破近区洞口端（35～160m）与爆破远区阿育王寺地表（202～385m）震动峰值速度与比例药量存在明显不同,如图 4-20 所示,相对近区震动速度峰值较大,同时显示衰减速度也较快;相对远区震动峰值速度较小,震速衰减已趋于缓和,相对衰减速度较慢。相对近区与相对远区的主频分布较相似,随着距离的增加,主频更趋向于低频带的低端集中,如图 4-21 所示。

（11）区别对待建筑物类型与类别

建筑物类型与类别不同,产生的爆破地震效应势必不同,地面与地下建筑物的爆破地震效应不同,隧道与大型地下洞室的地震效应不同,高层建筑与低短建筑的地震效应不同,钢筋混凝土结构与砖石结构的地震效应不同。因不同结构的固有频率通常不同,因此其震动响应也不同,图 4-22 为阿育王寺建筑物对于同一种爆破的震速典型主振频率分布图,通过分析可知,建筑物结构不同,其在爆破作用下的主振频率响应也不尽相同。第四章已经计算出阿育王寺典型建筑物的自振频率,自振频率与爆破引起的对建筑物频率接近时,则易产生共振效应,长期的累积作用将对建筑物产生破坏作用,而控制爆破对建筑物造成的频率与其自振频率相差较大时,可有效避免其共振导致的损伤。

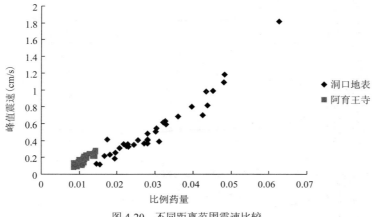

图 4-20 不同距离范围震速比较

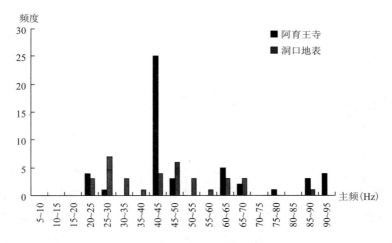

图 4-21 育王岭隧道不同距离主频

(12)采用信息化爆破动态施工

育王岭隧道爆破开挖严格按照爆破震动安全设计规范,对整个过程采取了爆破震动跟踪监测,同时对不同阶段的爆破震动监测的数据及时进行统计回归分析等,得出相应的规律,对爆破参数进行优化设计,使其爆破效果达到最佳,因此采用信息化爆破动态施工对于爆破工程作业是一个有效减少爆破安全事故的手段,是控制爆破地震效应的一个有效方法。

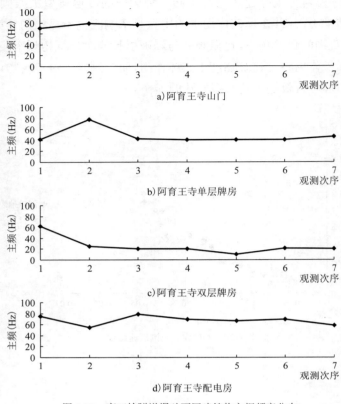

图 4-22 育王岭隧道爆破不同建筑物主振频率分布

第四节 小节

依托宁波育王岭隧道爆破震动安全监测工程，围绕爆破震动及其对附近阿育王寺古建筑的影响，基于爆破地震及其控制相关理论，针对不同结构与类型的古建筑震动特性以及区域环境条件下的隧道爆破地震传播规律，在进行爆破震动观测测试及其结果统计分析的基础上，结合古寺典型建筑的结构震动特性分析，开展了轻轨隧道爆破引起的古建筑地震效应及其控制研究，保证了轻轨隧道建设的安全与质量以及隧道爆破施工顺利进行，确保了周边环境、人员与阿育王寺文物、古建筑的安全，得到了如下几个方面的结论与建议：

（1）开展了砖石塔、山门以及天王殿二重檐结构动力响应与振型分析，得到了三类古建筑的各阶固有频率，同时按强夯条件下的容许震动速度对比分析，结果表明三类古建筑的最大震动速度响应值均远大于工业震动振源条件下的国家重点文物建筑的允许值，尽管爆破震动与强夯震动还是存在一定差别，但也说明轻轨铁路隧道爆破地震如考虑循环往复持续震动长期作用时，可能会对相应古建筑物产生疲劳破坏，说明如考虑爆破地震的累积作用时,质点震动速度判据标准值要小得多。

(2) 针对砖石塔、山门以及天王殿二重檐结构以及相应的尺寸,建立了相应的有限元数值分析模型,开展了砖石塔、山门以及天王殿的结构振型分析,分析得到了各自前 3 阶固有频率,结果表明 1 阶固有频率相拟合,2 阶与 3 阶存在一定的差别,分析得出三类古建筑结构的前 3 阶振型分别为 X 向平动、Y 向平动、扭转。

(3) 砖石塔、山门以及天王殿二重檐结构动力响应与振型分析结果表明,砖石塔和天王殿固有频率一般在 1~10Hz 范围内,山门的 2、3 阶固有频率有增高的趋势,现场实测爆破地震主振频率多分布在 10~70Hz 范围,二者在低频区域可能会有重叠,且爆破震动随距离发生强度衰减的同时,震动频率却逐渐趋近较小的频率范围值,甚至会与古建筑结构的固有频率重叠,势必导致结构共振,进而促使动力响应放大。说明爆破震动安全判据综合考虑震动速度和主振频率的科学合理性。

(4) 针对依托工程隧道开挖爆破,分析提出了减小与控制阿育王寺古建构筑群爆破震动的轻轨隧道爆破施工控制技术,分别是改变开挖方法、选择合适的炸药品种、合理控制爆破开挖进尺、合理的爆破方式与方法、选择合理的装药结构、确定最佳炸药单耗、合理控制掏槽孔药量、利用微差爆破合理调整段位减少最大单段药量、合理利用地形与地质条件、安全距离的控制、区别对待建筑物类型与类别、采用信息化爆破动态施工等。

本章参考文献

[1] 张义平,吴桂义. 爆破地震波特性研究[J]. 矿业研究与开发,2007,27 (6):68-72.
[2] 王俊平,陈宝心. 爆破地震波作用下建筑物的动力响应分析方法[J]. 西部探矿工程,2005,(9):134-137.
[3] 苏贺. 砌体结构建筑物对爆破地震波动力响应研究[D]. 淮南:安徽理工大学,2009.
[4] 孟吉复,惠鸿斌. 爆破震动测试技术[M]. 北京:冶金工业出版社,1992:80-138.
[5] 张奇,白春华,刘庆明. 爆炸地震波频谱特性研究[J]. 北京理工大学学报,1999,19 (3):306-308.
[6] 张雪亮,黄树棠. 爆破地震效应[M]. 北京:地震出版社,1981.
[7] 熊代余,顾毅成. 岩石爆破理论与技术新进展[M]. 北京:冶金工业出版社,2002.
[8] 李洪涛,卢文波,舒大强,等. 爆破地震波的能量衰减规律研究[J]. 岩石力学与工程学报,2010,29 (增 1):3364-3369.
[9] 国家标准局. GB 6722—2003 爆破安全规程[S]. 北京:中国标准出版社,2003.

第五章
风险评估和风险控制措施

我国内地工程领域的风险管理研究起步较晚,在20世纪80年代才开始从美国等西方发达国家引入风险管理思想,当时主要以翻译国外著作为主。随着社会主义市场经济体制的完善,对风险管理的研究开始在学术界形成了一个热点,在工程领域逐步开展应用研究,取得了比较明显的效果,并以三峡工程为代表,在大型水利工程得到应用,并获得了一些基础性的资料。

清华大学的郭仲伟教授可以说是国内引入风险分析理论的主要代表,他在1987年撰写的《风险分析与决策》一书详细介绍了风险分析的理论和方法,对国内外研究成果做了全面的综述,时至今日仍有极大的参考价值。2011年中华人民共和国住房和城乡建设部与国家质量监督检验检疫局联合颁布了《城市轨道交通地下工程建设风险管理规范》(GB 50552—2011)[1]近年来国内学者针对风险分析理论做了大量的研究工作。

余建星[2]介绍了项目风险管理的基本原理、方法、内容,并着重叙述项目风险分析、风险评价、风险评估、风险决策、风险控制等项目的全部风险管理流程,较系统地阐述了工程项目风险管理的理论、技术、内容及方法,并结合我国的实际情况,进行案例分析。

《公路桥梁和隧道工程施工安全风险评估制度及指南解析》提出了公路桥梁和隧道工程施工安全风险评估的基本理论体系[3],针对公路桥梁和隧道工程重大风险源研究制定了一套数学模式化的评估指标体系,实现了定量评估,达到了评估方法简单、易懂的目标。针对重特大事故的特点,突出抓重大风险源的预案预警预控,强化施工安全监控手段,提倡走本质安全型的行业安全监管之路。

公路桥梁和隧道工程建设过程中发生各类风险事故的情况较多,且造成的损失较大。张喜刚等[4]对公路桥梁和隧道工程设计安全风险评估进行了研究,该研究有利于决策科学化,减少工程安全事故和社会不良影响,有利于提高政府、项目法人(业主)、设计单位和施工单位的风险管理意识和风险管理能力,从而达到控制风险、减少损失的目的。

海底隧道具有难以确定的复杂地质条件和周围环境,因此施工和运营过程中影响工程进度、成本、城市环境和安全的因素众多,使得海底隧道的投资风险较大,目前风险管理理论在钻爆法海底隧道施工方面的应用还较为少见。闫玉茹、黄宏伟、胡群芳等以拟采用钻爆法施工的大连湾海底隧道为背景[5],针对推荐轴线的2种方案的施工风险进行了辨识、分析,并采用基于信心指数的专家调查法对风险进行评价,风险评估主要从南岸陆域段隧道施工、海域段隧道施工、北岸隧道施工及施工对周围环境的影响4个方面展开。根据评估结果结合大连湾海底隧道施工风险的特点,提出风险控制措施以及相应的结论和建议,为工程决策中选线方案的确定和工程建设管理提供可靠的参考依据。同时,把风险管理理念应用到海底隧道建设中,为同类工程的风险评估提供参考。

王晶、谭跃虎、王鹏飞等[6]为降低地铁隧道施工过程中的风险,提出了地铁隧道施工过程中风险分析的框架,包括风险识别、分析和评估、风险应对以及风险防范措施等,采用风险矩阵评价准则对风险进行评价,避免了由于风险所发生的概率和风险造成的损失相乘所产生的释怀效应。以南京地铁2号线为例,具体分析了地铁隧道施工过程的风险因素,从成本和工期的角度对每一标段的风险进行了量化,根据量化的结果结合风险评价准则,提出了相应的风险应对措施。为以后的地铁隧道施工过程中的风险分析提供有益的借鉴和参考。

易震宇[7]针对公路山岭隧道的特点,从已有的事例入手,探讨了隧道风险评估的合理方式,提出了从总体上采用工程类比法,研究风险源和风险等级,细布上采用层次分析法对具体风险时间研究风险对策的新思路,可供同行参考。

为控制岩溶隧道突水突泥风险,许振浩、李术才、李利平等通过统计与理论分析相结合的方法[8],研究了相关工程实例,并基于层次分析法研究了岩溶隧道突水突泥控制因素与因素权值,提出了岩溶隧道突水突泥风险3阶段评估与控制方法。权值分析结果表明,不良地质、超前地质预报、地层岩性、地下水位是突水突泥风险的主控因素;其次为宏观前兆、监控量测、可溶岩与非可溶岩接触带、地形地貌、开挖支护;最后为微观前兆、岩层产状、层面与层间裂隙、围岩级别。

陈洁金、周峰、阳军生等[9]对隧道施工塌方采用模糊层次综合评判法进行风险评估,通过收集和整理隧道塌方的资料,总结影响隧道塌方的因素,再遴选出主要的因素作为模糊层次评估方法的影响因子,然后统计分析得到各个因子与塌方发生概率、塌方量之间的隶属函数,并采用综合赋权法确定评价指标的权重,从而建立塌方风险模糊层次评估模型。该模型在青山岗隧道得到了验证,其分析结果可信。

刘靖、艾智勇、苏辉[10]将风险分析与施工量测体系相结合,对致险因子进行识别,确定风险评价指标体系;通过层次分析法(AHP)确定各个量测项目的权重,进而引入模糊数学理论,建立合理的隶属度函数,对具体的量测数据进行模糊综合评判;结合权重分析和赋分体系得到综合风险指数,从而建立山岭隧道新奥法NHTM施工过程动态风险评估模型。该模型可以将量测数据量化为单一的动态风险指数,并随着隧道开挖和量测的进行对施工风险进行动态评估。该动态风险评估体系在保阜高速隧道工程中得到了应用,应用结果表明该方法具有合理性和实用性。

曹文贵、翟友成、张永杰[11]在全面分析新奥法隧道施工风险影响因素基础上,首先确定主要影响因素,并根据其影响的模糊性与层次性特征建立新奥法隧道施工风险二级模糊综合评判模型;其次,通过深入研究各因素评价指标取值方法及隶属度函数选取原则,建立评价指标隶属度确定方法,并采用三角模糊数互补判断矩阵排序方法确定权向量,以体现评价指标重要程度取值的不确定性和专家判断的模糊性;然后,引进非线性模糊矩阵合成运算方法,反映评价指标极差值对评判结果的突出影响,进而建立新奥法隧道施工风险的非线性模糊评判方法,使新奥法隧道施工风险评价更具合理性与可操作性;最后,通过工程实例分析与计算,并与传统方法进行比较,表明了本文方法的可行性与合理性。

第一节　风险概率体系概述

"风险"按辞典的定义,应是"人员和财产的损失或伤害的可能性"。在对已有事件的观察中,不难发现在工程事故发生之前,工程已处在一种不安全的状态,即已存在危险的潜在因素。当工程的内部和外部条件构成完备的事故链,便激发为事故。事故发生的后果引起了各种损失,这种损失主要包括人身伤害、财产损失、工期延误和环境破坏等诸多方面。

工程事故发生的概率有多大,什么时候会发出什么样的信号,可能导致的损失有多大?这些在事故发生前都是很难去度量的。因而描述风险的大小必须包含两个方面:施工发生的可能性的大小,即概率;后果的严重程度,即损失。理论上风险 R 的度量,以如下公式表达:

$$R=f(p, c) \tag{5-1}$$

这是一个极为复杂的非线性函数,风险值的真正确定不仅与工程学科有关,其影响因素可能与整个社会都有关。而在工程实际应用中,常把公式中的风险函数简单地处理为概率 p 与损失 c 的乘积。

一、风险管理的目标

在隧道建设工程的早期,识别设计和施工中的风险是一项重要的任务,也是风险弱化或消除的前提条件。为使工程的各参建方(如业主、设计、保险、施工、监理、第三方)形成一个共同的参照,业主应建立一个工程风险管理规范。其中可以说明工程风险的范围、目标及管理策略。

(1) 工程风险范围

在风险管理范围中可注明各参建单位关心的风险有哪些,例如可以包括:

①员工的健康与安全,包括人身的伤亡;
②第三方人员的健康与安全;
③第三方财产的风险,特别是已有的建构筑物、文化遗址和基础设施等;
④环境风险,包括对土地、水和空气的污染,对动植物群体的破坏;
⑤工期延误风险;
⑥费用超支的风险。

(2) 目标

风险目标可以由一般目标和按具体风险类型制订的目标组成。工程风险政策的一般目标是通过下列各项工作,确保在工程的各阶段实施严格的风险管理:

①危险源的辨识;
②消除或弱化风险措施的辨识;
③经济合理地实施风险消除或弱化措施。

除了上述一般风险目标之外,还可针对每一类风险规定特定的最小化风险目标。例如,在与相邻街道中的房屋、汽车、自行车、公共车辆的使用者相比较,一般公众应该只暴露在由隧道或地下工程引起的更低的额外风险中。

(3) 风险管理的策略

作为工程风险政策的一部分,应该采取一个风险管理策略。指南推荐的策略是在每一个设计和施工阶段,按照可利用的信息和所采取的决策进行工程风险评估。任何风险管理策略都应包含:

①规定参与各方的相应责任;

②对于在工程的不同阶段为达到目标而进行的活动须有一个简要描述;

③风险管理活动结果的跟踪计划,其中关于已识别的危险信息应毫无保留地提供给参建方,以便于交流;综合风险注册表是一种很好的信息管理和交流形式;

④在施工阶段跟踪和验证初始假定;

⑤监测、审计和检查的方法。

二、风险管理的基本过程

在执行风险管理的过程(图 5-1)中,应注重危险的识别,这是风险的来源。在设计考虑期间要用危险发生的概率和后果的严重程度对风险进行评估。工程对风险的具体反应根据它对工程的目标、安全和性能的影响程度而决定。在制订风险管理文件中的一个重点是如何在施工期间把这些风险排除、弱化或使其可控。

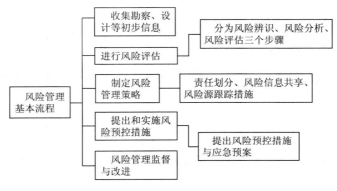

图 5-1 风险管理基本过程框图

三、育王岭隧道风险评估依据

育王岭隧道施工静态风险评估应依照以下国家现行技术标准、设计规范和规定:

《城市轨道交通地下工程建设风险管理规范》(GB 50652—2015);

《地铁及地下工程建设风险管理指南》建质[2007] 254 号;

《隧道工程风险管理作业守则》(由国际隧道工程保险集团与慕尼黑再保险公司联合

编纂）；

《公路桥梁和隧道工程施工安全风险评估指南》（试行）（中华人民共和国交通运输部）；

《地铁工程施工安全评价标准》（GB 50715—2011）；

《城市轨道交通工程周边环境调查指南》（建质〔2012〕56 号）；

《地铁设计规范》（GB 50157—2003）；

《建筑基坑工程监测技术规范》（GB 50021—2009）；

《城市轨道交通岩土工程勘察规范》（GB 50307—2012）；

《地下铁道工程施工及验收规范》（GB 50299—1999）（2003 版）；

《建筑地基基础设计规范》（GB 50007—2011）；

《建筑工程施工质量验收统一标准》（GB 50300—2001）；

《混凝土结构工程施工质量验收规范》（GB 50204—2002）；

《锚杆喷射混凝土支护技术规范》（GB 50086—2001）；

《铁路隧道施工技术指南》（TZ 204—2008）；

《铁路隧道喷锚构筑法技术规范》（TB 10108—2002）；

《公路隧道施工技术规范》（JTG F60—2009）；

《爆破施工规范》（DLT 5135—2001）；

《铁路隧道工程施工质量验收标准》（TB 10417—2003）；

《宁波市轨道交通 1 号线二期工程育王岭隧道第三方监测项目招标文件》；

《宁波轨道交通 1 号线二期工程育王岭隧道第三方监测项目投标文件》（中国水电顾问集团华东勘测设计研究院）；

《宁波轨道交通 1 号线二期工程育王岭隧道第三方监测和超前预报项目投标文件》（中国水电顾问集团华东勘测设计研究院）；

《宁波市轨道交通 1 号线二期工程育王岭隧道施工对既有铁路北仑支线安全影响评估》（中国铁道科学研究院咨询报告）；

《宁波市轨道交通 1 号线二期工程建设与运营对阿育王寺文物安全影响评估》（中国铁道科学研究院咨询报告）；

其他有关国家现行技术标准、设计规范和规定等。

第二节　风险评估所使用方法及标准

一、相关术语说明

风险：不利事件或事故发生的概率（频率）及其损失的组合。

安全风险事件：安全风险事件是指工程施工中发生、可能影响到工程自身及环境安全的偶然性事件，一般由地质、环境、设计、施工工艺设备和施工组织管理等方面的安全风险因素导致，主要包括工程自身安全风险事件和环境安全风险事件。

风险事故：可能造成工程发生人员伤亡、经济损失、环境影响、工期延误或耐久性降低或其他等各种事故或不利事件的统称。

风险工程：潜在发生事故的工程自身及在其影响范围内的周边环境（如周边建构筑物、道路、管线等）工程地质等的复杂工程集合体，它反映一个工程由于工程施工和地质、环境、自然条件相互影响、相互作用的复杂风险关系。

风险单元：风险工程中遭受或承担风险损失的具体对象，如人员、机械设备、基坑围护结构、支撑体系等和周边环境（包括建构筑物、道路、管线、水体等实体）。风险单元分为工程自身风险单元、环境因素风险单元、地质因素风险单元以及自然因素风险单元，一个风险工程包括若干风险单元。

重大风险源：对于风险等级为Ⅱ级及以上的风险工程或某个地质、环境或者是自然因素风险单元均可作为重大风险源。

风险因素：导致风险事故发生的各种主客观的有害因素、危险事件或人员错误行为的统称。

风险损失：工程建设过程中任何潜在或外在的不利影响、破坏或损失，包括人员伤亡、环境影响、经济损失和工期延误等。

风险管理：对工程建设风险进行风险界定、风险辨识、风险估计、风险评价与风险控制。

风险界定：分析工程建设风险管理目标及对象，划分风险评估单元。

风险辨识：调查识别工程建设中潜在的风险类型、发生地点、时间及原因，并进行筛选、分类。

风险估计：对辨识的工程建设风险发生的可能性及其损失进行估算。

风险控制：制订风险处置措施及应急预案，实施风险监测、跟踪与记录。风险处置措施包括风险消除、风险降低、风险转移和风险自留四种方式。

风险分析：对风险进行界定、辨识和估计，采用定性或定量方法分析风险。

风险评估：对风险进行分析和评价，对风险危害性及其处置措施进行决策。

风险接受准则：对风险进行分析与决策，判断风险是否可接受的标准。

二、风险界定、划分单元流程及方法

采用工程结构分解思想（WBS）开展此项工作，即将整个待评估的工程项目按照项目结构分解的方法进行分解，分解到每个子模块足以能够具体分析所产生风险的程度。

三、风险辨识方法及流程

风险辨识是风险评估的第一步，也是风险评估的前提和基础。风险辨识过程是对风险进行初步归纳、分析和整理的过程。通过此步骤,应辨识出工程项目中可能发生的所有重要安全风险事件,并予以初步分析和评价。下面就具体的辨识流程及方法予以说明。

采用 WBS-RBS 风险识别技术开展风险辨识工作。

1. 具体思想

将评估范围内的工程结构及其风险(源)结构同时进行分解,然后结合工程结构分解(WBS)结果和风险(源)结构分解(RBS)结果进行对号入座,并将 RBS 中的具体风险与 WBS 中的工程部位一一对应,识别出具体风险发生的工程部位和范围,并对可能发生的风险进行因果分析和描述,从而达到风险辨识目的的一种方法。这种方法具有逻辑性强、思路清晰、风险识别针对性强等优势。

2. 具体操作

采用 WBS 方法进行分解,将其施工工艺中的施工工序全部列表出来,形成大的风险工程列向量,如:$W^T=(W_1, W_2, W_3, W_4, W_5)$,在其下进一步对各风险工程进行分解形成风险单元列向量。其次,将风险因素同样进行分类分析,并进行列表,并最终形成行向量(即基本风险因素)如:$R=(R_1, R_2, R_3, R_4, R_5, R_6)$,具体分解实例见图 5-2、图 5-3。最后将二者进行耦合计算(这里采用两向量相乘的方法,即 $W \times R$),并最终形成耦合矩阵,通过对耦合矩阵进行人为判断,具体可见表 5-1(其中数字 1 表示两者耦合产生风险事故,而数字 0 表示不产生),同时依此分析出其所可能产生的所有安全风险事故及其对应的风险因素。

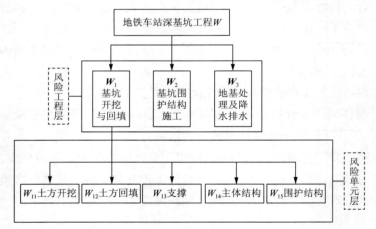

图 5-2 基坑风险工程-风险单元分解结构

3. WBS 工程结构分解准则[1]

轨道交通工程土建施工过程中所发生的风险事件无外乎包含于 3 种情况中:

(1)存在于有实体产生的施工过程中。如:地下连续墙的施工,其产生的实体为地下连续墙本身。

(2)存在于无实体产生的施工过程中。如:盾构进洞,整个过程就是盾构机从区间掘进段到达接收井,这里只发生盾构机的平移,而无实体产生。

(3)存在于周边环境实体受工程影响所发生的风险中。

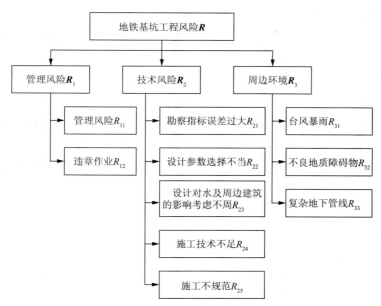

图 5-3 基坑工程风险因素分解结构

WBS-RBS 耦合矩阵表　　　　　　　　表 5-1

RBS \ WBS		W_1						W_2	W_3	W_4	W_5
		W_{11}	W_{12}	W_{13}	W_{14}	W_{15}	W_{16}				
R_1	R_{11}	0	0	1	1	0	0	0	1	0	0
	R_{12}	0	0	1	1	0	0	0	0	1	0
R_2	R_{21}	0	1	0	0	0	0	1	0	0	0
	R_{22}	0	1	0	0	0	0	0	1	1	0
	R_{23}	0	0	0	0	0	0	0	0	1	0
	R_{24}	1	1	1	0	1	1	1	1	1	0
	R_{25}	0	1	1	1	1	0	1	1	1	1
R_3	R_{31}	0	0	0	0	0	0	0	1	0	1

基于以上风险事件发生特征,可根据施工工序分解工程结构,将各分解结构模块的命名取为对应的"风险单元",然后再在各自的"风险单元"模块下分析所产生的风险事件。

分解准则:针对某项单位工程,在施工一级"风险工程"模块下,按照施工工序(或分部、分项工程)进行分解形成第二级的"风险工程"模块,然后在各"风险工程"模块下,按照实体产生过程,进一步分解成实体"风险单元"及非实体"风险单元"两类模块。

归集准则:实体名"风险单元":施工过程中所发生的风险事件,以及此实体在以后施工过程中自身所发生的风险事件,均归集到此实体名所属的分类中去。非实体(某施工工序或过程)"风险单元":只对应于其施工过程所产生的特有风险事件的总和,并不包括在先前施工过程中由于各实体的存在而所引发的风险事件,这是为了分类和避免重复统计的需要。

4. WBS 总体分解结构

为将整个工程项目进行分解,根据风险事件归类的层级关系,将各单位工程进一步划分为"风险工程"和"风险单元"。其中,一级"风险工程"对于每个工程来说基本上不变,其名称也是固定的。即为:

施工部分"风险工程":工程施工过程所发生的所有风险事件归集的统称。

周边环境"风险工程":所有因工程施工引起其影响范围内第三方建构筑物其自身所引发的风险事件归集的统称。

地质"风险工程":工程实施过程中所有因重大或特殊不良地质因素而引发风险事件归集的统称。

自然"风险工程":工程实施过程中所有因自然因素而引发风险事件归集的统称。

分解确认总体流程:

(1)对于施工过程中的各二级"风险工程",其下"风险单元"的具体确认流程图如图5-4所示。

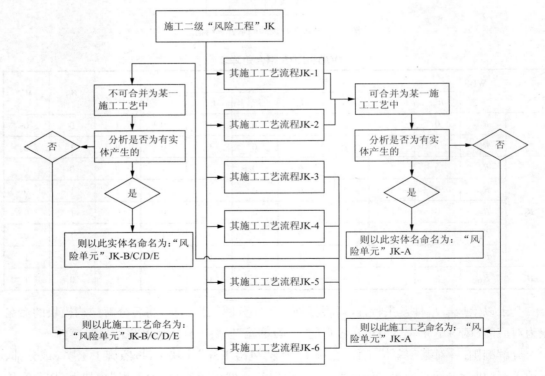

图 5-4 施工"风险工程"下其"风险单元"确认流程图

(2)对于周边环境各二级"风险工程"模块,其"风险单元"的确认流程为:首先确定工程影响范围,然后将影响范围内的所有第三方建构筑物进行命名,如已存在名字的就采用此名字命名,对于没有具体名称的,需依据此建构筑物典型特征进行命名,其名称即此"风险工程"下的"风险单元"名称。

(3)对于地质"风险工程"模块,其"风险单元"的确认流程为:首先分析某基坑段或区间,是否存在重大的或特殊的不良地质因素,对不良的地质因素作为相应的名称进行命名。

(4)对于自然"风险工程"模块:将工程时间跨度内,所可能发生的某种自然灾害或在某种自然因素作用下所发生的风险事件名作为其"风险单元"名称。

四、风险评估标准

风险等级评定准则反映了风险评估的目标,此次风险评估方案中,将严格依据《城市轨道交通地下工程建设风险管理规范》(GB 50652—2011)中相关规定开展,通过定量计算的风险指数 R,将其对应于规范中的风险等级分级标准。

安全风险事件打分标准规定如下:

风险事故发生概率等级 p:1、2、3、4、5;对应分值:5、4、3、2、1。

风险事故损失等级 c:A、B、C、D、E;对应分值:5、4、3、2、1。

风险指数计算公式:$R=p\times c$。

通过以上计算,得出某安全风险事件的风险指数,然后将风险指数值对应于 GB 50652—2011 中的风险等级分级方法表 5-2,即得某风险事故的风险等级大小。

风险等级标准表   表 5-2

可能性等级	损失等级	A 灾难性的	B 非常严重的	C 严重的	D 需考虑的	E 可忽略的
1	频繁的	Ⅰ级	Ⅰ级	Ⅰ级	Ⅱ级	Ⅲ级
2	可能的	Ⅰ级	Ⅰ级	Ⅱ级	Ⅲ级	Ⅲ级
3	偶尔的	Ⅰ级	Ⅱ级	Ⅲ级	Ⅲ级	Ⅳ级
4	罕见的	Ⅱ级	Ⅲ级	Ⅲ级	Ⅳ级	Ⅳ级
5	不可能的	Ⅲ级	Ⅲ级	Ⅳ级	Ⅳ级	Ⅳ级

综上,风险指数 R 对应于《城市轨道交通地下工程建设风险管理规范》(GB 50652—2011)(4.3 条:风险等级标准)中的风险等级分级标准,具体如表 5-3 所示。

风险指数风险等级对应表   表 5-3

风 险 等 级	风险指数值 R	风 险 等 级	风险指数值 R
Ⅰ级	$15\leqslant R\leqslant 25$	Ⅲ级	$4\leqslant R\leqslant 9$
Ⅱ级	$9<R<15$	Ⅳ级	$0<R<4$

注:对于得分同属 4 分时,需对照表 5-2 进行风险等级归属的判别,若损失等级为 2 分、可能性等级为 2 分时归类为Ⅳ级,其余情况均属Ⅲ级。

依据风险等级即可确定风险接受准则,《城市轨道交通地下工程建设风险管理规范》(GB 50652—2011)4.3.2 条:针对不同等级风险,应采用不同的风险处置原则和控制方案,各等级风险的接受准则应符合表 5-4 的规定。

风险接受准则表 表 5-4

等级	接受准则	处置措施	控制方案	应对部门
Ⅰ级	不可接受	必须采取风险控制措施降低风险,并至少应将风险降低至可接受或不愿接受的水平	应编制风险预警与应急处置方案,或进行方案修正或调整等	政府主管部门、工程建设各方
Ⅱ级	不愿接受	必须加强监测,采取风险处理措施降低风险等级,且降低风险的成本不应高于风险发生后的损失	应实施风险防范与监测,制订风险处置措施	
Ⅲ级	可接受	宜实施风险管理,可采取风险处置措施	宜加强日常管理与监测	工程建设各方
Ⅳ级	可忽略	可实施风险管理	可开展日常审视检查	

第三节 风险辨识结果

区间工程(矿山法)(育王岭)风险源、风险因素分析清单,见表 5-5。

区间工程(矿山法)(育王岭)风险源、风险因素分析清单 表 5-5

一级"风险工程"	二级"风险工程"	风险单元名称及其编号	风险事件及其编号		风险因素
施工风险	施工准备	开挖方法选择	KWFS[1]	地层适应性风险	1. 原设计开挖方法无法适应当前地层; 2. 地质较原勘察报告有较大出入
		施工组织设计	SGZZ[1]	进度风险	1. 地质核查和环境补充调查不充分; 2. 隧道洞身地质条件复杂,勘测资料无法准确反映; 3. 技术力量和管理班子配置不足; 4. 工程进度安排余量不足; 5. 材料设备订货供应不足,对工程的风险估计不足
			SGZZ[2]	质量风险	1. 技术力量不足; 2. 施工队伍经验不足,组织培训不够,人员操作不熟练; 3. 对设计资料理解不够; 4. 工期安排不合理; 5. 设备组织和材料选择不合理
			SGZZ[3]	安全、文明施工	1. 地质核查和环境补充调查不充分; 2. 安全专项管理不充分,应急预案不合理或缺少; 3. 安全组织、制度不到位; 4. 工期和场地安排不合理; 5. 对工程中的风险估计不足
	洞口工程	洞口施工	DK[1]	边坡坡度过大或过小	设计不合理
			DK[2]	边坡塌方	1. 坡度设计不合理; 2. 遇雨水等

续上表

	二级"风险工程"	风险单元名称及其编号	风险事件及其编号		风险因素
施工风险	洞口工程	洞口施工	DK[3]	坠石	1. 土质过软; 2. 遇雨水等不利条件
			DK[4]	洞内地面积水	排水措施不到位
			DK[5]	洞口落石	反力架失效
			DK[6]	滚石堵塞洞门	危石未采取固定措施,受扰动后掉落
		洞口边仰坡防护	DKY[1]	仰坡坍塌	1. 施工不规范; 2. 雨水冲刷; 3. 未采用分层开挖,一次放坡过陡
			DKY[2]	危石掉落	未做好危石处理及防护工作
	洞身开挖工程	钻孔爆破	BP[1]	准备工作不到位	施工单位管理不善
			BP[2]	钻孔不符合要求	施工质量差
			BP[3]	装药失误	人员安全责任意识淡薄
			BP[4]	起爆失误	人员安全责任意识淡薄
		开挖面	KW[1]	洞内塌方	1. 支护不及时; 2. 岩土自身强度过低、自稳定性差; 3. 超前加固效果不好; 4. 开挖步距太大或钢格栅架设不及时、喷射混凝土不及时; 5. 超挖严重导致开挖范围超出超前注浆范围加固区; 6. 各种原因导致的钢格栅封闭不及时或拱脚不实; 7. 遇到不良工程地质、水文地质情况,设计、施工处理不当
			KW[2]	洞内突泥涌水	1. 遇到含水层; 2. 开挖过程中围岩突然变化; 3. 地勘有误; 4. 未进行超前预报
			KW[3]	出现流砂	1. 遇到含水砂层; 2. 施工震动导致砂土液化
			KW[4]	基础上鼓	1. 地下水变化; 2. 竖向小导管注浆
			KW[5]	塌洞	地质勘查有误
			KW[6]	危石坠落	1. 超前支护效果不佳; 2. 作业前未仔细观察围岩情况
			KW[7]	大变形	1. 围岩软弱; 2. 遇富水地质,软化围岩
		洞内排渣运输	DN[1]	装渣过程中砸坏车辆	作业失误
			DN[2]	渣土堆塌方	挖机作业失误,堆渣过高

续上表

二级"风险工程"	风险单元名称及其编号	风险事件及其编号		风险因素
施工风险	洞身开挖工程	掌子面	ZZM[1] 坍塌	1. 掌子面地质不稳定,软弱; 2. 存在偏压; 3. 隧道一次开挖断面过大
			ZZM[2] 突水、突泥	前方存在有大量补给水源
			ZZM[3] 失稳	1. 开挖掌子面地质软弱,强度不高; 2. 隧道一次开挖断面过大
	洞身衬砌工程	超前支护	CQ[1] 超前支护失效	1. 超前支护施工质量不合格; 2. 超前支护长度不够; 3. 支护拱架失效
		初期支护	CZ[1] 隧道初支失稳	1. 锚杆质量不合格; 2. 临时支撑的数量不足; 3. 临时支撑的架设和连接不及时或不符合要求; 4. 喷射混凝土不及时; 5. 由于背后回填注浆压力过大; 6. 其他原因导致初期支护承受过大荷载; 7. 变形还没稳定时拆除临时支撑或拆除顺序不符合要求(超前加固效果不好); 8. 设计失误(开挖步距过大); 9. 钢格栅假设不及时; 10. 超挖严重/带水作业; 11. 需爆破施工的区段,爆破参数控制不当造成初支破坏
			CZ[2] 锚杆布设不当	施工单位擅自偷减钻孔数量
			CZ[3] 锚杆砂浆填注不符合要求	生产厂家(质量方面)/施工人员不负责(填注量方面)
			CZ[4] 钻孔施工不当	工人钻孔时偷懒,导致钻孔深度不够
			CZ[5] 喷射混凝土施工不当	1. 混凝土质量不合格; 2. 喷射量不够
			CZ[6] 注浆不当	1. 地质参数取值有误(导致浆液配比设计错误); 2. 注浆压力设计错误
			CZ[7] 拱脚收缩	1. 锚杆锁脚处理不当; 2. 拱脚锚杆支护不利
		二次衬砌	EC[1] 模板变形	1. 模板自身强度不够; 2. 未经过验算及验收
			EC[2] 混凝土离析、开裂或剥落	1. 混凝土质量太差; 2. 配比严重失误
			EC[3] 振捣不充分	工人偷懒
			EC[4] 施工缝漏水	1. 未凿毛; 2. 两次浇筑时间间隔太长
			EC[5] 防水隔离层漏水	防水层质量问题

续上表

二级"风险工程"	风险单元名称及其编号	风险事件及其编号		风险因素
施工风险	洞身衬砌工程	二次衬砌	EC[6] 支护失效、开裂、破坏	1. 二次衬砌施工质量问题; 2. 地质条件及地应力发生变化等
施工风险	扩大段工程	扩大段施工	KDS[1] 洞内塌方	1. 在断面突变位置支护不及时; 2. 岩土自身强度过低、自稳定性差; 3. 超前加固效果不好
施工风险	扩大段工程	扩大段施工	KDS[2] 洞内突泥涌水	1. 遇到含水层; 2. 开挖过程中岩突然变化; 3. 地勘有误; 4. 未开展超前预报
施工风险	扩大段工程	扩大段衬砌	KDC[1] 隧道初支失稳	1. 锚杆质量不合格; 2. 临时支撑的数量不足; 3. 临时支撑的架设和连接不及时或不符合要求; 4. 喷射混凝土不及时; 5. 由于背后回填注浆压力过大; 6. 初支施工质量不佳,存在背后空洞
施工风险	扩大段工程	扩大段衬砌	KDC[2] 模板变形	1. 模板自身强度不够; 2. 未经过验算及验收
不良地质	断层破碎带	F2断层	DC[1] 坍塌	1. 地层不稳定,支护措施不力; 2. 存在有强烈补给的地下水体
不良地质	断层破碎带	F2断层	DC[2] 突泥涌水	
不良地质	断层破碎带	F6断层	DC[3] 坍塌	
不良地质	断层破碎带	F6断层	DC[4] 突泥涌水	
不良地质	断层破碎带	F7断层破碎带	DC[5] 坍塌	
不良地质	断层破碎带	F7断层破碎带	DC[6] 突泥涌水	
不良地质	断层破碎带	F8断层破碎带	DC[7] 坍塌	
不良地质	断层破碎带	F8断层破碎带	DC[8] 突泥涌水	
不良地质	节理裂隙密集带	J1节理裂隙密集带	JL[1] 涌水	1. 存在有强烈补给的地下水体; 2. 止水防水措施不到位
不良地质	节理裂隙密集带	J1节理裂隙密集带	JL[2] 局部掉块	
不良地质	节理裂隙密集带	J2节理裂隙密集带	JL[1] 涌水	
不良地质	节理裂隙密集带	J2节理裂隙密集带	JL[2] 局部掉块	
不良地质	节理裂隙密集带	J3节理裂隙密集带	JL[1] 涌水	
不良地质	节理裂隙密集带	J3节理裂隙密集带	JL[2] 局部掉块	
不良地质	节理裂隙密集带	J4节理裂隙密集带	JL[1] 涌水	
不良地质	节理裂隙密集带	J4节理裂隙密集带	JL[2] 局部掉块	
不良地质	节理裂隙密集带	J5节理裂隙密集带	JL[1] 涌水	
不良地质	节理裂隙密集带	J5节理裂隙密集带	JL[2] 局部掉块	
不良地质	节理裂隙密集带	J6节理裂隙密集带	JL[1] 涌水	
不良地质	节理裂隙密集带	J6节理裂隙密集带	JL[2] 局部掉块	
不良地质	节理裂隙密集带	J7节理裂隙密集带	JL[1] 涌水	
不良地质	节理裂隙密集带	J7节理裂隙密集带	JL[2] 局部掉块	
不良地质	节理裂隙密集带	J8节理裂隙密集带	JL[1] 涌水	
不良地质	节理裂隙密集带	J8节理裂隙密集带	JL[2] 局部掉块	

续上表

	二级"风险工程"	风险单元名称及其编号	风险事件及其编号		风 险 因 素
不良地质	进出口段坡残积土	进出口段坡残积土	JC[1]	洞口涌泥	土体受大量雨水浸泡强度降低
			JC[2]	突水	土体受大量雨水浸泡强度降低
			JC[3]	地面下沉、开裂	地基强度下降,重物碾压
			JC[4]	危石掉落	危石无固定措施,受扰动后掉落
自然风险	地震	地震	ZR[1]	引发各种次生灾害	—
	台风	台风	ZR[2]	引发各种次生灾害	—
	暴雨	暴雨	ZR[3]	引发各种次生灾害	—
周边环境	周边管线	隧道上方燃气管线	GX[1]	管线破坏	1. 掌子面坍塌; 2. 隧道变形过大; 3. 初支不及时; 4. 控制沉降的措施不力; 5. 开挖过程中管线周边出现坍塌; 6. 背后回填不及时、不密实; 7. 管线保护措施不力或落实不力
		隧道上方电信管线	GX[2]	管线破坏	
	周边建筑	阿育王寺	JZ[1]	古建筑破坏	1. 爆破震动过大; 2. 爆破方式不合理; 3. 爆破飞石破坏铁路; 4. 隧道开挖控制沉降的措施不力; 5. 建筑物保护措施不力或落实不力
		周边居民区	JZ[2]	房屋破坏	
		周边工厂	JZ[3]	工厂建筑破坏	
	周边道路	周边山间小路	DL[1]	道路破坏	1. 爆破震动过大; 2. 爆破方式不合理; 3. 道路及铁路保护措施不到位
		邻近北仑铁路	DL[2]	铁路破坏	
施工人员风险	人员安全风险	人员安全风险	SG[1]	施工中土体塌方掩埋施工人员	掌子面不稳定
			SG[2]	施工人员意外高空坠落	1. 锚杆施工、立拱架; 2. 无纺布施工、防水工程施工; 3. 模板施工; 4. 监控测量如布设拱顶测点; 5. 其他高处作业,防护意识和措施不到位
			SG[3]	施工火灾	防火措施未到位
			SG[4]	施工中机械碰撞	施工管理不善
			SG[5]	高空坠物伤人	防护措施不到位
			SG[6]	运输车辆伤害(挤压)	操作人员安全意识薄弱
			SG[7]	触电伤害	用电安全保障措施不力
			SG[8]	有毒气体中毒	1. 存在于地层的有毒气体一旦开挖暴露,其封闭层遭到破坏产生泄漏; 2. 其他原因导致有毒气体泄漏; 3. 施工时产生有毒气体不能及时排出

第四节 风险评估结果

区间工程（矿山法）（育王岭）风险辨识结果，见表5-6。

区间工程（矿山法）（育王岭）风险评估表　　　　　表5-5

一级"风险工程"	二级"风险工程"	风险单元名称及其编号	风险事件及其编号	p	c
施工风险	施工准备	开挖方法选择 KWFS[1]	地层适应性风险	4	3
		施工组织设计 SGZZ[1]	进度风险	4	3
		SGZZ[2]	质量风险	4	3
		SGZZ[3]	安全、文明施工	3	3
	洞口工程	洞口施工 DK[1]	边坡坡度过大或过小	2	3
		DK[2]	边坡塌方	2	4
		DK[3]	坠石	2	4
		DK[4]	洞内地面积水	2	2
		DK[5]	洞口落石	2	3
		DK[6]	滚石堵塞洞门	2	3
		洞口边仰坡防护 DKY[1]	边坡坍塌	2	3
		DKY[2]	危岩掉落	2	3
	洞身开挖工程	钻孔爆破 BP[1]	准备工作不到位	2	4
		BP[2]	钻孔不符合要求（钻爆法）	2	4
		BP[3]	装药失误（钻爆法）	2	4
		BP[4]	起爆失误（钻爆法）	2	4
		开挖面 KW[1]	洞内塌方	2	4
		KW[2]	洞内穿水	2	3
		KW[3]	出现流砂	2	3
		KW[4]	基础上鼓	2	3
		KW[5]	塌洞	2	4
		KW[6]	危石坠落	3	4
		KW[7]	大变形	2	4
		洞内排渣运输 DN[1]	装渣过程中砸坏车辆	2	3
		DN[2]	渣土堆塌方	2	3
		掌子面 ZZM[1]	坍塌	2	4
		ZZM[2]	突水、突泥	2	4
		ZZM[3]	失稳	2	4
	洞身衬砌工程	超前支护 CQ[1]	超前支护失效	3	4
		初期支护 CZ[1]	隧道初支失稳	3	4
		CZ[2]	锚杆不设不当	2	3
		CZ[3]	锚杆砂浆填注不符合要求	2	2
		CZ[4]	钻孔施工不当	2	2
		CZ[5]	喷射混凝土施工不当	2	2
		CZ[6]	注浆不当	2	2

续上表

	二级"风险工程"	风险单元名称及其编号	风险事件及其编号		p	c
施工风险	洞身衬砌工程	初期支护	CZ[7]	拱脚缩脚	4	3
		二次衬砌	EC[1]	模板变形	2	3
			EC[2]	混凝土离析、开裂或剥落	2	3
			EC[3]	振捣不充分	2	2
			EC[4]	施工缝漏水	2	3
			EC[5]	防水隔离层漏水	2	3
	扩大段工程	扩大段施工	KDS[1]	洞内塌方	3	4
			KDS[2]	洞内突泥涌水	3	4
		扩大段衬砌	KDC[1]	隧道初支失稳	3	4
			KDC[2]	模板变形	3	3
不良地质	断层破碎带	F2断层	DC[1]	坍塌	3	3
			DC[2]	突泥涌水	3	3
		F6断层	DC[1]	坍塌	3	3
			DC[2]	突泥涌水	3	3
		F7断层破碎带	DC[1]	坍塌	3	4
			DC[2]	突泥涌水	3	4
		F8断层破碎带	DC[1]	坍塌	3	4
			DC[2]	突泥涌水	3	4
	节理裂隙密集带	J1节理裂隙密集带	JL[1]	涌水	2	2
			JL[2]	局部掉块	3	3
		J2节理裂隙密集带	JL[1]	涌水	2	2
			JL[2]	局部掉块	3	3
		J3节理裂隙密集带	JL[1]	涌水	2	2
			JL[2]	局部掉块	3	4
		J4节理裂隙密集带	JL[1]	涌水	2	2
			JL[2]	局部掉块	3	4
		J5节理裂隙密集带	JL[1]	涌水	2	2
			JL[2]	局部掉块	3	4
		J6节理裂隙密集带	JL[1]	涌水	2	2
			JL[2]	局部掉块	3	3
		J7节理裂隙密集带	JL[1]	涌水	2	2
			JL[2]	局部掉块	3	3
		J8节理裂隙密集带	JL[1]	涌水	2	2
			JL[2]	局部掉块	3	3
	进出口段坡残积土	进出口段坡残积土	JC[1]	洞口涌泥	2	3
			JC[2]	突水	2	3
			JC[3]	地面下沉、开裂	2	2
			JC[4]	危石掉落	2	3

续上表

	二级"风险工程"	风险单元名称及其编号		风险事件及其编号	p	c
自然风险	地震	地震	ZR[1]	引发各种次生灾害	2	4
	台风	台风	ZR[2]	引发各种次生灾害	3	3
	暴雨	暴雨	ZR[3]	引发各种次生灾害	3	3
周边环境	周边管线	隧道上方燃气管线	GX[1]	管线破坏	2	3
		隧道上方电信管线	GX[2]	管线破坏	2	2
	周边建筑	阿育王寺	JZ[1]	古建筑破坏	2	4
		周边居民区	JZ[2]	房屋破坏	2	3
		周边工厂	JZ[3]	工厂建筑破坏	2	3
	周边道路	周边山间小路	DL[1]	道路破坏	3	2
		邻近北仑铁路	DL[2]	铁路破坏	2	4
施工人员风险	人员安全风险	施工安全	SG[1]	施工中土体塌方掩埋施工人员	2	4
			SG[2]	施工人员意外高空坠落	3	3
			SG[3]	施工火灾	2	3
			SG[4]	施工中机械碰撞	2	3
			SG[5]	高空坠物伤人	3	4
			SG[6]	运输车辆伤害（挤压）	3	3
			SG[7]	触电伤害	2	3
			SG[8]	有毒气体中毒	2	4

一、育王岭隧道风险工程分项评估

1. "施工准备"风险工程评估

（1）"开挖方法选择"风险单元

由于仅有一项风险事件,则此风险单元的风险指数为:$R_1=p_1 \cdot c_1=12$

（2）"施工组织设计"风险单元（表5-7）

"施工组织设计"判断矩阵　　　　　　　　　　表5-7

安全风险事件	进度风险（JDFX）	质量风险（ZLFX）	安全文明施工（AQWM）
进度风险（JDFX）	1	1	1
质量风险（ZLFX）	1	1	1
安全文明施工（AQWM）	1	1	1

特征向量（相对权重）:$W_2^T=[0.33 \quad 0.33 \quad 0.33]$;

风险指数向量（即p、c值乘积向量）:$F_2^T=[12 \quad 12 \quad 9]$;

则此风险单元的风险指数为:$R_2=W_2^T \times F_2=11$。

（3）风险工程总体评估（表5-8）

"施工准备"判断矩阵　　　　　表 5-8

风险单元	开挖方法选择(KWFF)	施工组织设计(SFZZ)
开挖方法选择(KWFF)	1	1/3
施工组织设计(SGZZ)	3	1

特征向量(相对权重): $W_3^T = [0.25 \quad 0.75]$;

风险指数向量(即: p、c 值乘积向量): $F_3^T = [12 \quad 11]$;

则此风险工程的风险指数为: $R_3 = W_3^T \times F_3 = 11.25$。

2. "洞口工程"风险工程评估

(1)"洞口施工"风险单元(表 5-9)

"洞口施工"判断矩阵　　　　　表 5-9

安全风险事件	边坡坡度过大或过小(PD)	边坡塌方(BPTF)	坠石(ZS)	洞内地面积水(DNJS)	洞口落石(DKJS)	滚石堵塞洞门(GSDS)
边坡坡度过大或过小(PD)	1	1/3	1/3	1	1	1
边坡塌方(BPTF)	3	1	1	3	2	2
坠石(ZS)	3	1	1	3	2	2
洞内地面积水(DNJS)	1	1/3	1/3	1	1/2	1/2
洞口落石(DKJS)	2	1/2	1/2	2	1	1
滚石堵塞洞门(GSDS)	2	1/2	1/2	2	1	1

特征向量(相对权重): $W_1^T = [0.1 \quad 0.26 \quad 0.26 \quad 0.08 \quad 0.15 \quad 0.15]$;

风险指数向量(即: p、c 值乘积向量): $F_1^T = [6 \quad 8 \quad 8 \quad 4 \quad 6 \quad 6]$;

则此风险单元的风险指数为: $R_1 = W_1^T \times F_1 = 6.90$。

(2)"洞口边仰坡防护"风险单元(表 5-10)

"洞口边仰坡防护"判断矩阵　　　　　表 5-10

安全风险事件	边坡坍塌(BPTT)	危岩掉落(WYDL)
边坡坍塌(BPTT)	2	1/2
危岩掉落(WYDL)	1	1

特征向量(相对权重): $W_2^T = [0.33 \quad 0.66]$;

风险指数向量(即 p、c 值乘积向量): $F_2^T = [6 \quad 6]$;

则此风险工程的风险指数为: $R_2 = W_2^T \times F_2 = 6$。

(3)风险工程总体评估(表 5-11)

"洞口工程"判断矩阵　　　　　表 5-11

风险单元	洞口施工(DKSG)	洞口边仰坡防护(DKBY)
洞口施工(DKSG)	1	3
洞口边仰坡防护(DKBY)	1/3	1

特征向量(相对权重): $W_3^T = [0.25 \quad 0.75]$;

风险指数向量(即 p、c 值乘积向量): $\boldsymbol{F}_3^T = [6.9 \quad 6.0]$;

则此风险工程的风险指数为: $R_3 = \boldsymbol{W}_3^T \times \boldsymbol{F}_3 = 6.225$。

3."洞身开挖工程"风险工程评估

(1)"钻孔爆破"风险单元(表 5-12)

"钻孔爆破"判断矩阵　　　　　　　　　　　　　　表 5-12

安全风险事件	准备工作不到位(ZBGZ)	钻孔不符合要求(ZKBF)	装药失误(ZYSW)	起爆失误(QBSW)
准备工作不到位(ZBGZ)	1	1/3	1/3	1/5
钻孔不符合要求(ZKBF)	3	1	1	1/2
装药失误(ZYSW)	3	1	1	1/2
起爆失误(QBSW)	5	2	2	1

特征向量(相对权重): $\boldsymbol{W}_1^T = [0.08 \quad 0.23 \quad 0.23 \quad 0.45]$;

风险指数向量(即 p、c 值乘积向量): $\boldsymbol{F}_2^T = [8 \quad 8 \quad 8 \quad 8]$;

则此风险单元的风险指数为: $R_1 = \boldsymbol{W}_1^T \times \boldsymbol{F}_1 = 8$。

(2)"开挖面"风险单元(表 5-13)

"洞口边仰坡防护"判断矩阵　　　　　　　　　　　　表 5-13

安全风险事件	洞内塌方(DNTF)	洞内穿水(DNCS)	出现流砂(CXLS)	基础上鼓(JCSG)	塌洞(TD)	危石坠落(WSZL)	大变形(DBX)
洞内塌方(DNTF)	1	3	3	4	3	2	1
洞内穿水(DNCS)	1/3	1	1	2	1	1/2	1/3
出现流砂(CXLS)	1/3	1	1	2	1	1/2	1/3
基础上鼓(JCSG)	1/4	1/2	1/2	1	1/2	1/3	1/4
塌洞(TD)	1/3	1	1	2	1	1/2	1/3
危石坠落(WSZL)	1/2	2	2	3	2	1	1/2
大变形(DBX)	1	3	3	4	3	2	1

特征向量(相对权重): $\boldsymbol{W}_2^T = [0.26 \quad 0.09 \quad 0.09 \quad 0.05 \quad 0.09 \quad 0.16 \quad 0.26]$;

风险指数向量(即 p、c 值乘积向量): $\boldsymbol{F}_2^T = [8 \quad 6 \quad 6 \quad 6 \quad 8 \quad 12 \quad 8]$;

则此风险工程的风险指数为: $R_2 = \boldsymbol{W}_2^T \times \boldsymbol{F}_2 = 8.169$。

(3)"洞内排渣运输"风险单元(表 5-14)

"洞内排渣运输"判断矩阵　　　　　　　　　　　　表 5-14

安全风险事件	砸坏车辆(ZHCL)	渣土堆塌方(TDTF)
砸坏车辆(ZHCL)	1	1
渣土堆塌方(TDTF)	1	1

特征向量(相对权重): $\boldsymbol{W}_3^T = [0.5 \quad 0.5]$;

风险指数向量(即 p、c 值乘积向量): $\boldsymbol{F}_3^T = [6 \quad 6]$;

则此风险工程的风险指数为: $R_3 = \boldsymbol{W}_3^T \times \boldsymbol{F}_3 = 6$。

(4)"掌子面"风险单元(表5-15)

"掌子面"判断矩阵　　　　　表5-15

安全风险事件	坍塌(TT)	突水突泥(TS)	失稳(SW)
坍塌(TT)	1	1	1
突水突泥(TS)	1	1	1
失稳(SW)	1	1	1

特征向量(相对权重):$W_4^T=[0.33\ \ 0.33\ \ 0.33]$;
风险指数向量(即p、c值乘积向量):$F_4^T=[8\ \ 8\ \ 8]$;
则此风险工程的风险指数为:$R_4=W_4^T\times F_4=8$。

(5)风险工程总体评估(表5-16)

"洞身开挖工程"判断矩阵　　　　　表5-16

风险单元	钻孔爆破(ZKBP)	开挖面(KWM)	洞内排渣运输(DNPZ)	掌子面(ZZM)
钻孔爆破(ZKBP)	1	1/3	2	1/2
开挖面(KWM)	3	1	6	2
洞内排渣运输(DNPZ)	1/2	1/6	1	1/5
掌子面(ZZM)	2	1/2	5	1

特征向量(相对权重):$W_5^T=[0.15\ \ 0.48\ \ 0.07\ \ 0.30]$;
风险指数向量(即p、c值乘积向量):$F_5^T=[8\ \ 8.16\ \ 6\ \ 8]$;
则此风险工程的风险指数为:$R_5=W_5^T\times F_5=7.94$。

4."洞身衬砌工程"风险工程评估

(1)"超前支护"风险单元

因此风险单位仅有一个风险事件,故其风险指数就是风险事件的风险指数,即$R_1=12$。

(2)"初期支护"风险单元(表5-17)

"初期支护"判断矩阵　　　　　表5-17

安全风险事件	隧道初支失稳(SDCZ)	锚杆布设不当(MGBS)	锚杆砂浆填注不符合要求(MGZJ)	钻孔施工不当(ZKSG)	喷射混凝土施工不当(PSHNT)	注浆不当(ZJBD)	拱脚缩脚(GJSJ)
隧道初支失稳(SDCZ)	1	3	3	3	3	3	2
锚杆布设不当(MGBS)	1/3	1	1	1	1	1	1/2
锚杆砂浆填注不符合要求(MGZJ)	1/3	1	1	1	1	1/2	1/3
钻孔施工不当(ZKSG)	1/3	1	1	1	1	1	1/3
喷射混凝土施工不当(PSHNT)	1/3	1	1	1	1	1	1/3
注浆不当(ZJBD)	1/3	1	2	1	1	1	1/3
拱脚缩脚(GJSJ)	1/2	2	3	3	3	3	1

特征向量(相对权重):$W_2^T = [0.29\ 0.09\ 0.08\ 0.09\ 0.09\ 0.10\ 0.23]$;
风险指数向量(即 p、c 值乘积向量):$F_2^T = [12\ 6\ 4\ 4\ 4\ 4\ 12]$;
则此风险工程的风险指数为:$R_2 = W_2^T \times F_2 = 8.257$。

(3)"二次衬砌"风险单元(表5-18)

"二次衬砌"判断矩阵 表5-18

安全风险事件	模板变形(MBBX)	混凝土离析、开裂或剥落(HNTLX)	振捣不充分(ZD)	施工缝漏水(SGF)	防水隔离层漏水(FSC)
模板变形(MBBX)	1	1/2	2	1	2
混凝土离析、开裂或剥落(HNTLX)	2	1	5	3	3
振捣不充分(ZD)	1/2	1/5	1	1/3	1
施工缝漏水(SGF)	1	1/3	3	1	2
防水隔离层漏水(FSC)	1/2	1/3	1	1/2	1

特征向量(相对权重):$W_3^T = [0.2\ 0.42\ 0.09\ 0.20\ 0.10]$;
风险指数向量(即 p、c 值乘积向量):$F_3^T = [6\ 6\ 4\ 6\ 6]$;
则此风险单元的风险指数为:$R_3 = W_3^T \times F_3 = 5.83$。

(4)风险工程总体评估(表5-19)

"洞身衬砌工程"判断矩阵 表5-19

风险单元	超前支护(CQZH)	初期支护(CQZH)	二次衬砌(CQZH)
超前支护(CQZH)	1	1/3	1
初期支护(CQZH)	3	1	3
二次衬砌(ECCQ)	1	1/3	1

特征向量(相对权重):$W_4^T = [0.2\ 0.6\ 0.2]$;
风险指数向量(即 p、c 值乘积向量):$F_4^T = [12\ 8.257\ 5.83]$;
则此风险工程的风险指数为:$R_4 = W_4^T \times F_4 = 8.5202$。

5."扩大段工程"风险工程评估

(1)"扩大段施工"风险单元(表5-20)

"扩大段施工"判断矩阵 表5-20

安全风险事件	洞内塌方(DNTF)	洞内突泥涌水(DNTN)
洞内塌方(DNTF)	1	3
洞内突泥涌水(DNTN)	1/3	1

特征向量(相对权重):$W_1^T = [0.25\ 0.75]$;
风险指数向量(p、c 值乘积向量):$F_1^T = [12\ 12]$;
则此风险工程的风险指数为:$R_1 = W_1^T \times F_1 = 12$。

(2)"扩大段衬砌"风险单元(表5-21)

"扩大段衬砌"判断矩阵　　　　　表5-21

安全风险事件	隧道初支失稳(SDCZ)	模板变形(MBBX)
隧道初支失稳(SDCZ)	1	3
模板变形(MBBX)	1/3	1

特征向量(相对权重):$W_2^T=[0.75\ 0.25]$;

风险指数向量(即p、c值乘积向量):$F_2^T=[12\ 9]$;

则此风险工程的风险指数为:$R_2=W_2^T\times F_2=11.25$。

(3)风险工程总体评估(表5-22)

"扩大段工程"判断矩阵　　　　　表5-22

风 险 单 元	扩大段施工(KDDS)	扩大段衬砌(KDDC)
扩大段施工(KDDS)	1	3
扩大段衬砌(KDDC)	1/3	1

特征向量(相对权重):$W_3^T=[0.75\ 0.25]$;

风险指数向量(即p、c值乘积向量):$F_3^T=[12\ 11.25]$;

则此风险工程的风险指数为:$R_3=W_3^T\times F_3=11.8125$。

6."断层破碎带"风险工程评估

(1)"F2断层"风险单元(表5-23)

"F2断层"判断矩阵　　　　　表5-23

安全风险事件	坍塌(TT)	突泥涌水(TNYS)
坍塌(TT)	1	1
突泥涌水(TNYS)	1	1

特征向量(相对权重):$W_1^T=[0.5\ 0.5]$;

风险指数向量(即p、c值乘积向量):$F_1^T=[9\ 9]$;

则此风险工程的风险指数为:$R_1=W_1^T\times F_1=9$。

(2)"F6断层"风险单元(表5-24)

"F6断层"判断矩阵　　　　　表5-24

安全风险事件	坍塌(TT)	突泥涌水(TNYS)
坍塌(TT)	1	1
突泥涌水(TNYS)	1	1

特征向量(相对权重):$W_2^T=[0.5\ 0.5]$;

风险指数向量(即p、c值乘积向量):$F_2^T=[9\ 9]$;

则此风险工程的风险指数为:$R_2=W_2^T\times F_2=9$。

（3）"F7 断层破碎带"风险单元（表 5-25）

"F6 断层破碎带"判断矩阵　　　　　　　　表 5-25

安全风险事件	坍塌（TT）	突泥涌水（TNYS）
坍塌（TT）	1	1
突泥涌水（TNYS）	1	1

特征向量（相对权重）：W_3^T＝［0.5　0.5］；

风险指数向量（即 p、c 值乘积向量）：F_3^T＝［12　12］；

则此风险工程的风险指数为：$R_3=W_3^T×F_3$＝12。

（4）"F8 断层破碎带"风险单元（表 5-26）

"F6 断层破碎带"判断矩阵　　　　　　　　表 5-26

安全风险事件	坍塌（TT）	突泥涌水（TNYS）
坍塌（TT）	1	1
突泥涌水（TNYS）	1	1

特征向量（相对权重）：W_4^T＝［0.5　0.5］；

风险指数向量（即 p、c 值乘积向量）：F_4^T＝［12　12］；

则此风险工程的风险指数为：$R_4=W_4^T×F_4$＝12。

（5）风险工程总体评估（表 5-27）

"断层风险工程"判断矩阵　　　　　　　　表 5-27

风险单元	F2 断层 F2	F6 断层 F6	F7 断层 F7	F8 断层 F8
F2 断层 F2	1	1	1/2	1/2
F6 断层 F6	1	1	1/2	1/2
F7 断层 F7	2	2	1	1
F8 断层 F8	2	2	1	1

特征向量（相对权重）：W_5^T＝［0.17　0.17　0.33　0.33］；

风险指数向量（即 p、c 值乘积向量）：F_5^T＝［9　9　12　12］；

则此风险工程的风险指数为：$R_5=W_5^T×F_5$＝11。

7．"节理裂隙密集带"风险工程评估

（1）"J1 节理密集带"风险单元（表 5-28）

"J1 节理裂隙密集带"判断矩阵　　　　　　　　表 5-28

安全风险事件	涌水（YS）	局部掉块（JBDK）
涌水（YS）	1	1/3
局部掉块（JBDK）	3	1

特征向量（相对权重）：W_1^T＝［0.25　0.75］；

风险指数向量（即 p、c 值乘积向量）：F_1^T＝［4　9］；

则此风险单元的风险指数为：$R_1=W_1^T×F_1$＝7.75。

(2)"J2 节理密集带"风险单元（表5-29）

"J2 节理裂隙密集带"判断矩阵　　　　　　表5-29

安全风险事件	涌水(YS)	局部掉块(JBDK)
涌水(YS)	1	1/3
局部掉块(JBDK)	3	1

特征向量（相对权重）：$W_2^T = [0.25\ \ 0.75]$；

风险指数向量（即p、c值乘积向量）：$F_2^T = [4\ \ 9]$；

则此风险单元的风险指数为：$R_2 = W_2^T \times F_2 = 7.75$。

(3)"J3 节理密集带"风险单元（表5-30）

"J3 节理裂隙密集带"判断矩阵　　　　　　表5-30

安全风险事件	涌水(YS)	局部掉块(JBDK)
涌水(YS)	1	1/3
局部掉块(JBDK)	3	1

特征向量（相对权重）：$W_3^T = [0.25\ \ 0.75]$；

风险指数向量（即p、c值乘积向量）：$F_3^T = [4\ \ 12]$；

则此风险工程的风险指数为：$R_3 = W_3^T \times F_3 = 11$。

(4)"J4 节理密集带"风险单元（表5-31）

"J4 节理裂隙密集带"判断矩阵　　　　　　表5-31

安全风险事件	涌水(YS)	局部掉块(JBDK)
涌水(YS)	1	1/3
局部掉块(JBDK)	3	1

特征向量（相对权重）：$W_4^T = [0.25\ \ 0.75]$；

风险指数向量（即p、c值乘积向量）：$F_4^T = [4\ \ 12]$；

则此风险工程的风险指数为：$R_4 = W_4^T \times F_4 = 11$。

(5)"J5 节理密集带"风险单元（表5-32）

"J5 节理裂隙密集带"判断矩阵　　　　　　表5-32

安全风险事件	涌水(YS)	局部掉块(JBDK)
涌水(YS)	1	1/3
局部掉块(JBDK)	3	1

特征向量（相对权重）：$W_5^T = [0.25\ \ 0.75]$；

风险指数向量（即p、c值乘积向量）：$F_5^T = [4\ \ 12]$；

则此风险工程的风险指数为：$R_5 = W_5^T \times F_5 = 11$。

(6)"J6 节理密集带"风险单元（表5-33）

"J6 节理裂隙密集带"判断矩阵　　　　　　表5-33

安全风险事件	涌水(YS)	局部掉块(JBDK)
涌水(YS)	1	1/3
局部掉块(JBDK)	3	1

特征向量（相对权重）：$W_6^T = [0.25 \quad 0.75]$；

风险指数向量（即 p、c 值乘积向量）：$F_6^T = [4 \quad 9]$；

则此风险工程的风险指数为：$R_6 = W_6^T \times F_6 = 7.75$。

（7）"J7 节理密集带"风险单元（表 5-34）

"J7 节理裂隙密集带"判断矩阵　　　　　　　　　　表 5-34

安全风险事件	涌水（YS）	局部掉块（JBDK）
涌水（YS）	1	1/3
局部掉块（JBDK）	3	1

特征向量（相对权重）：$W_7^T = [0.25 \quad 0.75]$；

风险指数向量（即 p、c 值乘积向量）：$F_7^T = [4 \quad 9]$；

则此风险工程的风险指数为：$R_7 = W_7^T \times F_7 = 7.75$。

（8）"J8 节理密集带"风险单元（表 5-35）

"J8 节理裂隙密集带"判断矩阵　　　　　　　　　　表 5-35

安全风险事件	涌水（YS）	局部掉块（JBDK）
涌水（YS）	1	1/3
局部掉块（JBDK）	3	1

特征向量（相对权重）：$W_8^T = [0.25 \quad 0.75]$；

风险指数向量（即 p、c 值乘积向量）：$F_8^T = [4 \quad 9]$；

则此风险工程的风险指数为：$R_8 = W_8^T \times F_8 = 7.75$。

（9）风险工程总体评估（表 5-36）

"节理裂隙密集带风险工程"判断矩阵　　　　　　　　　　表 5-36

风险单元	（J1）节理裂隙密集带	（J2）节理裂隙密集带	（J3）节理裂隙密集带	（J4）节理裂隙密集带	（J5）节理裂隙密集带	（J6）节理裂隙密集带	（J7）节理裂隙密集带	（J8）节理裂隙密集带
节理裂隙密集带（J1）	1	1	1/2	1/2	1/2	1	1	1
节理裂隙密集带（J2）	1	1	1/2	1/2	1/2	1	1	1
节理裂隙密集带（J3）	2	2	1	1	1	2	2	2
节理裂隙密集带（J4）	2	2	1	1	1	2	2	2
节理裂隙密集带（J5）	2	2	1	1	1	2	2	2
节理裂隙密集带（J6）	1	1	1/2	1/2	1/2	1	1	1
节理裂隙密集带（J7）	1	1	1/2	1/2	1/2	1	1	1
节理裂隙密集带（J8）	1	1	1/2	1/2	1/2	1	1	1

特征向量（相对权重）：
$$W_9^T = [0.09\ 0.09\ 0.18\ 0.18\ 0.18\ 0.09\ 0.09\ 0.09]$$

风险指数向量（即 p、c 值乘积向量）：
$$F_9^T = [7.75\ 7.75\ 11\ 11\ 11\ 7.75\ 7.75\ 7.75]$$

则此风险工程的风险指数为：$R_9 = W_9^T \times F_9 = 9.523$。

8. "进出口段坡残积土"风险工程评估（表5-37）

"进出口段坡残积土"判断矩阵　　　　　　　　表5-37

安全风险事件	洞口涌泥（DKYN）	突水（TS）	地面下沉、开裂（DMXC）	危石掉落（WSDL）
洞口涌泥（DKYN）	1	1	2	1
突水（TS）	1	1	2	1
地面下沉、开裂（DMXC）	1/2	1/2	1	1/2
危石掉落（WSDL）	1	1	2	1

特征向量（相对权重）：$W^T = [0.29\ 0.29\ 0.14\ 0.29]$；

风险指数向量（即 p、c 值乘积向量）：$F^T = [6\ 6\ 4\ 6]$；

则此风险工程的风险指数为：$R = W^T \times F = 5.713$。

9. "自然风险"风险工程评估（表5-38）

"进出口段坡残积土"判断矩阵　　　　　　　　表5-38

安全风险事件	地震（DZ）	台风（TF）	暴雨（BY）
地震（DZ）	1	1	1
台风（TF）	1	1	1
暴雨（BY）	1	1	1

特征向量（相对权重）：$W^T = [0.33\ 0.33\ 0.33]$；

风险指数向量（即 p、c 值乘积向量）：$F^T = [8\ 9\ 9]$；

则此风险工程的风险指数为：$R = W^T \times F = 8.64$。

10. "周边管线"风险工程评估（表5-39）

"周边管线"判断矩阵　　　　　　　　表5-39

安全风险事件	隧道上方燃气管线破坏（RQ）	隧道上方电信管线破坏（DX）
隧道上方燃气管线破坏（RQ）	1	3
隧道上方电信管线破坏（DX）	1/3	1

特征向量（相对权重）：$W^T = [0.75\ 0.25]$；

风险指数向量（即 p、c 值乘积向量）：$F^T = [6\ 4]$；

则此风险工程的风险指数为：$R = W^T \times F = 5.5$。

11. "周边建筑"风险单元评估（表5-40）

"周边建筑"判断矩阵 表5-40

安全风险事件	阿育王寺（AYW）	周边居民区（ZBJ）	周边工厂（ZBG）
阿育王寺（AYW）	1	2	2
周边居民区（ZBJ）	1/2	1	1
周边工厂（ZBG）	1/2	1	1

特征向量（相对权重）：$W^T = [0.5 \quad 0.25 \quad 0.25]$；

风险指数向量（即 p、c 值乘积向量）：$F^T = [8 \quad 6 \quad 6]$；

则此风险工程的风险指数为：$R = W^T \times F = 7$。

12. "周边道路"风险单元评估（表5-41）

"周边道路"判断矩阵 表5-41

安全风险事件	山间小路（SJXL）	北仑铁路（BLTL）
山间小路（SJXL）	1	1/3
北仑铁路（BLTL）	3	1

特征向量（相对权重）：$W^T = [0.25 \quad 0.75]$；

风险指数向量（即 p、c 值乘积向量）：$F^T = [6 \quad 8]$；

则此风险工程的风险指数为：$R = W^T \times F = 7.5$。

13. "施工人员安全"风险工程评估（表5-42）

"人员安全风险"判断矩阵 表5-42

安全风险事件	施工中土体塌方掩埋施工人员（TF）	施工人员意外高空坠落（ZL）	施工火灾（HZ）	施工中机械碰撞（JX）	高空坠物伤人（GK）	运输车辆伤害（挤压）（JY）	触电伤害（CD）	有毒气体中毒（YD）
施工中土体塌方掩埋施工人员（TF）	1	1/2	1	1/2	1/2	1	1	2
施工人员意外高空坠落（ZL）	2	1	2	1	1	2	2	5
施工火灾（HZ）	1	1/2	1	1/2	1/2	1	1	2
施工中机械碰撞（JX）	2	1	2	1	1	2	2	5
高空坠物伤人（GK）	2	1	2	1	1	2	2	5
运输车辆伤害（挤压）（JY）	1	1/2	1	1/2	1/2	1	1	2
触电伤害（CD）	1	1/2	1	1/2	1/2	1	1	2
有毒气体中毒（YD）	1/2	1/5	1/2	1/5	1/5	1/2	1/2	1

特征向量（相对权重）：$W^T = [0.1 \quad 0.2 \quad 0.1 \quad 0.2 \quad 0.2 \quad 0.1 \quad 0.1 \quad 0.05]$；

风险指数向量（即 p、c 值乘积向量）：$F^T = [8 \quad 9 \quad 6 \quad 6 \quad 12 \quad 9 \quad 6 \quad 8]$；

则此风险工程的风险指数为：$R = W^T \times F = 8.74$。

二、育王岭隧道总体风险评估

总风险判断矩阵见表5-43，风险工程总体评价结果见表5-44。

表 5-43 "育王岭隧道"总风险判断矩阵

风险工程	施工准备(SGZB)	洞口工程(DKGC)	洞身开挖工程(DSKW)	洞身衬砌工程(DSCQ)	扩大段工程(KDD)	断层破碎带(PSD)	节理裂隙密集带(JL)	进出口段坡残积土(JCK)	周边道路(ZBDL)	周边建筑(ZBJZ)	周边管线(ZBGX)	自然风险(ZRFX)	施工人员风险(SGRY)
施工准备(SGZB)	1	3	1	2	1/2	1/2	1	3	2	1	1	2	1/2
洞口工程(DKGC)	1/3	1	1/3	1/2	1/7	1/7	1/3	1	1/2	1/3	1/3	1/2	1/7
洞身开挖工程(DSKW)	1	3	1	2	1/2	1/2	1	1/3	2	1	1	2	1/2
洞身衬砌工程(DSCQ)	1/2	2	1/2	1	1/5	1/5	1/2	1/3	1	1/2	1/2	1	1/5
扩大段工程(KDD)	2	7	2	5	1	1	2	2	5	2	2	5	1
断层破碎带(PSD)	2	7	2	5	1	1	2	7	5	2	2	5	1
节理裂隙密集带(JL)	1	3	1	2	1/2	1/2	1	3	2	1	1	2	1/2
进出口段坡残积土(JCK)	1/3	1	1/3	1/3	1/7	1/7	1/3	1	1/2	1/4	1/3	1	1/7
周边道路(ZBDL)	1/2	2	1/2	1/2	1/5	1/5	1/2	4	1	1/2	1/2	1	1/5
周边建筑(ZBJZ)	1	3	1	1	1/2	1/2	1	3	2	1	1	2	1/2
周边管线(ZBGX)	1	3	1	2	1/2	1/2	1	1/3	2	1	1	2	1/2
自然风险(ZRFX)	1/2	2	1/2	1	1/5	1/5	1/2	2	1/2	1/2	1/2	1	1/5
施工人员风险(SGRY)	2	7	2	5	1	1	2	7	5	2	2	5	1

表 5-44 "育王岭隧道"风险工程总体评估成果

风险工程	施工准备	洞口工程	洞身开挖工程	洞身衬砌工程	扩大段工程	断层破碎带	节理裂隙密集带	进出口段坡残积土
风险指数	11.25	6.225	7.94	8.52	11.813	11	9.523	5.71
风险工程等级	II级	III级	III级	III级	II级	II级	II级	III级

风险工程	周边道路	周边建筑	周边管线	自然风险	施工人员风险	总风险
风险指数	7.5	7	5.5	8.64	8.74	9.54
风险工程等级	III级	III级	III级	III级	III级	II级

评估结果显示,育王岭隧道总体风险指数为 9.54,风险等级为Ⅱ级,属较大风险工程,据 GB 50652—2011 第 4.3.2 条规定:针对不同等级风险,应采用不同的风险处置原则和控制方案,各等级风险的接受准则应符合表 5-4 的规定:针对Ⅱ级风险工程,属不愿接受风险,必须加强监测,采取风险处理措施降低风险等级,且降低风险的成本不应高于风险发生后的损失,应实施风险防范与监测,制订风险处置措施。

根据上述接受准则,针对育王岭隧道工程,现场施工过程中应加强监测,并采取必要的措施降低风险,特别针对破碎带、节理裂隙带、扩大段等高风险地段,应加密监测频率,加强现场巡查,同时采用科学技术手段,如超前地质预报等来预防可能出现的风险。

第五节 相关风险控制及应对措施

针对各风险源,提出了相应的控制措施,见表 5-45。

区间工程(矿山法)(育王岭)风险控制措施表　　　　表 5-45

	二级"风险工程"	风险单元名称及其编号	风险事件及其编号		控制措施
施工风险	施工准备	开挖方法选择	KWFS[1]	地层适应性风险	1. 对施工方案的安全性、合理性进行评估; 2. 地质、环境因素变化对矿山法施工工艺参数及设备适应性评估
		施工组织设计	SGZZ[1]	进度风险	1. 对施工部署(施工场地布置、施工任务划分、施工顺序、施工总体方案等)进行合理性评估; 2. 对施工准备进行合理性评估(技术准备、施工现场准备及抢险物资准备等); 3. 安全风险管理体系的评估(安全风险组织机构、专职安全管理人员配置、安全生产管理制度、安全生产监督管理措施、安全生产教育情况等是否责任明晰、满足施工组织设计要求进行评估); 4. 配备有经验和足够的技术力量; 5. 选择有施工经验的施工队伍,并加强组织培训,对相关人员操作进行培训; 6. 施工前,进行图纸会审; 7. 按照实际施工情况,安排工程进度计划; 8. 选择合理的设备组织和材料
			SGZZ[2]	质量风险	
			SGZZ[3]	安全、文明施工	
	洞口工程	洞口施工	DK[1]	边坡坡度过大或过小	1. 洞口施工应尽量减少对原地表植被的破坏,尽量采取人工或机械开挖,不得随意采用爆破施工; 2. 进洞前应尽早完成洞口排水系统; 3. 洞口施工宜避开降雨期
			DK[2]	边坡塌方	
			DK[3]	坠石	
			DK[4]	洞内地面积水	
			DK[5]	洞口落石	
			DK[6]	滚石堵塞洞门	

续上表

二级"风险工程"	风险单元名称及其编号	风险事件及其编号		控 制 措 施
施工风险	洞口工程	洞口边仰坡防护	DKY[1] 仰坡坍塌	1. 边仰坡开挖和明洞开挖采用分层开挖; 2. 施工中尽量减少对原岩层的扰动,成洞面的位置和边仰坡坡率可以适当调整,尽量减少仰坡开挖高度; 3. 开挖后坡面应稳定、平整、美观
			DKY[2] 危石掉落	
		钻孔爆破	BP[1] 准备工作不到位	1. 采用台阶法施工,减少扰动控制进尺 2. 爆破完成后及时排危,出渣前用机械进行排危,出渣后人工检查排除剩余的危石
			BP[2] 钻孔不符合要求(钻爆法)	
			BP[3] 装药失误(钻爆法)	
			BP[4] 起爆失误(钻爆法)	
		开挖掘进	开挖面 KW[1] 洞内塌方	1. 施工前对隧道通过和影响地段进行施工勘察; 2. 对查出的空洞采取注浆或其他措施回填,保证回填密实; 3. 查清不良地层的空洞位置,必要时采取适宜的加固处理措施; 4. 选择适宜的降水、排水方案,确保隧道无水作业; 5. 加强超前支护施工质量,保证超前到导管或管棚的数量、长度、外插角和搭接长度,严格控制注浆和注浆压力,并根据岩(土)层特性调整注浆参数及工艺; 6. 拱部采用人工开挖、预留核心土,保证在加固范围内开挖,严谨挖"神仙土";台阶长度不得超过一倍洞径;上台阶开挖时拱脚应垫牢垫实,严格按设计要求打设锁脚锚管,保证锁脚锚管的长度及角度,保证纵向连接筋和钢筋网的焊接和搭接质量;下台阶"接腿"和仰拱施工要一次形成,保证技术封闭成环;开挖完成后及时架设钢支撑和喷射混凝土; 7. 及时加强背后回填注浆; 8. 开挖过程中如出现小范围的局部坍塌时,应立即停止开挖,并封堵开挖面,根据地质情况,坍塌范围和部位,待制订可行的防止继续坍塌措施后方可继续施工; 9. 加强监控量测,根据检测结果调整施工工艺和参数

续上表

二级"风险工程"	风险单元名称及其编号	风险事件及其编号		控制措施
施工风险	开挖掘进	开挖面	KW[2] 洞内突泥涌水	1. 隧道开挖施工前,对沿线地层和管线进行一次普查,对发现有管线渗漏的情况立即通知相关单位进行修补和加固,同时采取可靠的保护措施; 2. 对不良地质提前采取加固措施; 3. 详细调查地下水的补给来源,采取多种措施切断其补给; 4. 对隧道开挖的预降水及开挖过程中的洞内疏排水工作,确保隧道开挖污水作业; 5. 在打设超前小导管时,如发现管内大股流水等异常情况,应立即封闭掌子面,待制订可靠措施后方可继续施工; 6. 加强地质素描和超前地质预报工作,一旦发现围岩发生变化,立即改变超前支护和措施
			KW[3] 出现流砂	对不良地质提前采取加固措施
			KW[4] 基础上鼓	1. 根据现场实际情况,应建立完善的监控量测系统; 2. 及时进行拱顶下沉、周边位移及地表沉降量测,及时掌握围岩变化情况;当发现监测异常时,应及时采取超前小导管支护措施,并对围岩进行注浆加固处理; 3. 必要时可采取地表注浆处理措施;根据围岩条件及监控量测资料,合理确定开挖进尺,以确保开挖、支护质量及施工安全;尽早进行仰拱落底施工; 4. 应分段仔细检查爆破段并清除危石; 5. 钻孔作业前后、爆破后、废渣处理时及处理后,应仔细检查并去除危石; 5. 及使支护结构封闭成环,以减少围岩变形,并严格控制落底进尺
			KW[5] 塌洞	
			KW[6] 危石坠落	
			KW[7] 大变形	
		洞内排渣运输	DN[1] 装渣过程中砸坏车辆	1. 严格按操作规程作业; 2. 严禁挖掘机在渣土堆上方作业; 3. 挖机司机需经过培训并持有上岗证
			DN[2] 渣土堆塌方	
		掌子面	ZZM[1] 坍塌	1. 开挖前做好水平超前探孔; 2. 根据水量大小,必要时进行注浆止水(包括全断面帷幕注浆、局部帷幕注浆、径向局部注浆)
			ZZM[2] 突水、突泥	
			ZZM[3] 失稳	
	洞身衬砌工程	超前支护	CQ[1] 超前支护失效	选择合适的超前支护,根据现场实际情况局部适当加强

续上表

二级"风险工程"	风险单元名称及其编号	风险事件及其编号		控 制 措 施
施工风险	洞身衬砌工程	初期支护	CZ[1] 隧道初支失稳	1. 从超前支护、格栅间距、开挖步序、开挖台阶长度等方面严格按设计文件要求组织施工,对有临时支撑的工法施工时,应严格控制每步的开挖断面尺寸; 2. 开挖后应迅速喷射混凝土; 3. 保证钢格栅和纵向连接筋,特别是临时支撑的连接和焊接质量; 4. 施工过程中防止临时仰拱堆载过大和动载; 5. 在二次衬砌施工前,严格按设计及施工组织设计的要求的方式、时间和顺序拆除临时支撑; 6. 加强拱顶沉降、收敛和应力应变的监控量测工作,并加强对检测数据的整理分析,如发现异常立即停止施工,对初支进行加固; 7. 进行背后回填注浆时,随时检测初支的变化情况,严格控制注浆压力; 8. 需要爆破施工的区段严格按照专业设计单位提供的爆破参数作业
			CZ[2] 锚杆不设不当	1. 锚杆钻孔定位应该准确; 2. 钻孔深度应符合设计要求,并予以验收; 3. 钻孔结束后应采用高压风清孔; 4. 注浆浆液严格按照设计配比拌制; 5. 对安装完成的锚杆进行检测; 6. 注浆完成后应及时进行检查,合格后方能安装垫板; 7. 拱脚支护应及时并确保质量
			CZ[3] 锚杆砂浆填注不符合要求	
			CZ[4] 钻孔施工不当	
			CZ[5] 喷射混凝土施工不当	
			CZ[6] 注浆不当	
			CZ[7] 拱脚缩脚	
		二次衬砌	EC[1] 模板变形	1. 隧道衬砌选用良好的防、排水材料; 2. 架设拱、墙架和模板,应位置准确,连接牢固,严防走动; 3. 衬砌混凝土的配合比应满足设计要求; 4. 混凝土拌和后,应尽快浇筑; 5. 二次衬砌混凝土其强度达到2.5MPa时,方可拆模; 6. 合理选用外加剂,避免二次衬砌混凝土开裂
			EC[2] 混凝土离析、开裂或剥落	
			EC[3] 振捣不充分	
			EC[4] 施工缝漏水	
			EC[5] 防水隔离层漏水	
	扩大段工程	扩大段施工	KDS[1] 洞内塌方	同开挖掘进段工程
			KDS[2] 洞内突泥涌水	

续上表

二级"风险工程"	风险单元名称及其编号	风险事件及其编号		控制措施
施工风险 扩大段工程	扩大段衬砌	KDC[1]	隧道初支失稳	1. 从超前支护、格栅间距、开挖步序、开挖台阶长度等方面严格按设计文件要求组织施工,对有临时支撑的工法施工时,应严格控制每步的开挖断面尺寸; 2. 保证钢格栅和纵向连接筋,特别是临时支撑的连接和焊接质量; 3. 施工过程中防止临时仰拱堆载过大和动或; 4. 在二次衬砌施工前,严格按设计及施工组织设计要求的方式、时间和顺序拆除临时支撑
		KDC[2]	模板变形	架设拱、墙架和模板,应位置准确,连接牢固,严防走动
不良地质 断层破碎带	F2断层	DC[1]	坍塌	1. 减少扰动进尺; 2. 采用超前支护,根据实际情况局部加强; 3. 根据设计图纸,采用地质雷达、TSP地质预报等措施确定具体破碎带位置; 4. 先排水,在施工前和施工中均应采取相应的防排水措施,及时将水排出; 5. 勤检查、勤量测,坚持对围岩的监控量测工作,做好量测数据分析,掌握围岩变形情况,及时反馈到工程管理部门,发现变形异常,立即采取有效措施及时处理隐患; 6. 开挖后及时按设计文件的要求和审批的方案做好初期支护并封闭成环,必要时封闭掌子面、增设临时仰拱与临时对撑加固初期支护; 7. 仰拱和二次衬砌适时紧跟开挖面,洞口浅埋地段、断层破碎带或岩性接触带地段等及时进行二次衬砌施工; 8. 开挖人员到达工作地点后,应首先检查工作面是否处于安全状态,详细检查支护是否牢固,顶板和两帮是否稳定,如有松动的石、土块或裂缝,应先预先清除或支护; 9. V级围岩采用弧形导坑留核心土的开挖方法; 10. IV级围岩采用短台阶法,隧道开挖后,应及时架立钢架,施作锚杆及喷混凝土支护措施,并遵循"管超前、勤量测、及封闭、强支护"的施工程序
		DC[2]	突泥突水	
	F6断层	DC[1]	坍塌	
		DC[2]	突泥突水	
	F7断层破碎带	DC[1]	坍塌	
		DC[2]	突泥突水	
	F8断层破碎带	DC[1]	坍塌	
		DC[2]	突泥突水	
节理裂隙密集带	J1节理裂隙密集带	JL1[1]	涌水	1. 根据设计图纸,采用地质雷达、TSP地质预报等措施确定具体节理破碎带位置;
		JL1[2]	局部掉块	
	J3节理裂隙密集带	JL3[1]	涌水	
		JL3[2]	局部掉块	

续上表

一级	二级"风险工程"	风险单元名称及其编号	风险事件及其编号		控 制 措 施
不良地质	节理裂隙密集带	J4 节理裂隙密集带	JL4[1]	涌水	2. 根据水量大小，必要时进行注浆止水（可采用全断面帷幕注浆、局部帷幕注浆、径向局部注浆）； 3. 根据现场实际情况，可利用手喷混凝土系统向坍塌处喷射混凝土，及时封闭围岩，减少岩石暴露时间，并及时安装钢拱架，以防止继续坍塌掉块
			JL4[2]	局部掉块	
		J5 节理裂隙密集带	JL5[1]	涌水	
			JL5[2]	局部掉块	
		J6 节理裂隙密集带	JL6[1]	涌水	
			JL6[2]	局部掉块	
		J7 节理裂隙密集带	JL7[1]	涌水	
			JL7[2]	局部掉块	
		J8 节理裂隙密集带	JL8[1]	涌水	
			JL8[2]	局部掉块	
自然风险	地震	地震	DZ[1]	引发各种次生灾害	1. 制订好相关应急预案； 2. 做好日常的防护措施
	台风	台风	TF[1]	引发各种次生灾害	
	暴雨	暴雨	BY[1]	引发各种次生灾害	
周边环境	周边管线	隧道上方燃气管线	GX[1]	管线破坏	1. 开挖施工前，对开挖影响范围内所有管线进行一次普查； 2. 可能时，在施工前对管线进行安全评估； 3. 对隧道通过和影响地段进行空洞普查，对查出的空洞采取注浆或其他措施回填，保证回填密实； 4. 根据调查所得的管线性质、材质、埋深及和隧道的关系等资料对管线周边土体进行加固处理，在可能和必要时可采取桩墙隔离或悬吊保护措施； 5. 隧道通过管线地段，从超前加固措施、开挖方法、支护手段等方面制订专门的措施，并在开挖过程中严格执行； 6. 及时加强初支背后回填注浆，主动控制其沉降； 7. 加强监控量测工作，如发现沉降或收敛过大或异常，应立即停止开挖并及时注浆和补注浆，并根据监测结果调整施工参数； 8. 为方便施工过程中目标管理，根据隧道的不同施工阶段对总变形值进行目标分解，分解到不同施工阶段进行控制
		隧道上方电信管线	GX[2]	管线破坏	
	周边建筑	阿育王寺	JZ[1]	古建筑破坏	1. 邻近既有线施工时，应按"短开挖，强支护，紧封闭，勤量测，衬砌紧跟，弱爆破"的原则进行； 2. 阿育王寺和铁路北仑支线距隧道相对较远，都在60m以上，因此施工中要勤检查、勤量测，做好信息化施工，及时反馈监测情况；
		周边居民区	JZ[2]	房屋破坏	

续上表

二级"风险工程"	风险单元名称及其编号		风险事件及其编号		控制措施
周边环境	周边建筑	周边工厂	JZ[3]	工厂建筑破坏	3. 爆破施工时,需严格控制爆破条件和采取必要措施防止爆破产生的飞石影响铁路; 4. 爆破震动速度超标时,可在隧道和铁路支线间布设减震沟等; 5. 制订专项应急措施及应急预案
	周边道路	周边山间小路	DL[1]	道路破坏	1. 施工前对隧道通过和影响地段进行空洞普查,对查出的空洞采取注浆或其他措施回填,保证回填密实; 2. 加强开挖施工前的降水工作,确保隧道无水作业; 3. 加强超前支护施工质量,保证超前小导管或管棚的数量、长度、外插角和搭接长度,严格控制注浆量和注浆压力; 4. 拱部开挖采用人工开挖,预留核心土,保证在加固范围内开挖,严禁挖"神仙土"; 5. 开挖完成后及时架设钢支撑和喷射混凝土; 6. 开挖过程中如出现小范围的局部坍塌时,应立即停止开挖,并封闭开挖面,根据地质情况、坍塌范围和部位,待制订可靠的防止继续坍塌措施后方可继续施工; 7. 开挖施工时,对地面道路采取铺盖钢板等措施以增加路面的整体刚度,使车辆通过时路面均匀受力; 8. 加强监控量测,根据监测结果调整施工工艺和参数
		邻近北仑铁路	TL[1]	铁路破坏	
施工人员风险	人员安全风险	人员安全风险	SG[1]	施工中土体塌方掩埋施工人员	1. 一般风险源对应的触电、高处坠落、物体打击、车辆伤害、火药爆炸、火灾等事故的控制措施根据有关的技术标准、安全管理要求来执行; 2. 对一般风险源控制要做到简明扼要且要明确安全防护、安全警示、安全教育、现场管理等方面的内容
			SG[2]	施工人员意外高空坠落	
			SG[3]	施工火灾	
			SG[4]	施工中机械碰撞	
			SG[5]	高空坠物伤人	
			SG[6]	运输车辆伤害(挤压)	
			SG[7]	触电伤害	
			SG[8]	有毒气体中毒	1. 有毒气体预防采取送气方法,隧道内通风采用大功率、高效能通风,用风管送风至开挖面,送风有效距离大于2km,以确保远距离通风的要求; 2. 对于作业人员的通风量,在一般隧道内的作业,以每人 $3m^3/min$ 的通风量求出

第六节 重大风险源列表

据以上章节成果,以及重大风险源的定义,各风险等级为Ⅱ级或Ⅱ级以上风险工程或地质、环境风险单元均应作为重大风险源,作为风险管控的重点予以监控,表5-46为重大风险源列表。

重大风险源列表 表5-46

重大风险源清单	风 险 等 级	重大风险源清单	风 险 等 级
"施工准备"风险工程	Ⅱ级	J3节理裂隙密集带	Ⅱ级
"扩大段"风险工程	Ⅱ级	J4节理裂隙密集带	Ⅱ级
F7断层破碎带	Ⅱ级	J5节理裂隙密集带	Ⅱ级
F8断层破碎带	Ⅱ级		

注:对于重大风险源的界定,对于工程本体,统一按风险工程进行界定。对于地质条件、周边环境,按风险单元统一进行界定,即对每一栋建筑、每一根管线、每一条道路分别进行界定。

重大风险源控制原则:施工现场应建立重大风险源监控和预警预报体系,明确预警预报标准,通过对施工监控数据的动态管理,及时掌握其发展状态,发现异常或超过警戒值,应及时采取规避措施,做好风险事故处理准备工作。

第七节 重大风险源对应风险事故预防及应急措施

一、"施工准备"工程风险预防及控制

1. 地层适应性风险预防及控制

(1)充分熟悉设计文件,领会设计意图,做好现场调查和图纸核对工作、周边调查及地质预报。隧道施工过程中,完整收集原始数据资料,做好施工记录。

(2)对施工方案的安全性、合理性进行评估。

(3)同时对地质、环境因素变化对矿山法施工工艺参数及设备适应性评估。

2. 施工组织设计风险预防及控制

1)准备工作

(1)技术准备

①施工测量:导线控制网,放样。

②施工方案:实施性施工组织设计、专项施工方案。

(2)施工人员、材料和设备

①隧道施工的钻爆、运输、支护、模筑衬砌等作业均安排专业化队伍进行施工,特殊岗位人员均应持证上岗。

②材料采备:做好隧道前期施工支护所需材料的采备工作(如水泥、中粗砂、小碎石、速凝剂、防水板、透水管、钢纤维、钢筋等材料以及早强锚固药卷、钢拱架等成品、半成品等。

③设备:隧道进洞前,二次衬砌模板台车必须进场,机械设备主要有以下几种:挖掘机、推土机、压路机、自卸汽车、凿岩机、台车架、装载机、大吨位自卸汽车、湿喷机、管棚钻机、注浆机、混凝土搅拌机、配料机、混凝土运输车、混凝土输送泵、捣固设备、衬砌台车模板、拱架、钢筋调直机、切断机、弯曲机、电焊机、内燃空压机、电动空压机、水泵、变频高压供水装置、变压器、发电机。

(3)施工供风、供水、供电准备

①隧道掘进 50m 后应进行供风,供风管道前端至开挖面距离不应大于 20m。

②修建高位水池困难的隧道,宜采用变频高压供水装置满足施工需要,供水管道前端至开挖面一般不超过 20m。

③施工临时供电:隧道施工供电应采用三相五线供电系统,动力设备应采用三相 380V,照明电压不宜大于 36V,洞内高压变电站之间的距离宜为 1000m。

(4)弃渣场、自办料场、危险品库

①弃渣场应按设计要求进行防护,当设计要求不能满足实际需要或设计无具体要求时,应对弃渣场的防护进行设计并报监理工程师批复,以确保边坡的稳定,防止水土流失,泥石流、滑坡等危害。

②各火工用品采购、储存、领取、使用和退库的各个环节的管理和操作,做到全程监控,全程把关,定期对炸药库管理有关台账进行认真检查和清对。

2)对各施工方案进行风险评估

(1)对施工部署(施工场地布置、施工任务划分、施工顺序、施工总体方案等)进行合理性评估。

(2)对施工准备进行合理性评估(技术准备、施工现场准备及抢险物资准备等)。

(3)对安全风险管理体系进行评估(安全风险组织机构、专职安全管理人员配置、安全生产管理制度、安全生产监督管理措施、安全生产教育情况等是否责任明晰、满足施工组织设计要求等)。

(4)配备有经验和足够的技术力量。

(5)选择有施工经验的施工队伍,并加强组织培训,对相关人员操作进行培训。

(6)施工前,进行图纸会审。

(7)按照实际施工情况,安排工程进度计划。

(8)选择合理的设备组织和材料。

3)开展施工

按照修订完善的施工组织设计,严格按照其技术方案开展施工,同时根据监测数据、围岩状况以及实际的进度和质量控制情况,不断优化施工工艺,不断合理调整施工组织,合理配置施工力量,对已完工工程及时进行验收,以便顺利完成既定的进度、质量及安全的目标。

二、重大地质风险源引发洞内塌方风险事故预防及控制

1. 隧道塌方的预防措施

(1)隧道施工预防塌方,选择安全合理的施工方法和措施至关重要。在掘进到地质不良围岩破碎地段,应采取"先排水、短开挖、弱爆破、强支护、早衬砌、勤量测"的施工方法,必须制订出切实可行的施工方案及安全措施。

(2)加强塌方的预测。为了保证施工作业安全,及时发现塌方的可能性及征兆,并根据不同情况采用不同的施工方法及控制塌方的措施,需要在施工阶段进行塌方预测。

(3)预测塌方常用的几种方法:

①观察法。

a. 在掘进工作面采用探孔对地质情况或水文情况进行探察,同时对掘进工作面应进行地质素描,分析判断掘进前方有无可能发生塌方的超前预测。

b. 定期和不定期地观察洞内围岩的受力及变形状态;检查支护结构是否发生了较大的变形;观察岩层的层理、节理裂隙是否变大,坑顶或坑壁是否松动掉块;喷射混凝土是否发生脱落;以及地表是否下沉等。

②一般量测法。按时量测观测点的位移、应力,测得数据进行分析研究,及时发现不正常的受力、位移状态极有可能导致塌方的情况。

③微地震学测量法和声学测量法。前者采用地震测量原理制成的灵敏的专用仪器;后者通过测量岩石的声波分析确定岩石的受力状态,并预测塌方。通过上述预测塌方的方法,发现征兆应高度重视、及时分析,采取有力措施处理隐患,防患于未然。

(4)加强初期支护,控制塌方:当开挖出工作面后,应及时有效地完成喷锚支护或喷锚网联合支护,并应考虑采用早强喷射混凝土、早强锚杆和钢支撑支护措施等。这对防止局部坍塌,提高隧道整体稳定性具有重要的作用。

(5)应急救援设备、物质配备。需备的抢险物质有:方木、沙袋、水泥、轻体加气块、钢格栅及其配套物资。需备的抢险设备:注浆设备、喷浆设备、混凝土拌和及浇筑设备、钢筋连接及搭接设备、空压机等。

注意事项:

(1)由于坍塌后发生不确定性和拱顶坍塌后后果的多样性,出现坍塌后,在防止和减轻人员伤亡事故的同时,应先第一时间封闭掌子面和坍塌处,防止和减弱其继续坍塌。同时关注地面变化和地面监控措施。

(2)为防止次生灾害,回填一定要及时、密实。

2. 隧道塌方事故的控制及处理

(1)隧道发生塌方,应及时迅速处理。处理时必须详细观测塌方范围、形状、坍穴的地质

构造,查明塌方发生的原因和地下水活动情况,经认真分析,制订处理方案。

(2)处理塌方应先加固未坍塌地段,防止继续发展。并可按下列方法进行处理:

①小塌方,纵向延伸不长、坍穴不高,首先加固坍体两端洞身,并抓紧喷射混凝土或采用锚喷联合支护封闭坍穴顶部和侧部,再进行清渣。在确保安全的前提下,也可在坍渣上架设临时支架,稳定顶部,然后清渣。临时支架待灌筑衬砌混凝土达到要求强度后方可拆除。

②大塌方,坍穴高、坍渣数量大,坍渣体完全堵住洞身时,宜采取先护后挖的方法。在查清坍穴规模大小和穴顶位置后,可采用管棚法和注浆固结法稳固围岩体和渣体,待其基本稳定后,按先上部后下部的顺序清除渣体,采取短进尺、弱爆破、早封闭的原则挖坍体,并尽快完成衬砌。

③塌方冒顶,在清渣前应支护陷穴口,地层极差时,在陷穴口附近地面打设地表锚杆,洞内可采用管棚支护和钢架支撑。

④洞口塌方,一般易坍至地表,可采取暗洞明作的办法。

(3)处理塌方的同时,应加强防排水工作。塌方往往与地下水活动有关,治坍应先治水。防止地表水渗入坍体或地下,引截地下水防止渗入塌方地段,以免塌方扩大。具体措施:

①地表沉陷和裂缝,用不透水土壤夯填紧密,开挖截水沟,防止地表水渗入坍体。

②塌方通顶时,应在陷穴口地表四周挖沟排水,并设雨棚遮盖穴顶。陷穴口回填应高出地面并用黏土或圬工封口,做好排水。

③坍体内有地下水活动时,应用管槽引至排水沟排出。防止塌方扩大。

(4)塌方地段的衬砌,应视坍穴大小和地质情况予以加强。衬砌背后与坍穴洞孔周壁间必须紧密支撑。当坍穴较小时,可用浆砌片石或干砌片石将坍穴填满;当坍穴较大时,可先用浆砌片石回填一定厚度,其以上空间应采用钢支撑等顶住稳定围岩;特大坍穴应作特殊处理。

(5)采用新奥法施工的隧道或有条件的隧道,塌方后要加设量测点,增加量测频率,根据量测信息及时研究对策。浅埋隧道,要进行地表下沉测量。

三、"破碎带""节理裂隙"引发隧道突泥涌水应急及预防措施

1. 预防措施

(1)准备好足够的砂袋,一旦发生突发情况,立即用砂袋封堵。

(2)待封堵稳定后,喷射混凝土封闭掌子面进行全断面超前注浆,并对注浆效果进行检查,直至达到开挖要求方可继续施工。

(3)发生突泥后及时加强背后注浆,保证初支背后密实。

(4)准备足够的抽水设备及时排除涌水,如可能,第一时间切断水源补给来源,加强注浆堵水和加强围岩。

2. 注意事项

(1)涌水后应根据涌水原因、来源及水源制订应急措施,如涌泥,则应根据涌出物的性质

和大小制订应急措施。

(2)发生突泥涌水后,一半情况下隧道承受的荷载会变大,施工时应强化初期支护,加快封闭成环时间。

四、隧道初支失稳应急措施

1. 应急措施

(1)立即停止施工。

(2)紧急组织所有应急人员到位,根据指令快速调集足够的应急物质到场。

(3)采用木方或工字钢立即对初支进行加固,加固范围为失稳段两侧各延长一倍洞径。

(4)对于构成隧道永久结构的初支,根据其失稳破坏情况,在专家的指导下,采用锚杆补强、加密钢支撑或增加喷射混凝土厚度等综合处理措施。

(5)加固的同时,同步进行监控量测,根据检测结果指导加固施工。

(6)检测地面及管线和建筑物的变形情况。

(7)待加固完成并稳定后,方可继续施工。

2. 应急救援设备、物质配备

需备的抢险物质:方木、工字钢,其他同管线变形过大抢险物质。

需备的抢险设备:除运输设备、钢筋焊接和连接设备,其他同管线变形过大抢险设备。

3. 注意事项

(1)一旦发生失稳现象,立即补强临时支撑,清除洞内闲杂人员。

(2)抢险时应密切关注隧道结构、变形及地面和相关建筑物的情况。

(3)待稳定并永久初支可靠补强后,方可继续施工。

五、人员中毒应急措施

隧道内发现有人昏迷、疑似有毒气体或异味时,立即启动应急预案。

(1)硫化氢

紧急处理:吸氧、糖皮质激素。

(2)一氧化碳、甲烷

迅速将患者转移到新鲜空气处,松开中毒者领口、裤袋,使其呼吸不受阻碍。但也要注意保暖,以免发生肺炎,如中毒者失去知觉,可刺中、十宣等穴位,刺激其呼吸,醒后给其喝大量浓茶。如中毒者迅速昏迷、面色苍白、四肢冰凉、大汗淋漓、瞳孔缩小或放大、血压下降、呼吸浅而快、心跳过速、体温升高,可判断为重度中毒,立即做口对口人工呼吸,同时急送医院抢救。

此时隧道内严谨使用明火。

(3)氢氧化物

①急性中毒后迅速脱离现场至新鲜空气处,立即吸氧。对接触者观察 24 ~ 72h。

②一旦发生有毒气体中毒,应立即安排工作人员沿既有通道紧急疏散,同时将隧道内直流风机开启,做好通风工作。

③被抢险人员以就近医院救治为原则,同时送专科及特色医院。

④根据灾情制订现场紧急措施,立即在现场布置警戒线,并维持现场,做好人员疏散工作。

六、通过不良地质段隧道施工控制

(1)施工前应对设计所提供的工程地质和水文地质资料进行详细分析了解,细致地作施工调查,制订相应的施工方法和措施,备足有关机具材料,认真编制和实施施工组织设计,使工程达到安全、优质、高效的目的。反之,即便地质并非不良,也会因准备不足、施工方法不当或措施不力导致施工事故,延误施工进度。

(2)特殊地质地段隧道施工,以"先治水、短开挖、弱爆破、强支护、早衬砌、勤检查、稳步前进"为指导原则。隧道选择施工方法(包括开挖及支护)时,应以安全为前提,综合考虑隧道工程地质及水文地质条件、断面形式、尺寸、埋置深度、施工机械装备、工期和经济的可行性等因素而定。同时应考虑围岩变化时施工方法的适应性及其变更的可能性,以免造成工程失误和增加投资。

(3)爆破应严格按照钻爆设计进行施工,如遇地质变化应及时修改完善设计。

(4)隧道通过自稳时间短的软弱破碎岩体、断层破碎带以及大面积淋水或涌水地段时,为保证洞体稳定可采用超前锚杆、超前小钢管、管棚、地表预加固地层和围岩预注浆等辅助施工措施,对地层进行预加固、超前支护或止水。

(5)为掌握施工中围岩和支护的力学动态及稳定程度,以及确定施工工序,保证施工安全,应实现现场监控量测,充分利用监控量测指导施工。对软岩浅埋隧道须进行地表下沉观测,这对及时预报洞体稳定状态、修正施工都十分重要。

(6)特殊地质地段隧道,除大面积淋水地段、流沙地段,穿过未胶结松散地层和严寒地区的冻胀地层等,施工时应采取相应的措施外,均可采用锚喷支护施工。爆破后如开挖工作面有坍塌可能时,应在清除危石后及时喷射混凝土护面。如围岩自稳性很差,开挖难以成形,可沿设计开挖轮廓线预打设超前锚杆。锚喷支护后仍不能提供足够的支护能力时,应及早装设钢架支撑加强支护。

(7)当采用构件支撑作临时支护时,支撑要有足够的强度和刚度,能承受开挖后的围岩压力。围岩出现底部压力,产生底膨现象或可能产生沉陷时应加设底梁。当围岩极为松软破碎时,应采用先护后挖,暴露面应用支撑封闭严密。根据现场条件,可结合管棚或超前锚杆等支护,形成联合支撑。支撑作业应迅速、及时,以充分发挥构件支撑的作用。

(8)围岩压力过大,支撑受力下沉侵入衬砌设计断面,必须挑顶(即将隧道顶部提高)时,其处理方法是:拱部扩挖前发现顶部下沉,应先挑顶后扩挖。当扩挖后发现顶部下沉,应立好拱架和模板,先灌筑满足设计断面部分的拱圈,待混凝土达到所需强度并加强拱架支撑后,再行挑顶灌筑其余部分,挑顶作业宜先护后挖。

(9) 对于极松散的未固结围岩和自稳性极差的围岩,当采用先护后挖法仍不能开挖成形时,宜采用压注水泥砂浆或化学浆液的方法,以固结围岩,提高其自稳性。

(10) 特殊地质地段隧道衬砌,为防止围岩松弛,地压力作用在衬砌结构上,致使衬砌出现开裂、下沉等不良现象。因此,采用模筑衬砌施工时,除遵守隧道施工技术规范的有关规定施工外,还应注意:当拱脚、墙基松软时,灌筑混凝土前应采取措施加固基底。衬砌混凝土应采用高强度或早强水泥,提高混凝土等级,或采用掺速凝剂、早强剂等措施,提高衬砌的早期承载能力。仰拱施工,应在边墙完成后抓紧进行,或根据需要在初期支护完成后立即施作仰拱,使衬砌结构尽早封闭,构成环形改善受力状态,以确保衬砌结构的长期稳定坚固。

第八节 小结

本风险评估采用工程结构分解思想(WBS)开展此项工作,即将整个待评估的工程项目按照项目结构分解的方法进行分解,分解到每个子模块中足以能够具体分析所产生风险的程度。

根据现有的工程周边水文地质条件、周边建构筑物(含地下管线、道路、民房设施)、设计、施工等资料,进行风险辨识工作。采用 WBS-RBS 风险识别技术开展风险辨识工作,通过此步骤,辨识出工程项目中可能发生的所有重要安全风险事件,并予以初步分析和评价。

根据本工程特点对已识别的风险工程及风险事件进行风险评估,风险评估采用专家打分法,依次对风险事件、风险单元、风险工程进行打分,并依据《城市轨道交通地下工程建设风险管理规范》(GB 50652—2011)进行风险等级划分。进而列出本工程中的重大风险源。

而后根据每个重大风险提出相应的预防控制措施,这将为育王岭隧道工程土建施工中各类事故的发生起到一定的预防和控制作用。

在隧道建设工程的早期,识别设计和施工中的风险是一项重要的任务,也是风险弱化或消除的前提条件。风险源的识别与分析将使各参建方(如业主、设计、保险、施工、监理、第三方)形成一个共同的参照,并依据相应的风险管理规范,将风险事故发生概率及发生后造成的损失降低。

本章参考文献

[1] GB 50652—2011 城市轨道交通地下工程建设风险管理规范 [S]. 北京:中国建筑工业出版社,2012.

[2] 余建星.工程风险评估与控制[M].北京:中国建筑工业出版社,2009.
[3] 交通运输部工程质量监督局.公路桥梁和隧道工程施工安全风险评估制度及指南解析[M].北京:人民交通出版社,2011.
[4] 张喜刚,等.公路桥梁和隧道工程设计安全风险评估[M].北京:人民交通出版社,2010.
[5] 闫玉茹,黄宏伟,胡群芳,等.大连湾海底隧道钻爆法施工风险评估研究[J].岩石力学与工程学报,2007,26(增2):3616-3624.
[6] 王晶,谭跃虎,王鹏飞,等.地铁隧道施工过程中风险分析与控制[J].解放军理工大学学报,2009,10(4):379-383.
[7] 易震宇.公路山岭隧道(钻爆法)风险评估探讨[J].公路隧道,2011(4):26-34.
[8] 许振浩,李术才,李利平,等.基于层次分析法的岩溶隧道突水突泥风险评估[J].岩土力学,2011,32(6):1757-1766.
[9] 陈洁金,周峰,阳军生,等.山岭隧道塌方风险模糊层次分析[J].岩土力学,2009,30(8):2365-2370.
[10] 刘靖,艾智勇,苏辉.山岭隧道新奥法施工过程动态风险评估[J].同济大学学报,2012,40(8):1142-1146.
[11] 曹文贵,翟友成,张永杰.新奥法隧道施工风险非线性模糊评判方法[J].土木工程学报,2010,43(7):105-112.

第六章
超前地质预报

超前地质预报或隧道超前地质预报（Tunnel Geological redirection/Prospecting）是在隧道开挖时，对掌子面前方的围岩与地层情况做出超前预报。

超前地质预报是隧道施工中必不可少的环节，对隧道信息化施工、灾害防治和安全保障具有重要作用。为了更加有效地掌握隧道施工期间掌子面前方的地质情况，实现减少或杜绝施工期地质灾害、保障生产安全的目的，从20世纪70年代开始人们注重隧道施工过程中超前地质探测理论、技术研究及工程实践工作。超前导洞、超前钻探方法最先被用来勘探掌子面前方的地质情况，由于其经济和时间成本都很高，人们逐步研发了无损地球物理超前探测技术，包括地震发射类、电磁类、直流电法类等，并大量应用于工程实践[1-5]。

20世纪80年代，对掌子面附近地质条件的详细研究在德国取得一定成果，而澳大利亚则预报隧道施工前方的地层状况，法国主要研究在什么样的探测方法下加快隧道的掘进速度问题，日本主要研究开挖前方地质预报。20世纪90年代初，瑞士Amberg测量技术有限公司开发研制了TSP隧道地震预报系统预测即将开挖隧道施工前方的地质结构及其围岩地质状况，同时也可对其力学参数进行评估。经研究调查，我国在超前地质预报领域的研究最早始于20世纪50年代末的煤矿生产中，谷德振等教授最开始的研究是以分析矿巷开挖的施工进度对矿巷掌子面前方将遇到不良地质灾害体等引起的可能塌方事件，从20世纪70年代开始，我国全面开始了隧道施工期间的超前地质预报研究和应用工作。20世纪70年代初，我国开始进行探地雷达研制工作1987年我国从德国引进槽波地震勘探技术，1988年紧接着从日本引进了瑞雷波法，终于在1991年成功地研制出瞬态震源MRD-Ⅰ型瑞雷波探测仪。钟世航1992年提出的陆地声呐法（也叫高频地震反射法），其实质是垂直地震波反射法。最近这些年，以TSP为主的工程技术也引起了中国工程技术人员的重视和认同。1996年，我国的铁道部隧道工程局第一次引进TSP202仪器，随后，为了解决隧道超前地质预报和隧道地质监测这两个方向的工作需要，北京市水电物探研究所，通过多年的努力研发，终于开发出了TGP12多功能隧道超前地质预报与检测仪和与之相匹配的TGPWin软件处理系统[6,7]。

我国将于几十年内在铁路公路交通、水利水电、能源矿山、市政工程以及其他领域修建大量的隧道（洞）工程。据预测，2008—2020年，仅铁路领域新建隧道将达到10000km，我国已成为世界上隧道修建规模和难度最大的国家。随着隧道建设科技的进步和规划建设重点的转移，今后我国隧道工程建设的主要技术挑战和趋势体现在3个方面：①隧道建设重点向地形地质条件复杂的西部山区和岩溶地区转移，深长隧道工程大量涌现，如已经开工的成兰铁路，隧线比近50%，单洞超过10km隧道13座，最长隧道28.4km，最大埋深1900m；②由于跨区域交通的需求，东部地区正在建设或者规划一批跨海隧道或越江隧道工程，如已经建成的厦门翔安海底隧道、青岛胶州湾海底隧道,正在规划的烟台—大连跨海隧道等;③相对于钻爆法施工,国际上公认隧道掘进机(TBM)施工方法具有"掘进速度快、施工扰动小、成洞质量高、综合经济社会效益高"等显著优势,随着钻爆法人力成本的快速增加,未来我国将越来越多地采用掘进机施工方法。据不完全统计,未来我国可用掘进机开挖的隧道超过6000km,掘进机的需求量超过200台[8]。

对隧道施工超前地质预报的发展趋势及其中的关键问题进行预测,认为以下4个方向是今后研究的重点和趋势:①隧道施工定量化超前预报理论与技术的发展深化;②TBM施工隧道超前地质预报技术与装备;③钻孔精细超前探测理论与技术;④实时超前地质预报与施工灾害监测技术[9-11]。

第一节 超前地质预报的目的与内容

一、超前地质预报目的

隧道建设中对工程地质条件的认知和掌握程度是确保快速、安全修建的决定性因素之一。开挖前对地质情况的了解,对于隧道建设有着十分重要的作用。由于隧道工程地质条件异常复杂,实施超前地质预报可以有效地保证隧道施工安全,减少由于揭露接触带、破碎带及断层带岩体产生大量突泥、涌水而带来的损失。通过超前预报,及时发现异常情况,预报掌子面前方不良地质体的位置、产状及其围岩结构的完整性与含水的可能性,为正确选择开挖断面、支护设计参数和优化施工方案提供依据,并为预防隧道洞内涌水、突泥、突气等可能形成的灾害性事故及时提供信息,提前做好施工准备,保证施工安全,同时还可节约大量资金。所以隧道超前预报对于安全科学施工、提高施工效率、缩短施工周期、避免事故损失、节约投资等具有重大的社会效益和经济效益。开展施工地质超前预测预报工作,以制订有效施工方案,确定合适施工工艺,并开展必要的监测工作。

对育王岭隧道存在的基岩断裂构造或岩石破碎带、节理裂隙密集带,局部水量较丰富,施工中必须进行超前地质预报,进一步查清隧道开挖工作面前方的工程地质与水文地质条件以减少或避免因突泥、涌水而造成人员及设备损伤,降低地质灾害发生的概率和危害程度,同时为制订施工措施提供必要的参数,指导工程施工的顺利进行。TSP地质超前预报系统用于预报掌子面前方0～120m范围内及周围临近区域地质状况,预测掌子面前方围岩的类别;主要是对地质结构面、地质构造及地下水的预报,包括地层岩性界面、构造破碎带、富水带、岩溶发育带等不良地质体,判断不良地质体的位置及规模,推测地下水的大致富水程度。

因此,超前地质预报应达到的目的可以归纳为以下几个方面:

(1)进一步查清隧道开挖工作面前方的工程地质和水文地质条件,指导工程施工的顺利进行。

(2)降低地质灾害发生的概率和危害程度。

(3)为优化工程设计提供地质依据。

(4)为编制竣工文件提供地质资料。

二、超前地质预报内容

隧洞施工超前地质预报的内容一般包括:

(1)不良地质预报及灾害地质预报:预报掌子面前方一定范围内有无突水、突泥、岩爆及有害气体等,并查明其范围、规模、性质,提出施工措施或建议。

(2)水文地质预报:预报洞内突涌水量的大小及其变化规律,并评价其对环境地质、水文地质的影响。

(3)断层及其破碎带的预报:预报断层的位置、宽度、产状、性质、充填物的状态,是否为充水断层,并判断其稳定程度,提出施工对策。

(4)围岩类别及其稳定性预报:预报掌子面前方的围岩类别与设计是否吻合,并判断其稳定性,随时提供修改设计、调整支护类型、确定二次衬砌时间的建议等。

(5)预测隧洞内有害气体含量、成分及动态变化。

三、育王岭隧道的地质超前预报

根据勘察单位提供的育王岭隧道地质纵断面,育王岭隧道多处存在基岩断裂构造或岩石破碎带、节理裂隙密集带,局部水量丰富,施工中必须进行地质超前预报,以减少或避免因突泥、涌水、坍塌等突发事故造成人员设备损伤,同时为制订施工措施提供必要的参数,如地下水压力、水量等。做好超前地质预报可以节约大量资金。有了准确的超前地质预报,就可以采取针对性的相对准确的安全措施,可以减少很多不必要的安全投入,以节约资金。

按照合同文件的要求,育王岭隧道的地质超前预报手段包括 TSP、探地雷达和红外探水三种,本章将详细介绍超前地质预报的各种方法。根据育王岭隧道地质勘察报告,提出了育王岭隧道超前地质预报的计划,详见表 6-1。

对全洞段实施超前预报工作,其探测频次和任务为:TSP 每掘进 100m 探测一次;探地雷达每掘进 20m 探测一次,对发出警报、紧急警报洞段或围岩完整程度较差洞段,适当加密预报频次;红外线探水和探地雷达预报同步进行。

在施工掌子面及侧壁进行探地雷达探测,探测掌子面前方及侧壁 0~20m 深度范围内的地层岩性界面、较大节理与构造、富水带、溶蚀通道及地下水等,确定其位置、规模及大致产状,推测其性质。

育王岭隧道超前预报计划　　　　　表6-1

超前地质预报手段		预报内容	预报频率
短距离超前预报	地质素描	对开挖面围岩类别、岩性、围岩风化变质情况、产状、新层分布和形态、地下水等情况进行观察和测定后，绘制地质素描图，通过对洞内地质特征变化分析来推测开挖面前方的地质情况	每次开挖后进行
	超前炮孔	每次掘进开挖钻孔时，拱顶部位设置5～7个超长炮孔，短距离探测掌子面的地址及含水状况	每次掘进开挖钻孔时进行
中长距离超前预报	TSP技术	破碎带、裂隙发育带、软弱围岩等	每隔100m探测一次
	地质雷达周边探测	重点进行隧道周边的地质体探测，查找隧道周边的地质破碎带、裂隙密集带以及地下不良地质体，防止开挖通过后，隧道顶板、底板及侧壁出现灾害性的突水突泥	每隔30m探测一次
	水平超前钻孔	施工中将超前钻孔作为主要的探测手段，用于验证超前地质预报的精度，并直接探明涌水压力及其含量。水平超长钻孔按隧道全长进行探测，孔径108mm	每次钻孔200m，必要时进行取芯分析
	红外线探水	根据围岩红外辐射场强度变化值来确定掌子面前方或四周隐伏的含水体	每隔30m探测一次

在掌子面进行红外线地下水探测，可辅助探测掌子面前方0～20m范围内地下水的大致富水程度，推测地下水对隧道掘进施工的潜在危害程度。

据地质勘查报告，育王岭隧道围岩级别为Ⅱ～Ⅴ级，其中Ⅳ级和Ⅴ级围岩长度为615m，占隧道总长度的44%，是超前预报的重点，需增加预报频次，其分布里程见表6-2。

育王岭隧道Ⅳ级、Ⅴ级围岩分布表　　　　　表6-2

序　号	起止里程	围岩级别	主要断层及节理
1	K30+730～K30+765	Ⅴ	
2	K30+995～K31+015	Ⅳ	J1
3	K31+205～K31+265	Ⅳ	F2、J3
4	K31+495～K31+520	Ⅳ	
5	K31+625～K31+930	Ⅳ	J4、J5
6	K31+965～K33+075	Ⅳ	F8、F7
7	K32+075～K33+110	Ⅴ	F7

从2013年4月开始掘进至2014年10月隧道上断面贯通施工期间，项目部实时掌握施工信息，按照超前预报实施方案的规定跟随掘进进度进行超前预报工作，顺利完成探测任务，工作量统计见表6-3。

育王岭隧道超前预报工作量统计表　　　　　　　表 6-3

序号	预报方法	报告编号	探测日期	预报次数
1	TSP	YWLSD-TSP-001～YWLSD-TSP-004 期	2013.9.29～2014.8.13	4
2	探地雷达	YWLSD-RADAR-001～YWLSD-RADAR-041 期	2013.4.7～2014.9.22	41
3	红外探水	YWLSD-INFRARED-001～YWLSD-INFRARED-015 期	2013.9.12～2014.9.23	15

第二节　超前预报方法

一、超前预报的分类

1. 按预报的作用划分

（1）常规预报：是勘测设计阶段地质工作的继续，也是隧洞施工的一个作业过程。其目的是结合施工进程，收集地质资料，判断围岩类别，了解掌子面前方短距离内的工程地质条件，为正确选择断面大小、衬砌类型、施工方法和支护设计或修改施工设计等提供依据，其成果可作为隧洞竣工后维修养护参考。该预报是短距离预报的主要任务，目前已有比较成熟的经验。多以地质素描为主，配合简单的物探测试了解掌子面前方地质条件。常规预报应以施工单位为主，作定量预报，并结合施工进行，预报时尽量不占或少占施工作业时间。

（2）成灾预报：隧洞施工中的地质灾害，是指隧洞施工过程中因前方地质条件的突然变化，导致施工失去控制的非常事件。该事件可引起人员伤亡、机械设备失效并严重破坏，甚至被迫长时间停工，致使工程部门蒙受重大的经济损失。隧洞地质灾害主要有大规模塌方、涌水、涌泥、涌石、岩爆、瓦斯等。成灾预报是对可能的灾害性地质条件进行预报，以指导隧洞施工中的防灾和减灾工作。该预报是中、长距离预报的主要任务，是为隧洞施工战略决策服务的。对可能成灾的地质条件，应从设计和施工方法上考虑特殊对策，否则可按常规预报进行。成灾预报应由设计、科研、施工单位组成专家小组，采用地质、物探综合分析法进行定性和定量预报，并视工作需要占用部分施工作业时间。

（3）专门预报：对特殊地质问题进行预报，如膨胀岩、侵蚀性地下水、高地温、岩溶等。这些特殊地质条件，常常使施工陷入困境或破坏隧洞衬砌，如果处理不及时或处理失当，甚至可能酿成大的地质灾害。可见，专门预报也是隧洞施工预报的重要内容之一。该预报应由设计、科研和施工部门组成专门小组，采用综合手段作定性和定量预报。

2. 按距掌子面的距离划分

隧洞施工超前预报距离与隧洞施工速度和工程实际需要密切相关。结合我国隧洞开挖

技术水平和快速施工要求,按掌子面前方距离可分为三类:

(1)短距离预报:0～15m。就我国目前快速施工的水平,一般采用钻爆与TBM相结合的方法。一个循环进尺2～3m,两个循环是4～6m,三个循环是6～9m。实践表明,预报三个循环的前方地质条件,即能满足安全施工要求。根据我国目前的探测技术,要预报掌子面前方15m范围内的地质条件并不困难,且测试基本可与施工同步进行。对成灾预报而言,短距离预报相当于临灾预报或防灾处理阶段。

(2)中距离预报:15～50m。对于防灾预报来说,只有15m范围内的临灾预报是不够的。发现有可能成灾的地质条件,马上要准备处理,时间显然太紧张。比较理想的是至少应有30m的距离。因此,进行范围超过15m的中距离预报是隧洞施工所必需的。另外,从目前已有的预报实践来看,用物探方法在开挖面上进行20～40m的超前探测已十分有效,说明物探方法在中、长距离预报中是有潜力的。

(3)长距离预报:50m以上为长距离预报。

3. 按采用的手段划分

(1)经验预报:在以往工程经验的基础上,凭感觉就能进行的预报。它对临灾预报有特殊意义,如凿孔过程中发现有岩粉异常喷出,可能遇到了瓦斯或有害气体;听到岩石劈裂声且随后出现岩块弹射现象,可能是岩爆;凿孔异常喷水可能是大量涌水的先兆;隧洞塌方也有先兆等。直接预报法或地质分析法的预报效果与从事预报人员的经验丰富程度密切相关。

(2)采用仪器预报:预报目的不同,方法各异,所用仪器也是多种多样的。如地质分析法只需罗盘、地质锤、放大镜、稀盐酸和皮尺等;水平钻孔法需用大型水平钻机;物探方法需各种物探仪器等。

(3)综合预报:地质体是复杂的综合体。企图用单一方法查明隧洞的全部地质条件是不可能的,因此应采用综合预报方法。根据地质条件的差异和不同精度要求,适时选用若干种方法相互补充和印证,才能获得良好效果。

4. 按精度划分

(1)定量预报:"定量"是对前方地质体具体位置、规模、设计参数变化等给出量的概念;对灾害性地质条件,除明确灾害性质外,还应明确可能成灾的位置、规模和影响范围等。当然对量的精度要求也是相对的,如短距离预报精度要求最高;中距离预报精度要求次之;长距离预报则以定性为主,强调战略上的指导作用。

(2)定性预报:定性是相对定量而言。定性一定要准,具体位置的精度可不作严格规定。

二、超前预报方法

超前预报方法主要包括:直接预报法、地质分析法、物探法、地质物探综合分析法。

1. 直接预报法

(1)水平钻孔

在隧洞内安放水平钻机进行水平钻进,根据钻孔资料来推断隧洞前方的地质情况。钻孔数量、角度及钻孔深度可人为设计和控制。由钻进速度的变化、钻孔取芯鉴定、钻孔冲洗液颜色、气味、岩粉及遇到的其他情况来预报。此法可以反映岩体的大概情况，比较直观，施工人员可根据实际地质情况进行下一步施工组织。

水平钻孔主要布置在开挖面及其附近，既可在超前导洞内布置钻孔，也可在主洞工作面上进行钻探，用以获得准确可靠的地质资料，确保施工组织。该法可获得工作面前方一定距离的岩芯，也可由钻孔出水情况判断前方有无地下水和前方何处有地下水，从而可以得到开挖面前方的地质情况。该法是施工预报最有效方法之一，但也存在不足之处：一是对垂直隧洞轴线的地质结构面预报效果较好，与隧洞轴线平行的结构面预报较差；二是需占用较长的施工作业时间，费用较高。

（2）超前导坑

按导坑与正洞的相互位置分为平行导坑和正洞导坑。其中，平行导坑与正洞平行，断面小且和正洞之间有一定距离，通过对导坑开挖中遇到的构造、结构面或地下水等情况作地质记录与分析，进而对正洞地质条件进行预报。该法的优点是：预报成果比较直观、精度高、预报的距离长、便于施工人员安排施工计划和调整施工方案，还可以起到减压放水、改善通风条件和探明地质构造条件的作用，同时，还可用作排除地下水、断层注浆处理、扩建成第二条隧洞之用。正洞导坑布置在正洞中，是正洞的一部分，其作用与平行导坑相比，效果更好。超前导坑的缺陷为：一是成本太高，有时需要全洞进行平导开挖；二是施工工期较长。

2. 地质分析法

（1）断层参数预测法

利用断层影响带的特殊节理或集中带的分布规律，通过对断层影响带的系统编录所得经验公式，来预报隧洞断层破碎带的位置和规模。由于大多数不良地质现象与断层破碎带有密切的关系，故依据断层破碎带推断其他不良地质体的位置和规模。

（2）地质体投射法

在地表准确鉴别不良地质体的性质、位置、规模和岩体质量及精确测定不良地质体产状的基础上，应用地质界面和地质体透射公式进行预报。

（3）正洞地质编录与预报

隧洞施工中，及时对其开挖面（掌子面、边墙面和拱顶面）上的各种地质现象进行测绘和记录，利用已挖洞段地质情况来预报前方可能出现的不良地质现象。它分为：

①岩层岩性和层位预测法：在开挖面揭露岩层与地表某段岩层为同层和确认标志层的前提下，用地表岩层的层序预测掌子面前方将要出现的岩层。

②地质体延伸预测法：在长期预报得出不良地质体厚度的基础上，依据开挖面不良地质体的产状和单壁始见位置，经过一系列的三角函数运算，求得条带状不良地质体在隧洞掌子面前方消失的距离。

该法是对开挖面地质情况如实而准确的反映。其主要内容包括地层岩性、构造和节理裂隙发育情况、地下水状态、围岩稳定性及初期支护采用方法等。其优点是占用施工时间很短，设备简单，不干扰施工，成果快速，预报效果较好，而且为整个隧洞提供了完整的地质资料；缺点是与隧洞夹角较大而又向前倾的结构面容易产生漏报。

3. 物探法

1）弹性波法

（1）TSP超前预报技术

TSP（Tunnel Seismic Prediction）超前预报系统是利用地震波在不均匀地质体中产生的反射波特性来预报隧洞掌子面前方及周围临近区域的地质情况。该法属多波多分量探测技术，可以检测出掌子面前方岩性的变化，如不规则体、不连续面、断层和破碎带等。它可以在钻爆法或TBM开挖的隧洞中使用，而不必接近掌子面。数据采集时在隧洞一边侧墙等间隔钻制20余个炮孔，而在两侧壁钻取2个检波器孔，使检波器置入套管中，依次激发各炮，从掌子面前方任一波阻抗差异界面反射的信号及直达波信号将被2个三分量检波器接收，该过程所需时间约1h。然后利用TSPwin软件处理可得P波和S波波场分布规律，其分析过程为：数据调整→带通滤波→首波拾取→拾取处理→炮能量平衡→直达波损耗系数Q估算→反射波提取→P波、S波分离→速度分析→纵向深度位置搜索→反射界面提取等，最终显示掌子面前方与隧道轴线相交的反射同相轴及其地质解译的二维或三维成果图。由相应密度值，可算出预报区内岩体物理力学参数，进而可划分该区围岩工程类别。实践表明该法有效预报距离100～200m。

通过分析反射波速度，即可进行时深转换，由隧洞轴的交角及洞面的距离来确定反射层所对应界面的空间位置和规模，再结合P波和S波的动力学特征，遵循以下原则来推断地质体的性质：

①正反射振幅表明进入硬岩层，负反射振幅表明进入软岩层；

②若S波反射较P波强，则表明岩层饱水；

③V_p/V_s增大或泊松比突然增大，常常由于流体的存在而引起；

④若V_p下降，则表明裂隙或孔隙度增加。

TSP超前预报技术作为一种比较先进的探测手段，已在我国水利、水电、铁路、公路、煤炭等系统的各类隧洞或地下洞室工程中得到应用，如宜万铁路野三关隧洞、辽宁大伙房水库引水隧洞、云南元磨高速公路的大风垭口和布垅箐隧洞等工程。它具有预报距离相对较长、精度较高、提交资料及时、经济等优点，尤其与隧洞轴线或呈大角度相交的面状软弱带，如断层、破碎带、软弱夹层、地下洞穴（含溶洞）以及地层的分界面等效果较好。而对不规则形态的地质缺陷或与隧洞轴线平行的不良地质体，如几何形状为圆柱体或圆锥体的溶洞、暗河及含水情况探测有一定的局限性。

（2）地震负视速度法

它是将地震勘探中VSP法应用于近水平的隧洞中，也是利用地震反射波特征来预报隧洞开挖面附近围岩的地质情况。在侧壁的一定范围内布置激震点进行激发，其震动信号在隧洞围岩内传播，当岩层波阻抗发生变化时，地震波信号将部分返回。反射界面与测线直立正交时，所接收的反射波与直达波在记录图像呈负视速度，其延长线与直达波延长线的交点即为反射界面的位置，纵、横波共同分析还可了解反射界面两侧岩性及软硬程度的变化。该法具有明显的方向特征,可有效区分掌子面前方反射信号与周围干扰信息,提高了识别物性界面的精确度,能对其进行较为准确的定位,预报距离可达 100m 以上。

观测时在已开挖洞段的侧壁或底部布设,距掌子面一定距离布设一激震点和一系列接收点,采用多炮共道或多道共炮。当偏重于运动学特征参数的应用时,共炮与共道两种记录方式可任意选用;当要求测试设备简化与强调接受条件一致性时,宜采用多炮共道式;当强调动力学参数的对比利用时,则宜选用多道共炮方式。为获取"负视速度",震源应在预报目的体的远端,接收点间距采用小道间距,多道接收。根据需要与设备条件,可采用单分量、三分量或组合检波器。

负视速度法的原理与 TSP 法基本相同,只是数据处理软件的开发尚难赶上 TSP 法。此法在实施预报时不占用开挖工作面,对施工干扰相对较小,在铁路隧洞工程中是常用的预报方法之一,如在渝怀铁路圆梁山隧道正洞、平导和迂回导坑以及朔黄铁路长梁山隧洞施工中,均采用了负视速度法,取得了较好的预报效果。

(3)TST 超前预报技术

TST(Tunnel Seismic Tomography)超前预报系统是通过可视化地震反射成像技术预报隧洞掌子面前方 150～200m 范围内的地质情况,可准确预报断裂带、破碎带、岩溶发育带以及岩体工程类别变化等地质对象的位置、规模和性质。该法数据采集用多道高精度地震仪,处理软件为逆散射合成孔径成像系统。它充分运用地震反射波、散射波的运动学和动力学特征,具有方向滤波、岩体波速扫描、地质构造方向扫描、速度偏移成像、吸收系数成像、走时反演成像等多种功能,从岩体的力学性质、岩体完整性等多方面对地质情况进行综合预报。

测试时可在隧洞内掌子面、两侧、上顶和下底面,也可在隧洞外山顶布置。洞内观测时检波器埋入岩体 1.5～2m,以避免声波和面波干扰。可采用爆炸或可控震源激发地震波。

TST 软件包括地震数据预处理、方向滤波、偏移成像、速度扫描四大模块。预处理功能包括:①噪声和干扰切除;②滤波和面波清除;③小波分析与信号加强;④地震波能量吸收谱分析;⑤地震波走时拾取。偏移成像功能包括:①速度扫描分析与岩体工程类别判别;②方向扫描与构造产状分析;③地质界面速度偏移成像;④岩体完整性吸收偏移成像;⑤地震波走时地质界面反演成像;⑥断裂与破碎带智能识别;

该技术在国内外公路隧道、铁路隧道、TBM 引水隧洞等广泛应用,取得了良好的效果。尤其在云南、贵州等岩溶分布区应用取得了非常好的效果,所得成果为:①岩溶、采空区等孤立地质体的界定;②结合速度扫描和偏移成像判断地质灾害;③推进了散射合成孔径成像技术的发展;

(4)水平声波剖面法(HSP)

它利用孔间地震剖面法(ABSP)的原理及相应软件开发的一种超前预报方法。其原理是向岩体中辐射一定频率的高频地震波,当地震波遇到波阻抗分界面时,将发生折射、反射,频谱特征也将发生变化,通过探测反射信号(接收频率为声波频段的地震波),求得其传播特征后,便可了解工作面前方的岩体特征。震源和检波器的布置除离开开挖面对施工干扰较小外，还因反射波位于直达波、面波延续相位之外而不受干扰，因此记录清晰、信噪比高、反射波同相轴明显。

观测时在隧洞的两个侧壁分别布设震源和检波器，按其相对位置设计成两种观测方式，即固定激发点（或接收点）和激发与接收点相错斜交方式。震源在预报目的体的远端，接收点间距采用小道间距，多道接收，构成"水平声波剖面"。利用时差和频差与地质相结合的方法确定反射面的空间方位并"投影"到该剖面上，从而确定反射面的空间位置及性质。其特点是各检测点所接收的反射波路径相等，反射波组合形态与反射界面形态相同，图像直观，同时观测时也不影响掌子面的掘进。

该法已在工程中得到应用，如渝怀铁路的圆梁山隧洞、千溪沟隧洞等，均取得了较好效果。该法数据采集单元和现场实测过程进行了较大的改进，可以在开敞式TBM法施工的隧洞中掘进机不停的情况下进行测试，因而具有较大的优越性，但尚处于研制和初步应用阶段，例如在辽宁大伙房引水工程TBM2隧洞中进行试验。

（5）TRT真地震反射成像技术

TRT（True Reflection Tomography）真地震反射成像法是利用岩体中不均匀面的反射地震波进行超前探测，它是美国NSA工程公司开发的新方法，国外已实际应用。该法在观测方式和资料处理方法上与TSP法及负视速度法均有很大不同，它采用空间多点激发和接收的观测方式，其检波点和激发点呈空间分布，以便充分获得空间场波信息，从而使前方不良地质现象的定位精度大大提高；它的数据处理关键技术是速度扫描和偏移成像，不需要走时，因此，对岩体中反射界面位置的确定、岩体波速和工程类别的划分都有较高的精度，而且还具有较大的探测距离，应该说较TSP法有较大的改进。由实际应用知，TRT法在结晶岩体中的探测距离可达$100 \sim 150m$，在软弱的土层和破碎的岩体中尚可预报$60 \sim 100m$。该法成功应用的例子很多，较典型的是奥地利的通过阿尔卑斯山的铁路双线隧洞施工中进行了全程的超前预报。由于多种因素，目前国内尚未引进该技术。

（6）陆地声呐法

陆地声呐法是"陆上极小偏移距高频弹性波反射连续剖面法"的简称，可在狭小的场地和基岩裸露的条件下，探查中小溶洞、中小断层（断裂）等地质施工隐患。它是弹性波反射法中的一个新品种，于1991年实现并推出，经20多年发展，在隧道施工超前地质预报和地面浅层高分辨率勘查、工程质量检测等方面的使用中表现了它的优点与特长。它应用地震反射法的原理，吸收了探地雷达、水声法的一些元素；为解决它的一些关键性的问题，又采用了其他领域的技术，例如计算技术、测震领域的技术等，使它逐渐丰满成熟。它是中国地球物理勘探界具有原创性发明的有自主知识产权的新技术之一。施测时采用极小偏移距地震波激发—接收系统，进行单点测量或在激震点两侧对称位置上各设一检波器，一次激发两道接收。然后将各测点的时间曲线拼成时间剖面，根据同相轴和频谱解释圈定断层、大节理、岩层分界面、岩脉、涌水层、溶洞等不良地质体。陆地声呐法能够无畸变地接收$10 \sim 4000Hz$的弹性波信号。由于可采集很宽频率的反射信号，故可以用分窗口带通滤波的方法处理资料，分别提取不同频谱的信息，以突出不同规模的探查对象的反射图像；能够对隧道掌子面前方

150m远的范围进行精细物探,可给出探查范围内的中小溶洞、中小断层(断裂)、交叉断层及倾角、倾向;该法具有分辨率高、可避开许多干扰波、反射波能量高、探查岩溶和洞穴效果好、图像简单易辨等优点。在外业工作时,不打孔,不放炮,可以在隧道施工工序间隔工作,不影响隧道施工,且速度快,工作效率高。

此法已在110余个工程中成功应用。同时它通过了中国岩石力学与工程学会的技术鉴定,陆地声呐法已被纳入国家行业标准三部。2012年荣获中国岩石力学与工程学会科学技术发明奖一等奖。2014年荣获北京市科学技术二等奖。

(7)面波法

分为稳态法和瞬态法。稳态法在掌子面上放置一个激振器,用计算机控制激振器使其产生各种不同波长的波面,用两个拾振器同时接到不同方向的震动波,由计算机算出每一种波长的面波传播速度,根据面波的勘测深度等于波长的二分之一的原理,即可得到一组不同深度的面波平均速度的分布规律,不同介质面波的传播速度不同。从不同面波速度分布图,就可以反映出地质构造的不同界面,如断层、地下水等特性变化。瞬态法由于排列长度的关系未见实际应用的报道。

此法需要的场地较小,适合在地下洞室开挖面上工作,探测深度也能满足施工预报的要求,对资料的分析判断可在现场进行,操作简便。其已在南岭隧洞中应用,可以很清楚地发现距工作面几米处的断层破碎带。但该法在开挖面上能探测多远的距离,尚需进一步实验研究。

2)地质雷达技术

利用高频电磁波以宽频带短脉冲的形式,由掌子面通过发射天线向前发射,当遇到异常地质体或介质分界面时发生反射并返回,被接收天线接收,并由主机记录下来,形成雷达剖面图。由于电磁波在介质中传播时,其路径、电磁波场强度以及波形将随所通过介质的电磁特性及其几何形态而发生变化。因此,根据接收到的电磁波特征,既波的旅行时间、幅度、频率和波形等,通过雷达图像的处理和分析,可确定掌子面前方界面或目标体的空间位置或结构特征。当前方岩体完整的情况下,可以预报30m的距离;当岩石不完整或存在构造的条件下,预报距离变小,甚至小于10m。雷达探测的效果主要取决于不同介质的电性差异,即介电常数,若介质之间的介电常数差异大,则探测效果就好。由于该法对空洞、水体等的反映较灵敏,因而在岩溶地区用得较普遍。缺点是洞内测试时,由于受干扰因素较多,往往造成假的异常,形成误判。此外它预报的距离有限,一般不超过30m,且要占用掌子面的工作时间。

应用地质雷达进行超前预报,在钻爆法施工的隧洞中使用相对较多,如太平驿水电站引水隧洞、海南高速公路东线大茅隧洞等工程中应用,均取得了较好的效果。由于探测时需要占用掌子面的工作时间,故在掌子面上测试时需要停机进行,因而TBM法施工的隧洞中应用时需作特殊研究解决。

3)红外探水法

由于所有物体都发射出不可见的红外线能量,该能量大小与物体的发射率成正比。而发射率的大小取决于物体的物质和它的表面状况。当掌子面前方及周边介质单一时,所测得的红外场为正常场,当存在隐伏含水构造或有水时,它们所产生的场强要叠加到正常场上,从而使正常场产生畸变。据此判断掌子面前方一定范围内有无含水构造。

现场测试有两种方法:一是在掌子面上,分上、中、下及左、中、右6条测线的交点测取9个数据,根据这9个数据之间的最大差值来判断是否有水;二是在已挖洞段按左边墙、拱部、右边墙的顺序进行测试,每5m或3m测取一组数据,共测取50m或30m,并绘制相应的红外辐射曲线,根据曲线的趋势判断前方有无含水。

掌子面上9个数据的最大差值大于$10\mu w/cm^2$,就可以判定有水;红外辐射曲线上升或下降均可以判定有水,其他情况判定无水。红外探测的特点是可以实现对隧洞全空间、全方位的探测,仪器操作简单,能预测到隧洞外围空间及掘进前方30m范围内是否存在隐伏水体或含水构造,而且可利用施工间歇期测试,基本不占用施工时间。但这种方法只能确定有无水,至于水量大小、赋水形态、具体位置,没有定量解释。

4)BEAM法

BEAM（Bore-Tunneling Electrical Ahead Monitoring）是当前国际上唯一的一种电法超前预报方法,是由德国 GEOHYDRAULIC DATA 公司推出的产品。它是一种聚焦电流频率域的激发极化方法,其最大特点是通过外围的环状电极发射一个屏障电流和在内部发射一个测量电流,以便电流聚焦进入要探测的岩体中,通过得到一个与岩体中孔隙有关的电能储存能力的参数 PFE（Percentage frequency effect）的变化,预报前方岩体的完整性和含水性;它的另一个特点是所有的装置都安装在盾构挖掘机的刀头（测量电极）和外侧钢环（屏蔽电流）上,也可装在钻爆法施工钻头的前方（测量电极）及两侧钢架（屏蔽电流）上,随着隧洞掘进,连续不断获得成果,并适时处理得出掌子面前方的 PFE 曲线。由此预报前方岩体的性状及含水情况。这种仪器在欧洲许多国家都已得到应用,但在我国尚未引进。

4. 地质物探综合分析法

要推动隧洞超前预报水平,提高预报准确度,就必须将地质调查方法与多种物探方法有机结合起来,对地质物探资料进行系统处理和综合分析。其工作方法和主要内容为:

(1) 收集、熟悉地质资料:了解工程区内宏观的地质环境、大型构造形迹的发育分布规律以及工程围岩所处的具体构造部位、岩体的结构特征、节理裂隙发育程度、岩体完整性、岩石（体）强度、地下水状态等;掌握全隧洞的地质背景,指出存在的不良地质问题和地段,还要知道各段围岩的稳定程度,可能发生地质灾害的位置、规模、性质和防治措施,目的在于保证隧洞施工设计、施工方法和措施能顺应地质情况的变化适时做出调整和修改。

(2) 施工地质编录:对已开挖洞段地质状态作详细真实的描述,可作为超前预报的依据,该内容包括岩性、岩石坚硬程度及完整情况、断层及破碎带、节理裂隙、地下水状态、不良地质现象等作编录。

(3) 围岩特性测试:根据工程需要,对岩石物理力学特性进行补充测试,如岩石点荷载强度、岩石回弹值、岩体弹性模量、软弱面剪切强度等,有时还应进行初始地应力和二次应力场的测试等。上述数据是预报围岩稳定性的重要参数。

（4）地球物理探测：根据岩体不同物理性质量测一定距离以内的物理力学参数的变化，据此判断出隧洞工作面前方的地质情况。采用多种物探仪器进行超前探测，常用的物探方法有地震反射、声波反射、地质雷达、TSP203 隧道超前地质预报系统等技术。

（5）地质物探综合分析：组成以地质工程师为主物探及相关工程技术人员的施工地质组，对上述地质和物理探测资料进行整理和综合分析，最后做出施工面前方不良地质问题的预测预报。

以上较为详细地介绍了当前我国隧洞施工超前预报的现状及其探测技术。实施超前预报应首先收集和熟悉已有资料，提出预报探测的计划和重点；然后配合施工进程，开展地表补充调查和洞内地质素描，以施工地质调查资料为依据，演绎隧洞内需要超前探测段的地质理想模型；接着选择一种以上对施工干扰少、探测时间短的有望达到预报目标的物探技术，开展室内和现场实测；最后组成地质、物探及相关工程专业人员的分析组，对地质和物探资料进行系统处理和综合分析，提出预报意见。

为提高超前预报精度，有必要对现有技术方法进行改进，尤其是观测方法应全方位进行，以获得三维空间围岩性态，提高定位精度。资料处理应建立不同地质界面的特征识别模式，提高判别准确性。

目前国内正在进行大规模的水利水电、铁路和公路工程建设，需要修建大量的隧洞和洞室，而投入合理的超前预报技术将对减少和消除地下工程的灾害发挥巨大作用。

由于隧洞工程超前预报工作目前尚有许多不成熟之处，因此需在实践过程中不断总结和提高。针对不同的工程地质条件和水文地质条件下存在的安全隐患不同，选择不同的超前预报方法。

三、育王岭隧道超前地质预报的方法选择

在育王岭隧道工程超前预报方法选择的过程中，充分地考虑了育王岭隧道工程的水文地质条件，针对以上工程地质条件和水文地质条件下施工中存在的安全隐患，必须对各种超前预报方法进行比选，才能取得较好的探测效果。本次育王岭隧道施工过程中所采用的超前预报方法有 TSP、探地雷达、红外探水等，三种测试手段探测对象侧重点不同，预报范围不同，对不良地质体的空间定位精度也不同。

（1）TSP 方法。TSP：中长距离预报，空间定位误差相对较大；预测掌子面前方围岩的级别，主要是对地质结构面、地质构造及地下水的预报，包括地层岩性界面、构造破碎带、富水带、岩溶发育带等不良地质体，判断不良地质体的位置及规模，推测地下水的大致富水程度。

（2）探地雷达法。探地雷达：探测掌子面前方及侧壁 0～20m 深度范围内的地层岩性界面、较大节理与构造、富水带、溶蚀通道及地下水等，确定其位置、规模及大致产状，推测其性质，对不良地质体的定位精度可达到 1m。

（3）红外线探水法。红外线探水仪：可辅助探测掌子面前方 0～20m 范围内地下水的大致富水程度，推测地下水对隧道掘进施工的潜在危害程度。

实践证明，综合物探方法能很好地解决各种地质问题，TSP、探地雷达和红外探水作为超前预报的三种手段综合运用，可以起到相互补充与印证的作用，提高预报准确率，适宜于育王岭隧道超前预报工作。在本次超前预报工作中，对TSP方法的改进是本次超前预报工作中的一大创新亮点，所以下面着重介绍下TSP方法的改进，其他方法在本书中就不作阐述。

TSP方法改进：

瑞士安伯格测量技术有限公司研发的TSP（隧道地震波超前预报）仪器主要应用于隧道内开挖施工过程中的地质超前预报，利用多点激发与多点接收的观测系统接收地下介质中的地震波反射信号，进行一系列的信号处理与反演计算，从而对开挖面前方可能存在的不良地质体进行预测预报，现行仪器的现场数据采集控制如图6-1所示。

图6-1中使用起爆器进行全局控制，在向雷管发送高压电平的同时，通过电流感应方式向仪器主机的数据采集单元发送触发信号，当爆炸使用瞬发电雷管时，可以达到在炸药爆炸引起岩体震动的同时进行数据采集，原始数据不存在零时差，以上触发方式适宜于使用瞬发电雷管进行引爆激发。

育王岭隧道爆破施工所用雷管是塑料导爆管雷管，由于火工材料管制严格，TSP超前预报只能使用其现行雷管，常用塑料导爆管雷管具有从毫秒级别到数秒的延迟时间，实际采集数据波形因此产生很大的零时差，其数据根本不可用。

即使选用0段导爆管雷管，由于导爆管中的传播时间达到若干毫秒，且火雷管本身仍然可能存在爆炸延迟时间。而TSP系统的原始数据存在毫秒级别的零时差时，软件对不良地质体的反演计算偏差可能达到数米，可见使用导爆管雷管采取图6-1触发方式时，不能满足TSP的精度要求，必须对仪器的现行激发控制方式进行改良。

改良的关键是如何使数据采集单元的触发置于雷管引爆之后，以达到岩体震动和开始采集数据实现同步的目的。如图6-2所示，将仪器数据采集单元的信号线与炸药绑在一起，炸药爆炸产生岩体震动的同时将信号线炸断，从而使触发器产生主机的启动信号，可彻底消除延迟时间，真正实现同步。

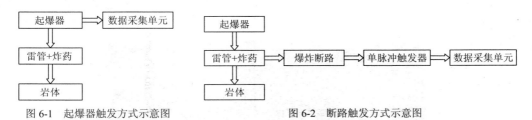

图6-1 起爆器触发方式示意图　　图6-2 断路触发方式示意图

图6-2中触发方式的实现关键在于提供一种脉冲信号发生装置，在不改变仪器原关主机与触发盒的前提下，同步启动主机进行数据采集，此装置的核心功能是接收激发孔中传来的断路信号，产生适宜于主机触发盒接收的单脉冲信号，从而启动主机进行数据采集。育王岭隧道第三方监测项目部经过反复研究与实验，已成功研制出一种结构简单成本低廉的单脉冲信号发生器，并成功应用于育王岭隧道TSP超前预报工作，其实物连接如图6-3所示。

图 6-3 断路触发器试验图

与传统电雷管相比，导爆管雷管具有抗水性能好、储存周期长、不受感应电流和杂散电流影响、使用更安全、爆破网路连接形式多样等优点而在工程爆破中广泛使用，相反，电雷管的使用受到了诸多限制，而由于导爆管雷管存在起爆延迟时间，使得采用原有触发方式的TSP应用受到限制。通过前述试验，应用断路触发装置可真正实现同步，且触发可靠性好，可顺利解决此矛盾，采用正在广泛使用的导爆管雷管就可以实施TSP隧道地质超前预报，而不必使用逐渐被淘汰的瞬发电雷管，可极大提高TSP应用的前景和效率。

TSP超前地质预报系统是利用地震波在不均匀地质体中产生的反射波特性，来预报隧洞前方及周围临近区域地质状况的。它是在掌子面后方侧墙上一定范围内布置一排爆破孔，依次进行微弱爆破，产生的地震波信号在隧洞周围岩体内传播，当岩体强度（波阻抗）发生变化时，如遇到断层、地下水或岩层变化时，信号的一部分被反射回来。界面两侧岩体的波阻抗差别越大，反射回来的信号也就越强。返回的信号被经过特殊设计的接收器接收转化为电信号。根据信号返回的时间和方向，通过专用数据软件处理就可以得到反射界面的位置及方位。

本次TSP超前地质预报采用瑞士最新设备隧洞地质超前预报系统TSP203，其预报原理图如图6-4所示。

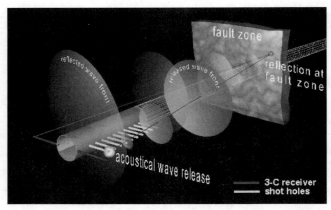

图 6-4 TSP203 超前地质预报原理图

隧道每掘进100m预报一次，每次预报有效距离为100～120m，重复20m。每次预报时，在隧道左、右壁各布置1个接收孔，在掌子面后方约40m内洞壁一侧布置24个爆破孔，第一个爆破孔距接收孔10～15m，其余爆破孔间距为1.5m呈直线分布，孔直径为38～42mm，孔深为1.5m，垂直于隧洞轴向，向下倾斜15°～20°，孔口距洞底面约1.0m。

当接收孔和爆破孔造孔完成后即可进行现场测试，测试前将特制的接收器套管插入接收孔内，并采用不收缩水泥或锚固剂进行孔内灌注使其与周围岩体黏合在一起，保持接收器套管与周围岩体良好耦合。在现场测试时，将接收传感器安装在特制套管内，连接电缆至TSP主机。

在放炮采集信号时，应停止周围300m范围内一切施工干扰，自第一炮眼（近接收传感器）激发地震波，记录仪将同时启动并记录地震波信号，分别记录左、右壁传感器的3个分量信号。自动存盘记录后，依次在其他炮眼激发地震波，直到最后一炮记录结束，完成野外试验数据的采集。有效激发孔数不得少于20孔。现场爆破作业必须严格遵照爆破作业有关规程，由拥有爆破作业资格的专业炮工负责药包包扎与引爆作业，现场配备爆破安全员监督爆破作业。

探地雷达（Ground Penetrating Radar，简称GPR）方法是一种用于探测地下（或周围）介质分布的广谱（$n \times 10^{6 \sim 9}$Hz）电磁技术，发射天线向地下介质发射高频电磁波脉冲，当遇到有电性差异（介电常数和电导率不同）的界面或目标体时，电磁波发生反射和折射，接收天线可接收来自地下介质的反射波，因反射波携带了介质的地质信息，通过分析反射波的频率、振幅、时间等各项要素，即可对反射面或目标体进行反演，并做出地质解释。

如图6-5所示，电磁波进入地下介质遇到介质不连续面时，在界面上发生反射和折射，入射波、反射波和折射波的方向遵循反射定律和折射定律，其能量分配遵守能量守恒定理，当入射角$\theta=0°$时，反射系数最大，接收天线可获得最大的反射波能量。实际工作中，往往采用收发一体式天线，或收发距远小于探测深度，可使入射角接近于零，并且使发、收天线同时沿测线移动，获取整条测线的连续振幅-时间序列，称为剖面反射法，是探地雷达最常用的探测方法。根据试验，在育王岭隧道内裸岩工作条件下，采用探地雷达的探测深度可达20m以上，满足本超前预报项目的任务要求。

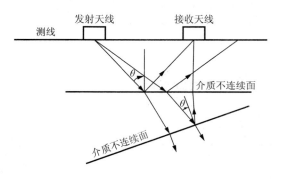

图6-5 探地雷达工作示意图

本次探测项目使用拉脱维亚Rond-12e型地质雷达仪器（仪器编号：S/N0153），配备100MHz屏蔽天线。所选仪器在检定有效期内使用，符合物探规程对仪器的参数要求。

雷达数据经处理后形成雷达图像，综合分析雷达图像及变化规律，结合收集到的相关地质资料，对雷达图像进行地质解译，查明施工掌子面前方不良地质体的发育状况。

根据育王岭隧道的施工工序和掘进进度，每次掘进20m进行现场数据采集，并在一天之内整理资料,提交探测简报,可满足即时设计变更及现场处理的需求。

任何物体都会发射出红外线,形成一个红外场。将一个稳定的质体作为探测对象的场源时,由该物体所形成的红外场的强度与场源本身的场强相一致。当地质体中含地下水,那么地下水场源产生的红外场会对地质体场源所产生红外场产生影响,使其场强发生变化。地质体所形成的红外场场强变化可用红外线探测仪探测。根据围岩红外场强的变化来预报掌子面前方或洞壁四周是否隐状含水体。

现场测试有两种方法:一是在掌子面上,按横向和竖向布置多条测线,在测线的交点测取多个数据,根据这些数据之间的最大差值来判断是否有水;二是由掌子面向掘进后方(或洞口)按左边墙、拱部、右边墙的顺序进行测试,每 5m 或 3m 测取一组数据,共测取 50m 或 30m,并绘制相应的红外辐射曲线,根据曲线的趋势判断前方有无含水。

根据育王岭隧道水文地质条件和现场施工条件,红外探水宜采用第一种测试方法,开挖掌子面测点布置如图 6-6 所示。通过对比分析掌子面各测点的场强,判定掘进掌子面是否存在含水构造体。根据以往测试经验,判译标准一般设定为:当掘进掌子面测点中最大场强和最小场强的能量差大于等于 $20\mu w/cm^2$,可判定掘进前方 30m 范围内存在含水构造体,否则不存在含水体构造。

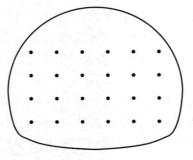

图 6-6　红外探水掌子面测点布置图

红外线探水仪采用煤炭研究院唐山分院研制的 HW-305。

第三节　超前预报成果

一、TSP 预报

因爆破材料及施工条件限制,对育王岭隧道有选择性地进行了 4 次 TSP 超前预报,提交 4 次简报,每次的预报距离为 100～120m,预报成果见表 6-4。

二、地质雷达预报

育王岭隧道开挖期间,项目部对隧道全程跟踪进行地质雷达超前预报,至隧道开挖贯通一共提交探地雷达超前预报简报 41 期,将各期预报成果进行综合分析,和实际开挖情形对照,可以得到整个隧道的不良地质体概况。为突出重点,探测简报中仅小范围局部探测到的某些结构面将不进行归纳总结,对延伸范围较大、对隧道围岩完整性影响较大的结构面进行定性定量分析,归纳得到 14 条较大结构面,见表 6-5,表中结构面位置及描述所指的左、右、前、后按照超前预报现场探测时面向小桩号方向确定。

TSP 超前预报结论表 表 6-4

报告编号	里　　程	围岩完整性与地下水	围岩级别	建　　议
YWLSD-TSP-001	K32+011～K31+992	该洞段小范围内节理较发育,未发现大的构造,岩体较破碎;少量渗水	Ⅳ级	K31+992～K31+962 段有多条结构面存在,岩体相对破碎,影响围岩稳定性,掘进施工时应及时支护
	K31+992～K31+962	该洞段发现有多条结构面,岩体破碎,围岩稳定性较差;渗滴水	Ⅳ级	
	K31+962～K31+891	该洞段结构面不发育;岩体较完整,渗滴水	Ⅲ级	
YWLSD-TSP-002	K31+883～K31+844	该洞段节理较发育,K844 附近发育较大结构面,岩体较破碎;有渗滴水	Ⅳ级	K31+883～K31+844 段发育多条较大结构面,岩体相对破碎,掘进施工时应及时支护
	K31+844～K31+804	该洞段发现有多条结构面,岩体完整性与岩石力学指标往小桩号方向逐渐变好;渗滴水	Ⅳ～Ⅲ级	
	K31+804～K31+750	该洞段结构面不发育;岩体较完整,少量渗滴水	Ⅲ级	
YWLSD-TSP-003	K31+723～K31+704	该洞段岩体较完整;少量渗水	Ⅳ～Ⅲ级	K31+668～K31+633 洞段发育较大结构面,岩体破碎,围岩稳定性差;建议谨慎掘进,加强支护
	K31+704～K31+668	该洞段密集发育多组节理,局部岩体较破碎,但未形成大范围破碎带;渗滴水	Ⅳ级	
	K31+668～K31+633	该洞段发育较大结构面,岩体破碎,围岩稳定性差;渗滴水	Ⅳ级	
	K31+633～K31+600	该洞段节理较发育,但波速较高,围岩强度与稳定性较好;少量渗滴水	Ⅳ～Ⅲ级	
YWLSD-TSP-004	K30+936～K30+928	该洞段密集发育多组节理,岩体较破碎;少量渗水	Ⅳ～Ⅲ级	K30+936～K30+923 和 K30+869～K30+836 段发现多组节理密集交叉发育,局部易形成不稳定块体;建议谨慎掘进,加强支护
	K30+928～K30+869	该洞段仅局部发育节理,未发现较大破碎带,岩体较完整;渗滴水	Ⅲ级	
	K30+869～K30+836	该洞段节理密集发育,岩体较破碎;渗滴水	Ⅲ～Ⅳ级	

育王岭隧道探地雷达超前预报成果表　　　　　表 6-5

结构面编号	产　状	位　置	描　述
S1	NNE, SE∠60°～70°	K32+090～K32+070洞段右拱肩至左下角	断层破碎带,充填断层泥及碎裂岩,影响宽度约1.5m,两侧发育共轭节理,浸水软化,与勘察报告中的F7断层对应;渗水;Ⅴ级
S2	近水平发育	K32+070～K32+030洞段拱顶部位	结构面上方岩体破碎,对隧道围岩形成不利组合影响,拱顶岩体稳定性差;渗滴水;Ⅴ级
S3	NNW, SW∠60°～70°	K31+990～K31+975	结构面通过范围内岩体破碎,围岩稳定性差;少量渗滴水;Ⅳ级
S4	NNW, SE∠70°～80°	K31+984～K31+974	结构面通过范围内岩体破碎,围岩稳定性差;结构面前方K31+974～K31+964段围岩完整性逐渐好转;少量渗滴水;Ⅳ级
S5	NE,倾角陡立	K31+873～K31+853	结构面与隧道左侧壁相交于K31+863～K31+853之间,影响洞壁稳定性;掌子面前方3～7m内岩体存在相对较破碎区域;渗滴水;Ⅳ级
S6	NE,倾角陡立	K31+824～K31+815	S6与S5之间为凝灰岩与流纹岩岩性接触带,强风化,节理发育,岩体破碎,自稳性差;密集滴水;Ⅳ级
S7	NWW,倾角陡立	K31+750～K31+730	一组节理,岩体被大范围切割,影响围岩稳定性;与勘察报告中的J5对应;渗滴水;Ⅳ级
S8	NNW,倾角陡立	K31+695附近	一条较大结构面,结构面前方岩体较破碎;少量渗水;Ⅳ级
S9	NE,倾角陡立	K31+600～K31+580掌子面中部	一条顺隧道轴线走向的结构面,在约1m影响宽度内岩体较破碎,向隧道前方延伸超过20m;少量渗水;Ⅳ级
S10	NW,倾角陡立	K31+239	沿结构面岩体较破碎,形成范围较大的破碎带;与勘察报告中的J3对应;渗滴水;Ⅳ级
S11	NW,倾角陡立	K31+219	与勘察报告中的F2对应,S10～S11之间形成范围较大的破碎带,岩体稳定性差;渗滴水;Ⅳ级
S12	NE,倾角陡立;NW,倾角陡立;SN,倾向E,中等倾角	K30+964～K30+944	拱顶部位发育三组节理,形成楔形不稳定体;渗滴水;Ⅳ～Ⅲ级
S13、S14	NEE,倾角陡立	K30+860～K30+818	平行发育两条结构面,延伸范围大,与整个第一风机加宽段斜交,结构面内岩体破碎,影响宽度约1m,沿面充填碎裂岩,影响边墙稳定性,局部易掉块;渗滴水;Ⅳ级

根据表 6-5 中各结构面的产状及空间位置,绘制隧道上层开挖高程平面图,形成综合解释成果图如图 6-7～图 6-13 所示,图中包括勘察报告中的主要断层和节理密集发育带,用以和超前预报成果相对照。

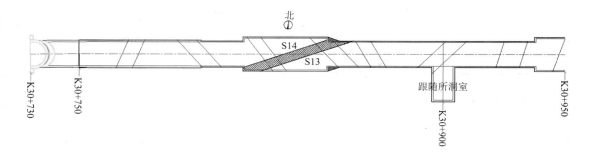

图 6-7 育王岭隧道 K30+750～K30+950 超前预报成果平面图

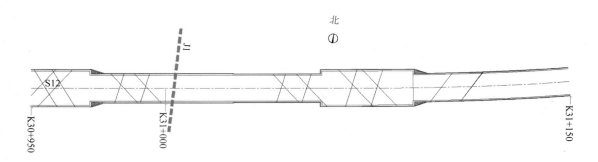

图 6-8 育王岭隧道 K30+950～K31+150 超前预报成果平面图

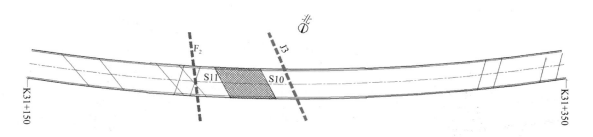

图 6-9 育王岭隧道 K31+150～K31+350 超前预报成果平面图

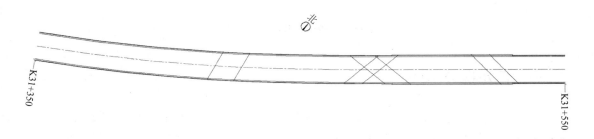

图 6-10 育王岭隧道 K31+350～K31+550 超前预报成果平面图

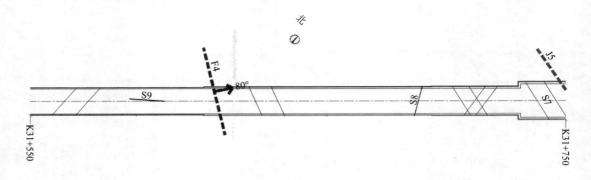

图 6-11 育王岭隧道 K31+550～K31+750 超前预报成果平面图

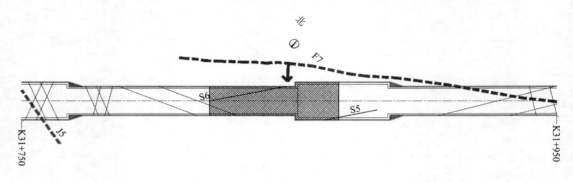

图 6-12 育王岭隧道 K31+750～K31+950 超前预报成果平面图

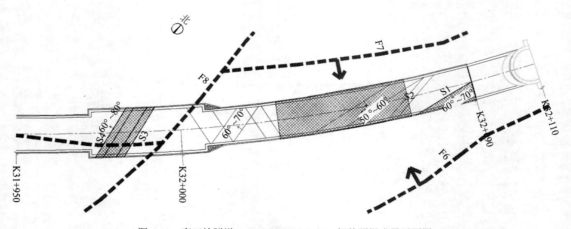

图 6-13 育王岭隧道 K31+950～K32+090 超前预报成果平面图

三、红外探水预报

根据出洞口最开始施工实际开挖情况,揭露的破碎带中地下水不很发育,因此依据超前预报合同和施工需要,仅对 TSP 预报和雷达预报前方存在破碎围岩段进行红外探水抽测,以确保不因大规模地下水体被意外揭露而造成安全生产事故。从隧道开始施工至贯通共提交红外探水简报 15 期,探测成果见表 6-6。

红外探水地质超前预报成果表　　　　表 6-6

报告编号	里　程	预 报 结 论	建　议
YWLSD-INFRARED-001	K32+040～K32+020	掌子面场最大场强差为 6μw/cm^2,小于报警值 20μw/cm^2。已揭露围岩裂隙较发育,局部破碎,但开挖面基本干燥,仅拱顶少量渗水,推测掌子面前方 20m 内无大规模地下水体	对开挖施工无重大影响,正常掘进
YWLSD-INFRARED-002	K32+020～K32+000	最大场强差为 18μw/cm^2,接近报警值 20μw/cm^2。掌子面揭露两组节理,推测掌子面前方 20m 内沿节理面少量渗水	正常掘进
YWLSD-INFRARED-003	K32+005～K31+985	最大场强差为 20μw/cm^2,达到报警值。掌子面揭露两组节理,推测掌子面前方 20m 内局部沿节理面渗水	掘进过程中注意沿节理渗水
YWLSD-INFRARED-004	K31+985～K31+965	最大场强差为 13μw/cm^2,未达到报警值。掌子面揭露破碎带,未见明显地下水,推测掌子面前方 20m 内少量渗滴水	少量地下水对掘进施工无明显影响
YWLSD-INFRARED-005	K31+950～K31+930	最大场强差为 19μw/cm^2,未达到报警值。掌子面发育多组节理,未见明显地下水,推测掌子面前方 20m 内少量渗滴水	少量地下水对掘进施工无明显影响
YWLSD-INFRARED-006	K31+880～K31+860	最大场强差为 18μw/cm^2,未达到报警值。掌子面节理较发育,多处少量滴水,推测掌子面前方 20m 内仍有渗滴水	少量地下水对掘进施工无明显影响
YWLSD-INFRARED-007	K31+690～K31+670	纵向和横向场强差异均较小,最大场强差为 8μw/cm^2,未达到报警值,无明显地下水	少量地下水对掘进施工无明显影响
YWLSD-INFRARED-008	K31+642～K31+622	纵向和横向场强差异均较小,最大场强差为 14μw/cm^2,未达到报警值,无明显地下水	少量地下水对掘进施工无明显影响
YWLSD-INFRARED-009	K31+485～K31+465	纵向场强差相对较大,最大场强差为 23μw/cm^2,达到报警值,推测开挖面下部有渗水	开挖面下部有渗水,密切关注渗水的变化情况,开挖后及时支护
YWLSD-INFRARED-010	K31+430～K31+410	纵向场强差小,最大场强差为 9μw/cm^2,未达到报警值,推测掌子面前方 20m 内无明显地下水	无明显地下水,不影响掘进施工
YWLSD-INFRARED-011	K31+355～K31+335	掌子面探测范围内最大场强差为 14μw/cm^2,未达到报警值,推测掌子面前方 20m 内无明显地下水	无明显地下水,不影响掘进施工
YWLSD-INFRARED-012	K31+082～K31+062	掌子面探测范围内最大场强差为 18μw/cm^2,未达到报警值,推测掌子面前方 20m 内无明显地下水	无明显地下水,不影响掘进施工
YWLSD-INFRARED-013	K31+039～K31+019	掌子面探测范围内最大场强差为 16μw/cm^2,未达到报警值,推测掌子面前方 20m 内无明显地下水	无明显地下水,不影响掘进施工
YWLSD-INFRARED-014	K30+880～K30+860	掌子面探测范围内最大场强差为 15μw/cm^2,未达到报警值,推测掌子面前方 20m 内无明显地下水	无明显地下水,不影响掘进施工
YWLSD-INFRARED-015	K30+775～K30+755	掌子面探测范围内最大场强差为 14μw/cm^2,未达到报警值,推测掌子面前方 20m 内无明显地下水	无明显地下水,不影响掘进施工

第四节　预报成果验证

育王岭隧道超前预报工作不但严格按照规范和合同要求及时提交预报成果,使相关各方能及时掌握掌子面前方的围岩地质条件和不良地质体状况,而且在每次爆破清渣后都及时进行现场观察并记录开挖结果,掌握第一手资料,和预报结论进行对照分析,不断总结预报经验,提高预报水平。

对照与验证资料详见表 6-7,由于隧道整个开挖过程中未出现重大不良地质体漏报少报现象,对照表中主要对 TSP 和雷达预报结论中围岩级别为Ⅳ、Ⅴ级的洞段进行对照分析,将 TSP、探地雷达、红外探水超前预报结论对应罗列,其后描述开挖结果,辅以现场照片说明。对于同时满足 TSP 预报围岩类别为Ⅲ级及以上、雷达预报围岩类别为Ⅲ级及以上、红外探水场强值未超过预警值且开挖结果没有发现明显不良地质体的洞段,则不逐项进行对照描述。

育王岭隧道地质超前预报成果对照表　　　　表 6-7

超前预报结论			开挖情况	
TSP	探地雷达	红外探水	掌子面描述	照片
—	K32+090～K32+070 主要发育一条 NE 向结构面,倾向小桩号方向,NE 侧主要为强风化流纹斑岩,SW 侧局部含黏土层,且有增宽趋势,围岩变差;渗滴水;Ⅴ级		F7 断层与隧道斜交,充填断层泥及碎裂岩,浸水软化,拱顶部位出现掉块现象,不能自稳,两侧发育共轭节理,沿断层渗滴水	图 6-14
—	K32+070～K32+050 掌子面前方 20m 范围内发育多组结构面: (1)掌子面上部发育一条近水平产状结构面,结构面上方岩体破碎,对隧道围岩形成不利组合影响,结构面仍将向掌子面前方延伸; (2)产状为近 SN 走向,倾角陡立,节理面相对较闭合; (3)产状为 NNE,∠NW50°～60°,呈挤压破碎状,主要分布于隧道右侧,前方局部可能存在更加破碎岩体。渗滴水;Ⅴ级	—	K32+070～K32+030 拱顶部位揭露近水平产状结构面,结构面上方岩体破碎	图 6-15
—	K32+040～K32+020 掌子面前方 20m 范围内主要发育两组结构面:(1)掌子面上部发育一条近水平产状结构面,结构面上方岩体较破碎;(2)掌子面前方 K32+030～K32+020 段发育一组近 EW 向陡倾节理。渗滴水;Ⅳ级	K32+040～K32+020 掌子面场最大场强差为 6μw/cm²,小于报警值 20μw/cm²。已揭露围岩裂隙较发育,局部破碎,但开挖面基本干燥,仅拱顶少量渗水,推测掌子面前方 20m 内无大规模地下水体,对开挖施工无重大影响	主要发育两组节理	图 6-16

续上表

超前预报结论			开挖情况	
TSP	探地雷达	红外探水	掌子面描述	照片
K32+011~K31+992洞段小范围内节理较发育,未发现大的构造,岩体较破碎,少量渗水;Ⅳ级;	K32+020~K32+000掌子面前方20m范围内主要发育两组结构面:(1)走向NNW,∠SW60°~70°,密集发育。(2)走向NWW,倾角陡立,呈闭合状。渗滴水;Ⅳ级	K32+020~K32+000最大场强差为18μw/cm²,接近报警值20μw/cm²。掌子面揭露两组节理,推测掌子面前方20m内沿节理面少量渗水	两组结构面交叉发育,少量渗、滴水	
K31+992~K31+962洞段发现有多条结构面,岩体破碎,围岩稳定性较差;渗滴水;Ⅳ级;	K31+990~K31+970掌子面前方15m（K31+990~K31+975）范围内主要发育一组NNW走向结构面,∠SW60°~70°,结构面通过范围内岩体破碎,围岩稳定性差。少量渗滴水;Ⅳ级	K32+005~K31+985最大场强差为20μw/cm²,达到报警值。掌子面揭露两组节理,推测掌子面前方20m内局部沿节理面渗水	K31+990右侧发育NNW向陡倾角破碎带	图6-17
	K31+984~K31+964掌子面前方10m(K31+984~K31+974)范围内发育一组NNW走向结构面,∠SW70°~80°,结构面通过范围内岩体破碎,围岩稳定性差。结构面前方K31+974~K31+964段围岩完整性逐渐好转。少量渗滴水;Ⅳ级	K31+985~K31+965最大场强差为13μw/cm²,未达到报警值。掌子面揭露破碎带,未见明显地下水,推测掌子面前方20m内少量渗滴水	K31+984~K31+964主要发育一组NNW走向结构面,岩体较破碎,K31+982附近拱顶岩体破碎	图6-18、图6-19
K31+962~K31+891该洞段结构面不发育;岩体较完整,渗滴水;Ⅲ级;	K31+950~K31+930掌子面前方20m内发育一组NW走向节理和一组NE走向节理,倾角均较大,两组节理交叉切割岩体,岩体呈镶嵌状结构,较破碎。少量渗滴水;Ⅳ级	K31+950~K31+930最大场强差为19μw/cm²,未达到报警值。掌子面发育多组节理,未见明显地下水,推测掌子面前方20m内少量渗滴水	K31+962~K31+891多组节理交叉发育,局部岩体呈镶嵌状结构,较破碎	图6-20
K31+883~K31+844洞段节理较发育,K844附近发育较大结构面,岩体较破碎;有渗滴水;Ⅳ级;	K31+883~K31+863掌子面前方20m内主要发育一条NE向结构面,倾角陡立,破裂影响宽度不大,对围岩稳定性影响不大。渗滴水;Ⅳ~Ⅲ级	K31+880~K31+860最大场强差为18μw/cm²,未达到报警值。掌子面节理较,多处少量滴水,推测掌子面前方20m内仍有渗滴水	K31+873~853之间岩性由凝灰岩变为流纹斑岩,岩性分界面内节理密集发育,岩体呈碎裂状	图6-21
	K31+873~K31+853:（1）隧道左侧发育一条NE向结构面,倾角陡立,与隧道左侧壁相交于K31+863~K31+853之间,影响洞壁稳定性。（2）掌子面前方3~7m内岩体存在相对较破碎区域。渗滴水,Ⅳ级			
	K31+853~K31+833掌子面前方20m内为凝灰岩与流纹岩岩性接触带,强风化,节理发育,岩体破碎。渗滴水,Ⅳ级			

续上表

超前预报结论			开挖情况	
TSP	探地雷达	红外探水	掌子面描述	照片
K31+844～K31+804该洞段发现有多条结构面,岩体完整性与岩石力学指标往小桩号方向逐渐变好;渗滴水。Ⅳ～Ⅲ级	K31+833～K31+813掌子面前方9～18m之间发育一条近SN向结构面,掌子面至结构面之间岩体相对较破碎。渗滴水,Ⅳ级		K31+853～K31+813之间节理密集发育,岩体破碎,自稳性差。密集滴水	图6-22～图6-24
	K31+813～K31+793掌子面前方20m内主要发育一组NEE向节理,岩体完整程度逐渐变好,但左侧岩体仍较破碎。少量渗水,Ⅳ级			
K31+804～K31+750洞段结构面不发育;岩体较完整,少量渗滴水;Ⅲ级	K31+788～K31+768掌子面前方5m开始发育多组节理,岩体完整性逐渐变差。渗滴水,Ⅳ级		K31+768附近左侧岩体较破碎	图6-25
	K31+768～K31+748掌子面前方有多组节理交叉发育,局部岩体较破碎。渗滴水,Ⅳ级。K31+750～730掌子面前方主要发育一组NWW向节理,岩体被大范围切割,影响稳定性。沿结构面有渗、水。Ⅳ级		K31+740～K31+720为薄层灰绿色流纹斑岩与深褐色凝灰岩岩性变化段,裂隙密集发育,岩体较破碎。滴水	图6-26、图6-27
K31+723～K31+704洞段岩体较完整;少量渗水;Ⅳ～Ⅲ级	K31+723～K31+703掌子面前方岩性由流纹岩转变为凝灰岩,主要发育两组节理,岩体完整程度逐渐变好。少量渗水,Ⅳ级			
K31+704～K31+668洞段密集发育多组节理,局部岩体较破碎,但未形成大范围破碎带;渗滴水;Ⅳ级	K31+697～K31+677掌子面前方1～4m发育一条较大结构面,结构面前方岩体较破碎。少量渗水,Ⅳ级	K31+690～K31+670纵向和横向场强差异均较小,最大场强差为8μw/cm²,未达到报警值,无明显地下水	K31+697右侧揭露较大结构面	图6-28
K31+668～K31+633洞段发育较大结构面,岩体破碎,围岩稳定性差;渗滴水;Ⅳ级;	K31+645～K31+625掌子面前方主要发育一组NWW走向节理,呈闭合状,岩体较完整。少量渗水,Ⅳ～Ⅲ级	K31+642～K31+622纵向和横向场强差异均较小,最大场强差为14μw/cm²,未达到报警值,无明显地下水		

续上表

超前预报结论			开挖情况	
TSP	探地雷达	红外探水	掌子面描述	照片
K31+633～K31+600洞段节理较发育，但波速较高，围岩强度与稳定性较好；少量渗滴水；Ⅳ～Ⅲ级				
	K31+600～K31+580掌子面中部发育一条顺隧道轴线走向的结构面，倾角陡立，在约1m影响宽度内岩体较破碎，向隧道前方延伸超过20m。少量渗水，Ⅳ级		K31+575掌子面中部发育顺轴向陡立结构面，影响宽度约1m	图6-29
	K31+485～K31+465掌子面前方主要发育一组近NWW向节理和一组近SN向节理，均呈闭合状，对围岩稳定无明显影响。渗水，Ⅲ级	K31+485～K31+465纵向场强差相对较大，最大场强差为23μw/cm^2，达到报警值，推测开挖面下部有渗水	K31+475～K31+465拱顶部位较大范围渗、滴水	图6-30
	K31+279～K31+259掌子面前方4～11m发育一条NW走向结构面，沿结构面岩体较破碎。渗滴水，Ⅳ级		K31+272掌子面揭露NW向结构面	图6-31
	K31+239～K31+219掌子面前方20m内发育一组NW走向结构面，沿结构面岩体较破碎，形成范围较大的破碎带。渗滴水，Ⅳ级			
	K31+213～K31+193掌子面前方20m内主要由一组NW走向和近SN走向的结构面交叉发育，呈闭合状，岩体完整性为较破碎～较完整。渗滴水，Ⅳ～Ⅲ级		K31+210揭露多组节理交叉发育	图6-32
	K31+112～K31+092掌子面前方主要发育一组近SN向结构面，前方10m内左侧洞壁岩体较破碎。渗滴水，Ⅳ～Ⅲ级			
	K31+082～K31+062掌子面前方20m内主要有一组SN走向节理和一组NW向节理，密集发育，岩体较破碎。渗滴水，Ⅳ～Ⅲ级	K31+082～K31+062掌子面探测范围内最大场强差为18μw/cm^2，未达到报警值，推测掌子面前方20m内无明显地下水		

续上表

超前预报结论			开挖情况	
TSP	探地雷达	红外探水	掌子面描述	照片
	K31+056～K31+036 前方 20m 内密集发育两组节理，走向为近 SN、NW，倾角陡立，岩体较破碎。渗滴水，Ⅳ～Ⅲ级		K31+039 掌子面节理密集发育，岩体较破碎。少量渗水	图 6-33
K30+936～K30+928 该洞段密集发育多组节理，岩体较破碎；少量渗水。Ⅳ～Ⅲ级	K30+964～K30+944 掌子面前方 20m 内主要发育三组节理：节理组Ⅰ，NE 走向，倾角陡立，密集发育；节理组Ⅱ，NW 走向，倾角陡立，密集发育；节理组Ⅲ，SN 走向，倾向 E，中等倾角。拱顶部位可能形成楔形不稳定体。渗滴水，Ⅳ～Ⅲ级		K30+936 掌子面揭露多组节理，岩体破碎，拱顶局部掉块坍塌	图 6-34
K30+869～K30+836 该洞段节理密集发育，岩体较破碎；渗滴水。Ⅲ～Ⅳ级	K30+861～K30+841 掌子面前方 10m 内 NW 向节理相对较发育，岩体局部较破碎。渗滴水，Ⅲ级			
	K30+830～K30+810 掌子面前方主要发育一条 NEE 向结构面，呈破碎状，影响宽度约 1m，沿面充填碎裂岩。影响前方 20m 内左侧拱肩及边墙稳定性，局部易掉块。渗滴水，Ⅳ级		K30+860～K30+818 拱顶平行发育两条结构面，沿面充填物塌落，形成沟槽	

图 6-14 2013 年 6 月 28 日洞口左下角断层

图 6-15 2013 年 9 月 11 日 K32+040 揭露水平产状结构

图 6-16 2013 年 9 月 23 日 K32+020 掌子面交叉发育两组节理

图 6-17 2013 年 10 月 23 日 K31+984 掌子面右侧揭露 NNW 向破碎带

图 6-18 2013 年 10 月 25 日 K31+982 拱顶破碎带

图 6-19 2013 年 11 月 6 日 K31+951 掌子面

图 6-20 2013 年 11 月 12 日 K31+933 掌子面

图 6-21 2013 年 12 月 10 日 K31+858 掌子面

图 6-22　2013 年 12 月 14 日 K31+853 掌子面

图 6-23　2013 年 12 月 19 日 K31+833 掌子面

图 6-24　2013 年 12 月 26 日 K31+813 掌子面

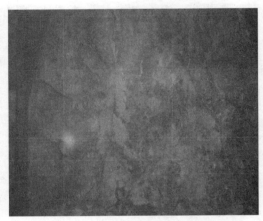
图 6-25　2014 年 1 月 10 日 K31+768 掌子面

图 6-26　2014 年 2 月 22 日 K31+720 掌子面右下角破碎带

图 6-27　2014 年 2 月 13 日 K31+741 掌子面右下角

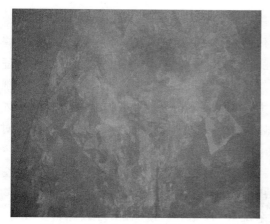
图6-28　2014年3月4日K31+697掌子面

图6-29　2014年4月10日K31+575掌子面

图6-30　K31+475～K31+465拱顶渗、滴水点

图6-31　2014年5月30日K31+272掌子面结构面

图6-32　2014年6月18日K31+210掌子面节理组

图6-33　2014年7月18日K31+039掌子面

图 6-34 2014 年 6 月 18 日 K31+210 掌子面节理组

从表 6-7 的逐次对照分析结果可以看出，隧道开挖过程中揭露的较大破碎带和不良地质体在预报成果中均没有遗漏，预报成果中提及的较大破碎带和不良地质体大多被开挖所证实；在整个开挖过程中，三种预报方法均未发现较大规模的地下水，实际开挖结果仅少数几处揭露隧道拱顶有渗、滴水现象，未出现涌水，对掘进施工几乎不产生影响。

育王岭隧道开挖区域内凝灰岩与流纹岩交错出现，并夹杂有强风化软弱夹层，区内主要构造杂乱分布，无规律可循，节理裂隙密集发育，对施工有较大安全隐患，因此采用 TSP、探地雷达和红外探水三种方法进行综合地质超前预报。通过对三种预报方法在隧道中的合理安排与运用，扬长避短，取得了较好的综合预报效果。

根据勘察报告及开挖揭露的地质现象，合理选取围岩较差的洞段进行 TSP 预报，较准确地预报了隧道围岩存在的较大范围破碎带、裂隙发育带、软弱围岩等不良地质现象。

采用探地雷达方法对整个隧道全程跟踪预报，可重点探测掌子面前方 20m 范围内及隧道周边隐伏的断层破碎带、裂隙密集带、地层岩性界面、较大节理及含水构造等，确定其位置、规模及大致产状，推测其性质。从表 6-7 的对比分析中可以看出，雷达预报方法准确度较高。

红外线探水预报仅少数几次探测数值达到或超过预警值，预警部位仅出现几处渗、滴水，与预报结论完全吻合。整个隧道开挖过程中未出现流水与突涌水，不影响掘进施工。

根据超前预报的成果，以及施工、监理、设计等各方的配合协调，隧道开挖过程中及时对预报的危险围岩洞段采取相应的支护措施，从进洞至贯通的整个施工过程中没有出现施工安全事故，地质超前预报工作起到了积极的作用，圆满完成了预报任务。

图 6-7～图 6-13 全面地概括了育王岭隧道围岩地质条件，重点指出了围岩中存在的多处不良地质构造，对运营期后续维护具有指导意义。

第五节 小结

隧道建设中对工程地质条件的认知和掌握程度是确保快速、安全修建的决定性因素之一。开挖前对地质情况的了解，对于隧道建设有着十分重要的作用。超前地质预报就是在隧道开挖时，对掌子面围岩和前岩的地层情况做出超前的预报，从而可以有效地保证隧道施工安全，减少由于揭露接触带、破碎带及断层带岩体产生大量突泥、涌水而带来的损失，通过超前预报,及时发现异常情况,预报掌子面前方不良地质体的位置、产状及其围岩结构的完整性与含水的可能性,为正确选择开挖断面、支护设计参数和优化施工方案提供依据,并为预防隧道洞内涌水、突泥、突气等可能形成的灾害性事故及时提供信息,提前做好施工准备,保证施工安全。本章主要介绍了超前地质预报的目的与内容、超前预报的方法和各种方法的优缺点,并且详细介绍了育王岭隧道超前地质预报选用的预报方法以及成果并对超前预报成果进行了验证;全面地概括了育王岭隧道围岩地质条件,重点指出了围岩中存在的多处不良地质构造,对运营期后续维护具有指导意义。

本章参考文献

[1] 吴从师,阳军生. 隧道施工监控量测与超前地质预报[M]. 北京:人民交通出版社,2012.
[2] 叶英. 隧道施工超前地质预报[M]. 北京:人民交通出版社. 2011.
[3] 王锦山,王力,张延新,等. 隧道施工超前地质预报理论基础与方法[M]. 武汉:中国地质大学出版社,2012.
[4] 张成良,刘磊,王国华. 隧道现场超前地质预报及工程应用[M]. 北京:冶金工业出版社,2013.
[5] 刘志刚. 隧道隧洞超前地质预报[M]. 北京:人民交通出版社,2011.
[6] 李术才. 隧道突水突泥灾害源超前地质预报理论与方法[M]. 北京:科学出版社,2015.
[7] 李成才. 隧道施工超前地质预报研究现状及发展趋势[J]. 岩石力学与工程学报,2014,33(6):1091-1092.
[8] 朱飞,刘国正,彭红明. 隧道工程超前地质预报的研究现状及发展趋势[J]. 山西建筑,2014,40(33):156-157.
[9] 荆志东. 特长隧道地质超前预报方法研究[J]. 铁道勘察,2005,31(3):46-47.
[10] 李术才,李树忱,张庆松. 岩溶裂隙水与不良地质情况超前预报研究[J]. 岩石力学与工程学报,2007,26(2):217-225.
[11] 尚彦军,杨志法,曾庆利,等. TBM施工遇险工程地质问题分析和失误的反思[J]. 岩石力学与工程学报,2007,26(12):404-411.

第七章
隧道监控量测关键技术

随着经济的发展和科学技术水平的不断提高,隧道工程的建设得到了空前的发展。例如,中国公路隧道的建设规模从20世纪50年代的30多座发展至2006年的2889座。近几年,武汉、南京等地已开始建设过江隧道,厦门、青岛、港珠澳等地正在或预建设跨海隧道,这些隧道的建设无疑又把中国的隧道建设规模和技术都提上一个新的台阶[1]。但由于隧道工程所处地质条件复杂多变,尤其是长大隧道的地质信息更是难以掌握,施工条件比地面建筑物要差得多,施工人员生命及财产都受到极大的威胁。因此,在隧道施工期,需要采用一系列高效率、高精度的观测与测试方法,获得新的资料信息,并将其反馈于设计和施工,以修改施工参数和调整施工措施及对施工的变形进行分析和预测。具体实现过程:通过现场监控量测获取隧道变形数据(即进行数据采集),并采用统计学等方法对数据进行处理和分析(即进行信息管理),最后把分析结果及时反馈于隧道的设计与施工,以保证隧道施工安全及降低工程成本[2]。

现场监控量测作为新奥法(NATM)的3大支柱之一,对于它在地下工程中的作用,很多专家与学者对其作了大量的研究。监控量测的作用主要有[3]:①为选择合适的支护时间提供依据;②掌握围岩动态和支护结构的工作状态,利用量测结果修改设计,指导施工;③预见事故和险情,以便及时采取措施,防患于未然;④为隧道的安全提供可靠的信息;⑤量测数据经过分析处理与必要的计算和判断之后,进行预测和反馈,以保证施工的安全和隧道的稳定;⑥积累资料,为以后的相似工程提供可靠的依据。国内外隧道施工监控量测的内容包括位移、应力、应变、压力量测等,涵盖了隧道围岩与支护结构力学体系的各个方面,具体的量测项目分为必测项目和选测项目两大类。

随着新奥法(NATM)的出现,世界许多国家都把它应用到隧道工程的建设当中来,并得到了较好的效果。20世纪60年代,新奥法的思想和理念被引入中国,并在20世纪70年代初得到迅速的发展。在科技高度发展的21世纪,新奥法在地下工程的应用更为广泛,几乎涵盖了所有的重点难点工程。然而,不论是采用新奥法还是盾构法或钻爆法施工,隧道围岩及支护结构的形变监测都是时刻必须重视的问题,因而,现场监控量测成为国内外地下工程施工的重点内容[4-6]。

现场监控量测已广泛应用于公路、铁路、水电站、海底隧道等的施工中,如刘绍堂等[8]采用精密水准测量方法和静力水准仪法、三角高程刚量法进行了隧道拱顶下沉的监测;姜晨光等[9]结合陆地隧道安全监测经验和海底隧道的环境特点,提出了海底隧道安全监测的基本原则和技术方法,包括海水渗透超前探测、岩层岩性超前探测、围压监测、隧道形变监测、隧道空间位置导向与定位监测等;夏松涛[7]应用改进型门塞式测试法在怒江某水电站隧道典型地段系统测试了洞壁的二次应力,研究了隧道围岩表面二次应力场随时间的变化情况；岳向红等[10]针对浅埋暗挖公路隧道的特点，对厦门高崎互通下穿嘉禾路隧道进行地表下沉、拱顶下沉、洞内收敛、支撑应力等项目的监测工作；李玉宝等[12]在厦门翔安海底隧道结构监测设计中，运用光纤光栅传感器对隧道结构进行实时在线监测。

现场监控量测在隧道中的应用实例不胜枚举，总之，隧道有施工就有扰动，有扰动就有变形，有变形就需对其进行监控量测，它已经是隧道施工中必不可少的一个组成部分[11]。隧道的现场监控量测技术由不成熟走向成熟，由单一的测量逐渐形成一个有机的监测系统。监测系统也由人工值守监测到自动监测转变，如巴赛特系统、自动化全站仪动态监测系统或者断面仪动态监测系统、GeoAuto 自动化实时监测软件系统都可以实现数据自动采集和计算结果自动显示。

第一节 隧道监控量测

一、概述

隧道开挖过程中采用各种类型的仪表和工具，对围岩和支护、衬砌的力学行为以及它们之间的力学关系进行量测和观察，并对其稳定性进行评价，统称为监控量测。它是保证工程质量的重要措施，也是判断围岩和衬砌是否稳定，保证施工安全，指导施工顺序，进行施工管理，提供设计信息的重要手段。

新奥法中的监控量测是隧道施工不可或缺的一部分。采用新奥法设计和施工的隧道，为了掌握施工中围岩和支护的力学动态及稳定程度，以及确定施工工序，保证施工安全，必须做好监控量测。新奥法的实质在于首先对围岩变形建立监控设计手段，而围岩变形能够综合反映隧道开挖后围岩性能的变化，故围岩监控量测在新奥法施工中具有重要的作用。它与喷混凝土和锚杆并列为新奥法的三大支柱。

一般而言，隧道工程施工中监控量测的内容及方法包括以下几点：

(1) 现场观察，包括作业面围岩稳定情况、围岩构造情况、支护情况，校核围岩分类。

(2) 位移测试，包括围岩位移、地表下沉、支撑结构位移等测试。

(3) 应力应变测试，包括岩体原始应力、围岩应力及应变、支护结构应力与应变、围岩与支护间的接触应力测试。

(4) 压力测试，包括支撑上的围岩压力及渗水压力测试。

(5) 围岩力学参数测试，包括抗压强度、变形模量 E、黏聚力 C、内摩擦角 φ、泊松比 μ 测试。

二、施工监控量测的目的和任务

1. 量测的目的
（1）提供监控设计的依据和信息
①掌握围岩压力及形态的变化和规律。
②掌握支护的工作状态信息并及时反馈,指导施工作业。
（2）预报及检测险情
①做出工程预报,确定施工对策和措施。
②监视险情,以确保安全施工。
（3）校核地下工程理论计算结果、完善工程类比法
①为理论分析、数值分析提供计算数据与对比指标。
②为工程类比提供参考指标。
③为地下工程设计与施工累计经验资料。

2. 隧道现场量测的任务
（1）通过对围岩与支护的观察和动态量测,以达到合理安排隧道施工程序、日常施工管理、确保施工安全、修改设计参数和累计资料的目的。
（2）通过对围岩和支护的变位、应力测量,掌握围岩和支护的动态信息并及时反馈,修改隧道围岩及支护系统设计,指导施工作业和管理等。
（3）经量测数据分析处理与必要的计算和判断后,进行预测和反馈,以保证施工安全和隧道围岩及支护衬砌结构的稳定。
（4）对已有隧道工程的量测结果,可以分析和应用到其他类似工程中,作为指导复合式衬砌设计和施工的重要依据。

三、监控量测的范围

1. 必测项目
地质和支护状况观察、周围位移、拱顶下沉、锚杆或锚索内力及抗拔力为必测项目。是用以判断围岩的变化情况、测定支护结构工作状态经常进行的量测项目,也是为设计、施工中确保围岩的稳定,并通过判断围岩的稳定性来指导设计、施工的经常性量测。

2. 选测项目
地表下沉、围岩体内位移、围岩压力及两层支护间压力、钢支撑内力及外力、围岩弹性波测试和支护、衬砌应力、表面应力及裂缝两侧项为选测项目,是用以判断隧道松动状态、喷锚支护效果和累计技术资料为目的的量测。选测项目是对一些有特殊意义和具有代表性的区段进行补充测试,以求更深入地掌握围岩的稳定状态与锚固支护的效果,对未开挖区的设计和施工具有指导意义。

第二节　监控体系运行管理

一、第三方监测管理

1. 监测监控管理模式的探索与创新

目前国内多个城市的地铁建设中都有第三方监测这一称呼,但其形式和内容却大相径庭,因此第三方监测衍生出多种定义和分支,不同时期不同的认识水平会采用不同的形式,目前国内外采用的第三方监测模式主要包括:

(1)施工单位将监测分包予专业监测单位,并得到业主承认的第三方监测,同时其替代施工单位自己的监测。这种监测模式在上海申通地铁建设中处于主导地位,业主单位管理成本及监测费用降低,但数据真实性等方面存在不足。

(2)由业主要求施工单位指定分包的第三方监测,费用从施工费中单列,施工单位自己不再监测。这种模式中,第三方监测单位必须从经过业主资格审查确定合格的分包商名单中选择,主要在上海部分线路采用该种模式,业主单位对监测费用采取了一些管理手段,对监测数据真实性具有促进作用。

(3)由业主要求施工单位分包的第三方监测,第三方监测单位必须从业主通过资格盲查确定的合格分包商名单中选择,由业主直接管理,费用从总包施工监测费中专款专用,同时施工单位自身也委托监测单位监测,并进行管理,即两个监测单位同时监测,但管理归口单位不同。

(4)第三方监测直接由业主招标确定,委托监理单位管理,如深圳地铁、杭州地铁、南昌地铁、上海轨道交通7号线汶水路车站即采用这种模式。该种模式强化现场监测数据复核,作为现场监理单位的补充管理模式。

(5)第三方监测直接由业主招标确定,由业主自己直接管理,这种模式在上海申通地铁、南京地铁、北京地铁中属于另外一种较为重要的模式。

以上,前三种模式工作重点内容是现场测试或对施工监测的数据复核,后两种模式提出第三方监测对施工监测管理职能,主要对施工监测单位的相关审核工作。而在宁波地铁1号线二期育王岭隧道工程的建设与管理过程中,监测监控管理模式方面,宁波轨道交通勇于探索与创新,首次将第三方监测与风险管理单位职能进行合并,形成了第三方监测集监测复核、监测管理和风险管理于一体的监测监控管理模式。模式中将具有风险管控职能的第三方监测定位在现场监测监控分中心之上直接对业主负责,从体制上明确了对施工监测的管理,极大强化了第三方监测的风险管理职能,以便于集中各类资源及时为业主提供更为专业的风险咨询服务,取得了较好的效果。

(1)第三方监测复核完施工监测数据,及时进行数据对比分析,第一时间确保了监测数据的准确性。

（2）第三方监测单位作为专业的监测单位，对于异常数据原因的查找更为有利，能从监测方法、监测过程、监测数据处理、监测成果等各方面寻找原因，有利于对工程误报警的判别。

（3）第三方监测审核完数据后，可保证采用正确的数据及时开展工程安全评判，比起风险咨询单位更有利于监测数据的及时应用，真正起到了数据及时报警、及时采取措施控制风险的作用。

（4）作为第三方监测和风险咨询的一体化模式，对第三方监测工作要求进行静态、动态风险评估，减少了工程风险咨询费用的支出，大大节省了工程造价和业主单位的接口管理工作。

2. 监测管理工作

（1）监测单位人员、仪器管理

人员、仪器及设备严格按照宁波轨道交通集团有限公司颁布的一系列监测监控标准化文件要求实施。首先将宁波轨道交通集团有限公司监测管理的相关文件要求，向施工、监理及施工监测单位做详细交底，并要求现场成立监测分中心。其次在施工监测单位资质、人员报审过程中，审查项目负责人及技术负责人是否具有规定专业职称及相应工作经验；在日常管理过程中每月开展月度检查及考核，及时反馈存在问题并提出整改要求。通过上述对人员的管理措施要求，不仅保证了现场作业的基本要求，同时要求监测管理人员具有较高的专业素养，能够对监测数据进行合理分析，为风险预测提供依据，给地铁施工提供指导，在实施过程中起到了良好的效果。

为了确保现场监测数据的准确性，在监测监控管理工程中，对仪器设备的管理非常重要。标准要求所有监测仪器具有足够的精度（表7-1），同时要求施工监测单位严格按照《监测监控标准化》文件执行报审，审查批准后方可进场使用。对重新检定的测量仪器，应将仪器检定证明报相关单位备案。在使用过程中除要求监测单位做好仪器设备管理台账及使用记录外，还需根据使用情况按照相关要求定期（一年）进行检定，对检定过期、不合格的测量仪器应做好标识，严禁使用。通过对仪器、设备的管理能够保证数据的准确性、连贯性。

施工监测单位、第三方监测单位报审监测仪器精度表　　表7-1

序号	监测项目	仪器名称	精度要求
1	洞口顶部水平位移	全站仪	测角精度优于1″，测距优于1mm+2ppm
2	地表、管线、房屋、围护结构、隧道结构沉降	水准仪	往返中误差小于1mm/km
3	锚杆应力	频率仪	综合误差小于0.5% FS
4	隧道收敛仪	收敛计	0.1mm

（2）监测方案管理

宁波轨道交通1号线二期工程育王岭隧道在实施过程中，针对施工监测方案的管理，严格执行交底、编制、审查、评审到备案整套管理流程，并加强了方案编制过程的审查工作，关于施工监测方案，电话沟通实施修改8次，出具审查意见3份，并于2015年4月26日组织完成监测方案评审工作。评审完成后,施工监测单位根据专家评审意见修改完善方案后报施工单位审核、监理单位审批,最终方案报送建设单位备案。针对遇到阿育王寺、北仑铁路支线等重要保护建筑,与相关产权单位沟通后,补充编制了专项保护监测实施方案。通过方案管理保证了监测工作有序开展,有据可依,有效指导了现场监测工作开展,做到了信息化施工,确保了工程本体及周边环境安全。

（3）测点管理

为规范现场测点布设,保证后续监测数据的准确性、连续性、及时性,严格按照方案中测点埋设技术要求实施,宁波轨道交通1号线二期工程育王岭隧道的测点布设较为规范,实行了测点埋设旁站、测点移交、测点保护等测点管理相关规定;并加强了测点验收管理,规定了测点验收组织者、验收范围、验收申请时间、验收程序等。工点开工前由监理单位组织第三方监测、第一方监测、施工单位开展现场测点验收,并形成各方签字的测点验收意见表。后期通过各参建单位进行定期巡查及立功竞赛考核等措施有效推进了测点布设标准化工作,提高了参建单位测点保护的意识,现场测点破坏数量减少,测点质量得到提高。

（4）监测数据管理

数据处理：为了保证监测数据的及时性,对现场测试的数据进行及时处理至关重要。监测前要求检查测点和仪器是否符合要求,同时要求现场人员回来后及时把原始资料中的一些信息填写完整及时存档,以便以后查询和归档。数据采集完后应马上进行处理,之后现场人员把数据提交经验丰富的专业技术人员审核,若发现数据有异常应及时检查原因,确认数据无误后及时上传到风险管理平台。

第三方对施工监测数据比对：通过将每期第三方监测数据和施工监测数据对比分析工作,确保数据的准确性。当双方数据出现差异,首先从监测成果本身、双方仪器、监测点、基准网等方面进行检查,若以上不存在问题则组织双方在同一时间进行复测检查工作,直至找到准确的监测数据。育王岭隧道本体沉降、收敛等监测数据变形一直较小,双方数据差异不大;在爆破震动监测过程中,因为布点位置、测试仪器等因素影响,个别测次双方数据存在差异,但双方变化趋势较为一致,且监测数据均已超过报警值,及时进行了预报警,协同监理单位组织了现场预警会议,通过各方不断努力和施工单位调整施工,确保工程安全。

（5）监测信息成果管理

为规范宁波地铁建设施工安全监测信息反馈报表报告的内容,形成统一标准的编写格式,以及时提供监测数据,开展现场监测数据分析,并明确监测信息反馈程序,切实、有效、及时地开展宁波地铁建设监测信息反馈管理工作。在1号线二期工程育王岭隧道的监测管理过程中,对信息成果的分类、内容、编制、反馈时间、反馈流程、保密制度等做了明确的规定。在实施过程中,每一份报告必须按照规定要求完成相关内容编制,编制的格式进行了统一,同时按照制定的流程在规定的时间反馈给业主或者其他参建单位,并加强了监测成果的保密工作。

在整个1号线二期工程育王岭隧道管理过程中,信息成果的质量和反馈的时间非常重要,质量的好坏及反馈时间是否及时直接关系到业主及其他参建单位信息的掌握程度,直接关系到监测监控的管理。在今后的监测管理中要严格把控信息成果质量,明确规定信息成果反馈的时间节点。

3. 巡检管理工作

为了加大对现场的管控力度,要求监理单位组织,施工单位、施工监测单位参加,按照规定频率对现场进行日常巡视,通过日常巡视再结合监测数据,指导现场施工。同时每周要求第三方监测单位组织,施工单位、监理单位、施工监测单位人员参加,进行联合巡检,对现场发现的问题进行汇总,并要求现场进行及时整改。通过联合巡检对现场进行监督,是一个很好的监控管理措施。同时第三方监测单位与风险咨询单位还定期对施工监测单位档案资料进行检查,对检查发现的问题当场发联系单进行整改。通过日常巡检、联合巡检及月度检查等多层手段对现场进行监测管理,对现场风险控制、施工标准化、监测标准化起到了很好的监督作用。

二、第三方抽测成果

1. 监测目的与内容

监测抽检工作的主要目的是:

(1)为业主提供及时、可靠、准确的监测数据信息,用于评定隧道工程及周边环境的安全。

(2)对可能发生的危及环境安全的隐患或事故提供及时、准确的预报,使有关各方有时间做出反应,避免事故的发生。

(3)核检第一方监测数据的准确、可靠性。

(4)在出现事故时,提供独立、客观、公正的监测数据,作为有关机构评定和界定相关单位责任的依据,可起到公正性评判作用,避免纠纷。

(5)积累量测数据,检验设计理论的正确性,为今后类似工程设计与施工提供工程参考数据。

从2013年8月育王岭隧道掘进开始至2014年12月施工结束,第三方监测按照合同要求顺利实施,圆满完成任务。抽测工作内容包括隧道及周边环境的变形监测、爆破震动监测以及锚杆应力监测等,累计完成工作量统计见表7-2。

第三方监测抽测工作量统计表　　表7-2

序号	监测项目	测点数	抽测(天)次数
1	洞口地表沉降	36	25
2	铁路路肩沉降	4	13
3	阿育王寺建筑物沉降	24	13
4	隧道拱顶沉降	101	68
5	隧道边墙收敛	147	64
6	锚杆应力	28	149
7	铁路爆破震动	22	57
8	阿育王寺爆破震动	11	

2. 监测方法及仪器

育王岭隧道第三方监测抽测工作具体分为以下四种监测方法及其应用：

(1)沉降观测：应用于进洞口和出洞口地表、萧甬铁路北仑支线路肩、阿育王寺古建筑物、隧道拱顶垂直变形。

第三方监测等级不应低于施工监测，本工程按《建筑物变形测量规范》(JGJ 8—2007)二级水准测量技术要求执行，一项或一个区域的沉降点连成闭合水准路线。

隧道进出口段地表沉降监测观测点的埋设采用标准方法，所设测点穿透道路表面结构层，将其埋设在较坚实的地层中（通常深度不小于1m），同时设置保护套管及盖板。每5～10m布置一个监测断面，至少布置2个断面，断面上沉降测点横向间距为2～5m，隧道中心线附近测点适当加密，隧道中线两侧监测范围不小于招标要求的监测范围，中线测点按照每2～3m布置一个测点。

北仑铁路支线分别在靠近隧道进出口的轨道两侧布置测点（各两个断面），间距10m。共有8个测点。

阿育王寺院内共有12栋主要建筑，在2、6、7、10四栋主要建筑物四个角布置测点，作为沉降观测点，共有16个测点。

隧道拱顶沉降监测是伴随着施工过程进行的，沉降监测与施工同步进行，选择隧道内已知水准点作为高程起算点，该工作基点高程应定期进行联测校核，以保证测量的精度。拱顶下沉观测按规范中规定的沉降变形标准进行观测。观测时先以各区段的基准点和起测基点组成多个独立的沉降监测水准基准网进行联测，联测次数不小于2次，取其高程平均值作为各起测基点的高程值。然后根据具体情况分片，以起测基点为基准，起测基点、监测点、转点组成闭合、附合水准路线，通过平差计算得到各监测点的高程值。隧道拱顶沉降每5～10m一个断面，断面应在开挖面2m距离内尽快安设，并小于一次开挖进尺；当隧道埋设较大、围岩质量较好时，可以增大隧道拱顶沉降监测间距。具体布置方案：Ⅴ级围岩每5m一个断面，Ⅳ级围岩每10m一个断面，Ⅲ级围岩每20m一个断面，由于Ⅱ级围岩只有60m，故只布置一个断面。拱顶沉降点原则上设置在拱顶轴线附近，当隧道跨度较大时，结合施工方法在拱顶部增加监测点。

(2)收敛观测：应用于隧道水平变形。

隧道收敛监测采用Geokon公司生产的GK1610型收敛计，仪器主要由连接钢尺、测力、测距三部分组成。观测前应对收敛计进行率定，确定仪器处于完好状态。测试前，在两监测点装上测杆，用收敛计测读初始读数三次，三次读数较差应小于0.18mm，取三次读数的算术平均值作为初值，并量测并记录环境温度。每次观测时各测点均需限定使用同一测杆。每5～10m布置一个收敛断面，断面在开挖面2m距离内尽快安设，并应小于一次开挖进尺；当隧道埋深较大、围岩质量较好时，收敛监测断面间距加大。

(3)锚杆应力观测：应用于隧道支护锚杆应力。

锚杆应力监测在隧道每一级代表性围岩布设一个断面，在地质条件变化处根据实际情况调整断面位置；每个断面设5个测点及5根量测锚杆。断面上具体的布置形式为在拱顶中央1个,在拱基线上(或拱基线上1.5m处)左右各设一个,在两侧墙施工底板线上1.5m处各设一个。具体部位也可根据岩性及有关现场情况适当变更。

(4)爆破震动观测:应用于阿育王寺和北仑铁路支线铁爆破震动影响。

开挖爆破产生的地震波通过地下岩体向周围传播,引起周围介质的震动。开挖爆破前,在预定的监测点安装传感器,并与采集仪连接,选择合适的开门阀值。爆破产生的震动传播至监测点,当震动幅值超过仪器设定的开门阀值,即开始记录爆破震动信号,并通过专用软件处理分析震动信号,提取地震波的最大振幅、震动主频和震动持续时间等参数。根据开挖爆破震动测试要求,对规定的部位埋设三分量速度或加速度传感器,测试各监测点的竖向、水平切向和水平径向最大震动速度或加速度以及震动主频和震动持续时间,必要时利用三矢量合成得到质点最大震动速度或加速度。并根据设计或规范规定的爆破震动控制标准评价爆破震动影响。

以上各种监测方法所使用的主要仪器见表7-3。

主要监测仪器　　　　　　　　表7-3

序号	监测方法	监测仪器	型号	数量
1	沉降	水准仪	Trimble DiNi03	2
2	位移	全站仪	Leica TCA1201+400	1
3	收敛	收敛计	GK-1610	2
4	爆破震动	爆破测振仪	UBOX206	2
			TCL-4850	2
5	锚杆应力	锚杆应力综合测试仪	JMZX-3001	1

3. 监测成果及分析

(1)洞口地表沉降监测成果分析

宁波隧道出洞口地质条件较差,有F6、F7、F8等断层通过,围岩等级为Ⅴ级,掘进施工对地表及其建筑物影响较大。出洞口顶部地表垂直洞轴线布置两条测线,测线里程为K32+080、K32+085,共18个测点,进洞口地表布置1条测线18个测点。统计各测点的最大沉降量和最大沉降速率如表7-4所示,地表沉降三级预警控制指标判定表如表7-5所示。

洞口地表沉降统计表　　　　　　　　表7-4

测线里程	测点编号	累计沉降量(mm)	最大沉降速率(mm/d)	最大沉降速率日期
出洞口 K32+080	SD2+1	3.24	0.05	2013.6.5
	SD2+2	3.92	0.21	2013.5.27
	SD2+3	4.34	0.21	2013.5.30
	SD2+4	5.26	0.24	2013.5.27
	SD2+5	5.43	0.16	2013.5.21
	SD2+6	3.90	0.34	2013.5.27
	SD2+7	4.41	0.28	2013.5.27
	SD2+8	3.40	0.37	2013.5.27
	SD2+9	3.86	0.08	2013.5.27

续上表

测线里程	测点编号	累计沉降量(mm)	最大沉降速率(mm/d)	最大沉降速率日期
出洞口 K32+085	SD3+1	4.73	0.20	2013.5.27
	SD3+2	8.21	0.20	2013.5.27
	SD3+3	7.37	0.29	2013.5.30
	SD3+4	6.81	0.48	2013.5.30
	SD3+5	6.16	0.31	2013.4.25
	SD3+6	15.45	0.47	2013.5.21
	SD3+7	9.86	0.32	2013.5.30
	SD3+8	6.44	0.21	2013.5.30
	SD3+9	5.39	0.28	2013.5.30
进洞口	SD4+1	7.50	0.78	2014.10.5
	SD4+2	11.78	1.34	2014.10.5
	SD4+3	5.52	0.38	2014.10.5
	SD4+4	0.40	0.20	2014.9.28
	SD4+5	9.70	1.04	2014.10.5
	SD4+6	8.81	0.90	2014.10.5
	SD4+7	0.50	0.25	2014.9.28
	SD4+8	3.98	0.49	2014.10.5
	SD4+9	0.30	0.15	2014.9.28
	SD4+10	10.64	1.23	2014.10.5
	SD4+11	4.22	0.25	2014.9.28
	SD4+12	6.80	0.65	2014.10.5
	SD4+13	9.13	0.95	2014.10.5
	SD4+14	8.18	0.78	2014.10.5
	SD4+15	3.35	0.45	2014.9.28
	SD4+16	4.57	0.45	2014.9.28
	SD4+17	9.83	1.03	2014.10.5
	SD4+18	0.80	0.40	2014.9.28

注：沉降向下为"+"，反之为"-"。

地表沉降三级预警控制指标判定表　　　　　　表 7-5

预警级别	预警控制指标(mm/d)	预警级别	预警控制指标(mm/d)
黄色预警	2～3	红色预警	8～10
橙色预警	4～6		

表 7-4 中累计沉降量最大的是测点 SD3+6，其值为 15.45mm，最大沉降速率的测点是 SD4+2，其值为 1.34mm/d。累计沉降量和沉降速率都未达到预警指标，可见掘进施工对进洞口和出洞口的地表沉降影响较小。

（2）阿育王寺建筑物沉降监测成果分析

育王岭隧道掘进至K31+000附近时,爆破点距离阿育王寺最近点约230m,爆破震动监测结果显示,爆破震动对阿育王寺古建筑的震动影响开始显现。2014年7月30日开始对阿育王寺进行沉降监测。阿育王寺院内共有12栋主要建筑,选择其中2、6、7、10四栋主要建筑物作为沉降观测对象,在每栋建筑的四个角点布置测点,共有16个测点。测点编号为JC 2+1，JC 2+2，JC 2+3，JC 2+4；JC 6+1，JC 6+2，JC6+3，JC 6+4；JC 7+1，JC 7+2，JC 7+3，JC 7+4；JC 10+1，JC 10+2，JC 10+3，JC 10+4。后续监测过程中增加对东、西塔的沉降监测,分别在东、西塔的塔基上布设4个沉降监测点,编号为JCDT+1，JCDT+2，JCDT+3，JCDT+4；JCXT+1，JCXT+2，JCXT+3，JCXT+4。至2014年10月隧道贯通为止,阿育王寺沉降监测圆满结束,监测数据统计结果见表3-19。

（3）铁路路肩沉降监测成果分析

北仑铁路支线距离隧道出洞口约120m,为监测爆破施工对铁路的位移变化影响,在距隧道出洞口最近点的铁路路肩两侧布置4个测点进行沉降观测,测点编号为D3+1、D3+2、D4+1、D4+2。2013年8月至2013年12月期间第三方监测持续进行抽测工作,得到各测点的累计沉降量-时间关系曲线如图7-1所示,沉降速率-时间关系如图7-2所示。

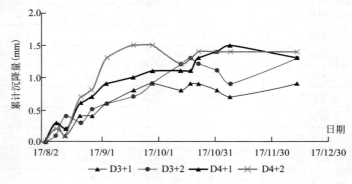

图7-1 北仑铁路支线路肩沉降-时间关系曲线

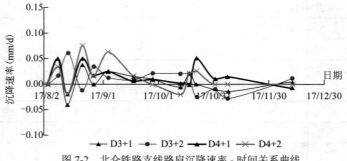

图7-2 北仑铁路支线路肩沉降速率-时间关系曲线

统计抽测数据中各测点的最大沉降量和最大沉降速率如表7-6所示,表中最大沉降量为1.5mm,最大沉降速率为0.08mm/d,均远小于预警指标,说明育王岭隧道爆破施工对北仑铁路支线几乎不产生竖向位移影响。

北仑铁路支线路肩沉降统计表 表 7-6

测点编号	最大沉降量(mm)	最大沉降发生日期	最大沉降速率(mm/d)	最大速率发生日期
D3+1	0.90	2013.12.12	0.05	2013.8.7
D3+2	1.30	2013.12.12	0.06	2013.8.12
D4+1	1.50	2013.11.17	0.05	2013.8.20
D4+2	1.50	2013.9.27	0.08	2013.8.20

(4)隧道拱顶沉降监测成果分析

育王岭隧道每次爆破开挖并完成初期支护后,立即对拱顶进行沉降变形观测,沉降测点布置方案为:Ⅴ级围岩每 5m 一个断面,Ⅳ级围岩每 10m 一个断面,Ⅲ级围岩每 20m 一个断面,由于Ⅱ级围岩只有 60m,故只布置一个断面。拱顶沉降点原则上设置在拱顶轴线附近,当隧道跨度较大时,结合施工方法在拱顶部增加监测点。从 2013 年 5 月隧道掘进开始第一次隧道沉降监测,直到 2014 年 10 月隧道贯通,第三方监测抽检频率为每周两次,累计对 101 个沉降测点进行了 68 次抽测。统计每个测点所测得的最大沉降量和最大沉降速率,并计算其最大的沉降高度比,和不同围岩级别、埋深段所对应的相对沉降控制指标进行对比,得到表 7-7。

育王岭隧道拱顶沉降统计表 表 7-7

测点编号	最大沉降量(mm)	沉降高度比 s/H	最大沉降速率(mm/d)	围岩级别	隧道埋深	相对沉降控制值
S/XttK32+090+1	11.95	0.11%	0.90	Ⅴ		0.12%
S/XttK32+085+1	16.80	0.15%	5.65			
S/XttK32+080+1	10.05	0.09%	0.22			
S/XttK32+090+2	4.40	0.04%	0.16			
S/XttK32+085+2	14.70	0.13%	2.15			
S/XttK32+080+2	6.85	0.06%	0.53			
S/XttK32+075+1	5.80	0.05%	0.26			
S/XttK32+075+2	8.75	0.08%	0.90			
S/XttK32+065+1	0.10	0.00%	0.10	Ⅳ	<50m	0.08%
S/XttK32+065+2	2.60	0.02%	0.80			
S/XttK32+055+1	0.00	0.00%	0.00			
S/XttK32+055+2	8.40	0.08%	0.51			
S/XttK32+045+1	0.00	0.00%	0.00			
S/XttK32+045+2	0.00	0.00%	-0.12			
S/XttK32+035	0.00	0.00%	0.76			
S/XttK32+025	1.00	0.01%	0.46			
S/XttK32+015	1.15	0.01%	0.59			
S/XttK32+005	0.00	0.00%	0.00			
S/XttK31+995	1.00	0.01%	0.02			
S/XttK31+985	1.20	0.01%	0.03			
S/XttK31+975	1.20	0.01%	0.11			

续上表

测点编号	最大沉降量(mm)	沉降高度比 s/H	最大沉降速率(mm/d)	围岩级别	隧道埋深	相对沉降控制值
S/XttK31+965	0.70	0.01%	0.10	Ⅲ		0.05%
S/XttK31+945	0.30	0.00%	0.04			
S/XttK31+925	0.60	0.01%	0.09	Ⅳ		0.08%
S/XttK31+915	0.00	0.00%	0.00			
S/XttK31+905	0.00	0.00%	0.00			
S/XttK31+895	0.70	0.01%	0.06			
S/XttK31+885	1.70	0.02%	0.13			
S/XttK31+875	2.20	0.02%	0.15			
S/XttK31+865	1.90	0.02%	0.13			
S/XttK31+855	1.90	0.02%	0.14			
S/XttK31+845	1.90	0.02%	0.16			
S/XttK31+835	0.60	0.01%	0.05			
S/XttK31+825	1.90	0.02%	0.16			
S/XttK31+815	0.50	0.00%	0.08			
S/XttK31+805	0.20	0.00%	0.03			
S/XttK31+795	0.89	0.01%	0.02			
S/XttK31+785	1.03	0.01%	0.02			
S/XttK31+775	0.90	0.01%	0.08			
S/XttK31+765	0.90	0.01%	0.09			
S/XttK31+755	1.00	0.01%	0.09			
S/XttK31+745	0.30	0.00%	0.03			
S/XttK31+735	1.00	0.01%	0.06			
S/XttK31+725	1.20	0.01%	0.07		50~137m	0.24%
S/XttK31+715	1.20	0.01%	0.06			
S/XttK31+705	1.10	0.01%	0.06			
S/XttK31+695	0.90	0.01%	0.07			
S/XttK31+685	1.20	0.01%	0.08			
S/XttK31+675	1.10	0.01%	0.07			
S/XttK31+665	0.50	0.00%	0.03			
S/XttK31+655	0.80	0.01%	0.10			
S/XttK31+645	0.80	0.01%	0.10			
S/XttK31+635	1.90	0.02%	0.10			
S/XttK31+625	2.10	0.02%	0.08			
S/XttK31+605	1.30	0.01%	0.09	Ⅲ		0.10%
S/XttK31+585	1.50	0.01%	0.10			
S/XttK31+565	1.00	0.01%	0.11			
S/XttK31+545	0.90	0.01%	0.10			
S/XttK31+525	3.80	0.03%	0.40			

续上表

测点编号	最大沉降量(mm)	沉降高度比 s/H	最大沉降速率(mm/d)	围岩级别	隧道埋深	相对沉降控制值
S/XttK31+515	4.70	0.04%	0.59	IV		0.24%
S/XttK31+505	3.20	0.03%	0.30			
S/XttK31+495	4.30	0.04%	0.44			
S/XttK31+485	4.20	0.04%	0.38	III		0.10%
S/XttK31+465	5.80	0.05%	0.66			
S/XttK31+445	7.10	0.06%	0.74	II		0.10%
S/XttK31+415	3.10	0.03%	0.44			
S/XttK31+385	4.10	0.04%	0.56			
S/XttK31+365	5.30	0.05%	0.40	III		0.10%
S/XttK31+345	5.30	0.05%	0.46			
S/XttK31+325	6.30	0.06%	0.60			
S/XttK31+305	6.30	0.06%	0.64			
S/XttK31+285	3.00	0.03%	0.18			
S/XttK31+265	3.40	0.03%	0.23			
S/XttK31+255	6.50	0.06%	0.35	IV		0.24%
S/XttK31+245	3.20	0.03%	0.35			
S/XttK31+235	6.40	0.06%	0.70			
S/XttK31+225	8.60	0.08%	0.80			
S/XttK31+215	5.60	0.05%	0.39			
S/XttK31+205	9.00	0.08%	0.57			
S/XttK31+195	10.20	0.09%	0.73	III		0.10%
S/XttK31+175	5.80	0.05%	0.37			
S/XttK31+155	7.50	0.07%	0.66			
S/XttK31+135	3.00	0.03%	0.29			
S/XttK31+115	4.30	0.04%	0.30			
S/XttK31+95	10.30	0.09%	1.19			
S/XttK31+75	10.20	0.09%	1.11			
S/XttK31+55	9.80	0.09%	1.01			
S/XttK31+35	4.30	0.04%	0.46			
S/XttK31+15	9.30	0.08%	0.71			
S/XttK31+5	11.90	0.11%	1.01	IV		0.24%
S/XttK30+995	9.40	0.09%	0.70			
S/XttK30+985	11.50	0.10%	0.83	III		0.10%
S/XttK30+965	10.80	0.10%	0.69			
S/XttK30+945	12.90	0.12%	1.29			
S/XttK30+925	11.20	0.10%	1.13			

续上表

测点编号	最大沉降量(mm)	沉降高度比 s/H	最大沉降速率(mm/d)	围岩级别	隧道埋深	相对沉降控制值
S/XttK30+905	12.70	0.12%	0.98	Ⅲ	<50m	0.05%
S/XttK30+885	9.50	0.09%	1.30			
S/XttK30+865	7.40	0.07%	0.81			
S/XttK30+845	7.40	0.07%	0.73			
S/XttK30+825	10.10	0.09%	0.83			
S/XttK30+805	4.50	0.04%	0.30			
S/XttK30+785	13.20	0.12%	1.09	Ⅳ		0.08%
S/XttK30+765	12.90	0.12%	1.17			

注：沉降向下为"+"，反之为"-"，s 为最大沉降量，H 为隧道开挖高度，取11m。

育王岭隧道岩性主要为熔结凝灰岩和流纹岩，属较硬岩，拱顶沉降相对位移取下限和上限中值较合理，其控制指标取值如表7-8所示，沉降速率控制标准为 1mm/d。

育王岭隧道拱顶沉降控制值　　　　　　　　表7-8

围岩级别	拱顶相对下沉控制值	
	埋深<50m	50m<埋深<300m
Ⅲ	0.05%	0.10%
Ⅳ	0.08%	0.24%
Ⅴ	0.12%	0.62%

（5）隧道收敛监测成果分析

育王岭隧道每次爆破开挖并完成初期支护后，立即对洞壁进行收敛变形观测，由于隧道大部分采用上下台阶法开挖，观测部位位于洞腰位置，距洞顶约7m。收敛监测采用Geokon公司生产的GK1610型收敛计。按围岩级别每5～20m布置一个收敛断面。从2013年5月隧道掘进开始第一次隧道收敛监测，直到2014年10月隧道贯通，第三方监测累计对147个监测断面进行了64次监测，统计每个断面所测得的最大收敛量和最大收敛速率，并计算其最大的收敛宽度比，和不同围岩级别、埋深段所对应的相对收敛控制指标进行对比，得到表7-9。

育王岭隧道拱腰收敛统计表　　　　　　　　表7-9

测点编号	最大收敛量(mm)	收敛宽度比 s/D	最大收敛速率(mm/d)	围岩级别	隧道埋深	相对收敛控制值
S/XoK32+090+1	0.00	0.00%	0.00	Ⅴ	<50m	0.45%
S/XoK32+085+1	0.00	0.00%	0.00			
S/XoK32+080+1	2.12	0.02%	0.04			
S/XoK32+090+2	1.15	0.01%	0.38			
S/XoK32+085+2	1.70	0.02%	0.05			
S/XoK32+075+1	0.00	0.00%	0.00			
S/XoK32+075+2	0.00	0.00%	0.00			
S/XoK32+090	6.95	0.06%	0.30			

续上表

测点编号	最大收敛量(mm)	收敛宽度比 s/D	最大收敛速率(mm/d)	围岩级别	隧道埋深	相对收敛控制值
S/XoK32+085	0.89	0.01%	0.11	V		0.45%
S/XoK32+080	0.00	0.00%	0.00			
S/XoK32+075	0.00	0.00%	0.00			
S/XoK32+090 下	0.19	0.00%	0.08			
S/XoK32+085 下	0.14	0.00%	0.07			
S/XoK32+080 下	3.20	0.03%	0.60			
S/XoK32+075 下	4.86	0.04%	0.81			
S/XoK32+065	0.38	0.00%	0.04	IV	<50m	0.26%
S/XoK32+055+1	0.00	0.00%	0.00			
S/XoK32+065 下	0.00	0.00%	0.00			
S/XoK32+055	0.00	0.00%	0.00			
S/XoK32+045	2.43	0.02%	0.24			
S/XoK32+045 下	0.56	0.01%	0.02			
S/XoK32+035	0.00	0.00%	0.16			
S/XoK32+025	2.11	0.02%	0.17			
S/XoK32+015	0.69	0.01%	0.14			
S/XoK32+055 下	0.38	0.00%	0.08			
S/XoK32+005	3.64	0.03%	0.40			
S/XoK31+995	0.13	0.00%	0.03			
S/XoK31+985	0.26	0.00%	0.05			
S/XoK31+975	1.15	0.01%	0.04			
S/XoK31+965	0.00	0.00%	0.00			
S/XoK31+975 下	0.00	0.00%	0.00			
S/XoK31+965 下	0.00	0.00%	0.00			
S/XoK32+035 下	0.00	0.00%	0.00			
S/XoK32+025 下	0.22	0.00%	0.03			
S/XoK32+015 下	0.12	0.00%	0.02			
S/XoK32+005 下	0.00	0.00%	0.00			
S/XoK31+995 下	0.00	0.00%	0.01			
S/XoK31+985 下	0.20	0.00%	0.02			
S/XoK31+945	0.08	0.00%	0.01			
S/XoK31+925	0.25	0.00%	0.02	III		0.08%
S/XoK31+945 下	0.00	0.00%	0.00			
S/XoK31+925 下	0.12	0.00%	0.01			
S/XoK31+915	0.19	0.00%	0.03	IV	<50m	0.26%
S/XoK31+905	0.77	0.01%	0.06			
S/XoK31+895	0.69	0.01%	0.10			
S/XoK31+885	0.57	0.01%	0.06			
S/XoK31+875	0.24	0.00%	0.01			

续上表

测点编号	最大收敛量(mm)	收敛宽度比 s/D	最大收敛速率(mm/d)	围岩级别	隧道埋深	相对收敛控制值
S/XoK31+865	0.71	0.01%	0.07			
S/XoK31+855	0.37	0.00%	0.02			
S/XoK31+845	0.32	0.00%	0.04			
S/XoK31+835	0.57	0.01%	0.06			
S/XoK31+915 下	0.18	0.00%	0.02			
S/XoK31+905 下	0.06	0.00%	0.00			
S/XoK31+825	0.34	0.00%	0.01			
S/XoK31+815	0.61	0.01%	0.01			
S/XoK31+895 下	0.40	0.00%	0.04			
S/XoK31+805	0.41	0.00%	0.04			
S/XoK31+795	0.44	0.00%	0.04			
S/XoK31+785	0.82	0.01%	0.08			
S/XoK31+885 下	0.82	0.01%	0.08			
S/XoK31+875 下	0.80	0.01%	0.08			
S/XoK31+865 下	0.86	0.01%	0.09			
S/XoK31+775	0.96	0.01%	0.10			
S/XoK31+765	0.77	0.01%	0.08	Ⅳ	<50m	0.26%
S/XoK31+755	0.12	0.00%	0.01			
S/XoK31+745	0.54	0.00%	0.05			
S/XoK31+735	0.94	0.01%	0.09			
S/XoK31+725	0.60	0.01%	0.03			
S/XoK31+855 下	0.53	0.00%	0.03			
S/XoK31+845 下	1.17	0.01%	0.07			
S/XoK31+715	1.07	0.01%	0.07			
S/XoK31+705	0.96	0.01%	0.07			
S/XoK31+695	1.19	0.01%	0.07			
S/XoK31+685	0.98	0.01%	0.06			
S/XoK31+675	0.53	0.00%	0.05			
S/XoK31+665	0.73	0.01%	0.06			
S/XoK31+655	0.67	0.01%	0.06			
S/XoK31+645	1.03	0.01%	0.13			
S/XoK31+765 下	0.96	0.01%	0.09			
S/XoK31+755 下	0.93	0.01%	0.08			
S/XoK31+745 下	1.45	0.01%	0.12			
S/XoK31+635	1.33	0.01%	0.11			
S/XoK31+625	1.49	0.01%	0.10	Ⅳ	50~137m	0.65%
S/XoK31+725 下	0.00	0.00%	0.00			
S/XoK31+715 下	0.00	0.00%	0.00			

续上表

测点编号	最大收敛量(mm)	收敛宽度比 s/D	最大收敛速率(mm/d)	围岩级别	隧道埋深	相对收敛控制值
S/XoK31+605	1.30	0.01%	0.09	Ⅲ		0.31%
S/XoK31+585	0.77	0.01%	0.09			
S/XoK31+565	0.88	0.01%	0.10			
S/XoK31+545	0.93	0.01%	0.10			
S/XoK31+525	4.45	0.04%	0.48			
S/XoK31+515	4.73	0.04%	0.51	Ⅳ		0.65%
S/XoK31+505	3.14	0.03%	0.34			
S/XoK31+495	3.36	0.03%	0.42			
S/XoK31+485	3.39	0.03%	0.32	Ⅲ		0.31%
S/XoK31+465	4.57	0.04%	0.58			
S/XoK31+445	6.74	0.06%	0.79			
S/XoK31+415	4.11	0.04%	0.54	Ⅱ		0.31%
S/XoK31+385	5.33	0.05%	0.71			
S/XoK31+365	5.86	0.05%	0.56	Ⅲ	50～137m	0.31%
S/XoK31+345	5.77	0.05%	0.52			
S/XoK31+325	5.56	0.05%	0.58			
S/XoK31+305	6.57	0.06%	0.65			
S/XoK31+285	2.45	0.02%	0.18			
S/XoK31+285 下	3.52	0.03%	0.30			
S/XoK31+265	3.43	0.03%	0.22			
S/XoK31+255	5.15	0.05%	0.36	Ⅳ		0.65%
S/XoK31+245	4.06	0.04%	0.33			
S/XoK31+235	5.38	0.05%	0.51			
S/XoK31+225	7.30	0.07%	0.65			
S/XoK31+215	3.94	0.04%	0.33			
S/XoK31+205	6.63	0.06%	0.45			
S/XoK31+195	8.18	0.07%	0.47	Ⅲ		0.31%
S/XoK31+175	4.36	0.04%	0.38			
S/XoK31+155	5.51	0.05%	0.51			
S/XoK31+155 下	10.50	0.10%	0.87			
S/XoK31+145 下	10.72	0.10%	1.12			
S/XoK31+135	1.69	0.02%	0.11			
S/XoK31+135 下	10.32	0.09%	0.97			
S/XoK31+125 下	10.45	0.10%	0.83			
S/XoK31+115 下	10.66	0.10%	0.91			
S/XoK31+105 下	11.11	0.10%	0.89			
S/XoK31+115	3.46	0.03%	0.15	Ⅲ	50～137m	0.31%
S/XoK31+095 下	11.07	0.10%	1.04			
S/XoK31+085 下	10.86	0.10%	1.04			

续上表

测点编号	最大收敛量（mm）	收敛宽度比 s/D	最大收敛速率（mm/d）	围岩级别	隧道埋深	相对收敛控制值
S/XoK31+95	4.80	0.04%	0.47	Ⅲ	50～137m	0.31%
S/XoK31+75	10.62	0.10%	0.95			
S/XoK31+55	12.62	0.11%	1.07			
S/XoK31+35	6.60	0.06%	0.51			
S/XoK31+035 下	0.75	0.01%	0.06			
S/XoK31+015 下	0.30	0.00%	0.04			
S/XoK31+15	11.75	0.11%	0.82			
S/XoK31+5	9.86	0.09%	0.88	Ⅳ		0.65%
S/XoK30+995	5.80	0.05%	0.56			
S/XoK30+995 下	0.49	0.00%	0.04			
S/XoK30+985	9.03	0.08%	0.67	Ⅲ	<50m	0.31%
S/XoK30+965	10.20	0.09%	0.72			
S/XoK30+945	11.41	0.10%	0.93			
S/XoK30+925	10.48	0.10%	1.11			
S/XoK30+905	10.28	0.09%	0.97			0.08%
S/XoK30+885	9.18	0.08%	1.34			
S/XoK30+865	5.99	0.05%	0.63			
S/XoK30+845	4.69	0.04%	0.47			
S/XoK30+825	3.52	0.03%	0.24			
S/XoK30+805	4.65	0.04%	0.29			
S/XoK30+975 下	1.50	0.01%	0.10			
S/XoK30+785	10.17	0.09%	0.74	Ⅳ		0.26%
S/XoK30+765	6.20	0.06%	0.38			

注：收敛点之间距离减少为"+"，反之为"-"，s 为最大收敛量，D 为隧道拱腰开挖宽度，取 11m。

育王岭隧道岩性主要为熔结凝灰岩和流纹岩，属较硬岩，收敛相对位移控制值取下限和上限中值较合理，拱腰相对净空变化值增大系数取 1.3，其控制指标如表 7-10 所示，收敛速率急剧变位控制指标取 1mm/d。

育王岭隧道拱腰收敛控制值　　　　　　　　　　　　表 7-10

围岩级别	拱腰相对收敛控制值	
	埋深<50m	50m<埋深<300m
Ⅲ	0.08%	0.31%
Ⅳ	0.26%	0.65%
Ⅴ	0.45%	1.56%

第三方监测对洞内所有收敛测点均进行了抽测，抽测结果普遍较小，表 7-9 中 147 个测点中仅有测点 S/XoK30+905 的最大收敛宽度比超过控制指标，可见隧道整个开挖过程中围岩收敛变形很小，初衬完成后围岩基本处于稳定状态。

表 7-9 中有 6 个测点的最大收敛速率大于速率控制指标 1mm/s，每次超过控制指标后

施工监测和第三方监测均进行了加密观测,在随后的观测中,各测点变形均逐渐趋于稳定。分析以上6个测点变形速率较大的原因,主要是由于测点位置围岩较破碎,开挖后短时期内围岩变形较快,围岩-初期支护结构体系需要经历相对较长时间才能达到应力平衡,随着支护结构作用的逐步发挥,收敛变形最终趋于稳定。

(6)锚杆应力监测成果分析

隧道每一级代表性围岩分别布设一个锚杆应力监测断面,共布置4个断面,每个断面安装3～5根量测锚杆,每根锚杆布置2个测点。统计每个测点的最大应力、最大应力变化量、最大应力变化速率如表7-11所示。锚杆应力三级预警控制指标判定表如表7-12所示。

育王岭隧道锚杆应力统计表　　　　　　　　　表7-11

锚杆编号	最大应力(kPa)	最大应力变化量(kPa)	最大应力变化速率(kPa/d)
NLK32+30+A+1	-12900	-300	-400
NLK32+30+A+2	-7100	-500	-1000
NLK32+30+B+1	-4100	-400	-800
NLK32+30+B+2	-3100	-300	600
NLK32+30+C+1	-900	500	1000
NLK32+30+C+2	-800	-600	600
NLK32+30+D+1	-8400	-300	600
NLK32+30+D+2	-7300	-300	600
NLK32+30+E+1	-4000	500	800
NLK32+30+E+2	-5200	-400	600
NLK31+800+A+1	-4100	-100	200
NLK31+800+A+2	1100	-200	-400
NLK31+800+B+1	1300	-100	-200
NLK31+800+B+2	1300	200	400
NLK31+800+C+1	-600	200	400
NLK31+800+C+2	-7400	-200	-400
NLK31+230+A+1	-5200	-300	-600
NLK31+230+A+2	-8100	-200	-400
NLK31+230+B+1	-6400	-300	-600
NLK31+230+B+2	-9100	-300	-600
NLK31+230+C+1	-7700	-300	600
NLK31+230+C+2	-6500	400	800
NLK30+880+A+1	-6800	200	200
NLK30+880+A+2	-6900	300	300
NLK30+880+B+1	-6700	-300	-300
NLK30+880+B+2	-8100	300	300
NLK30+880+C+1	-8600	300	300
NLK30+880+C+2	-1800	300	300

注:最大应力栏中"-"表示压应力,否则为拉应力;最大应力变化量栏和最大应力变化速率栏中的"-"表示绝对值减小,否则表示绝对值增加。

锚杆应力三级预警控制指标判定表　　　　　　表 7-12

预 警 级 别	预警控制指标	预 警 级 别	预警控制指标
黄色预警	$60\% \sim 70\%f$	红色预警	$80\% \sim 90\%f$
橙色预警	$70\% \sim 80\%f$		

注：f 为设计极限值。杆体抗拉极限拉力 $\geqslant 180 \text{kN}$。

第三节　爆破震动监测结果及其分析

一、布点原则

由于隧道进口段覆盖层较浅，为确保安全进洞和顺利掘进，设计采用大管棚技术加强支护，在大管棚保护下进洞(图 7-3)。隧道开挖段，为减少爆破对阿育王寺建筑物的震动影响，隧道洞口中将采用 CRD 工法施工(图 7-4)。

图 7-3　隧道进口管棚施工进洞

图 7-4　隧道洞口 CRD 工法施工

考虑到前期监测点的合理布置及其便利性,中远程测点沿既有铁路线布置,育王岭隧道整体和局部与既有铁路位置平面图如图 7-5～图 7-7 所示。

图 7-5　爆破震动监测铁路支线布置示意图(隧道出口处)

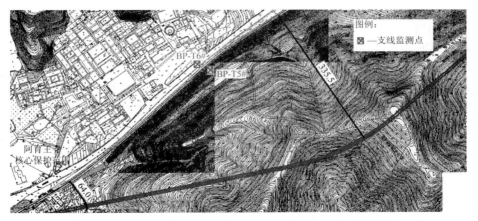

图 7-6　爆破震动监测铁路支线布置示意图(隧道入口处提前预警点)

图 7-7　爆破震动监测铁路支线布置示意图(隧道入口处)

(1)布置位置:阿育王寺院 12 栋主建筑,每栋主建筑物按沿爆破点－监测建筑方向近远建筑物对角位置布置测点,临近建筑考虑兼顾测点,共布置12～14个测点。北路铁路支线分别在靠近隧道进出口的轨道两侧布置测点(各2条测线4点),隧道入口端提前预警监测点2个(1条测线2点),共有10个测点。

(2)监测点间距:原则上按建筑物对角布置测点,并遵循"最近、最远距离原则"与临近建筑共用测点原则;北路铁路支线监测测线(5线)出口处测线间距100m,入口处测线间距50m,隧道入口端提前预警监测点距离爆破中心的距离在第一阶段监测后具体定,按爆破震动监测试验结论建议的最大安全距离位置布置,初步定为距离爆破中心300m位置。

(3)12栋建筑物共布设爆破震动监测点12～14个,编号为BP1#,BP2#,BP3#,BP4#,BP5#,……BP12#;BP*+1#,BP*+2#(2个机动点,必要时调整位置,*为临近测点编号)。北路铁路支线轨枕部位震动观测点编号为隧道出口处BP-T1#,BP-T2#,BP-T3#,BP-T4#;邻近入口提前预警监测点BP-T5#,BP-T6#;隧道进口处BP-T7#,BP-T8#,BP-T9#,BP-T10#。

二、爆破震动监测

1. 仪器布置

爆破震动监测系统框图如图7-8所示。

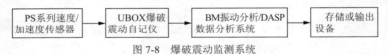

图7-8 爆破震动监测系统

12栋建筑物爆破震动监测点,在建筑物基础或临近基础部位布置测点,见图7-9,每个监测点安装垂直方向、水平径向与水平切向速度传感器,观测三个方向震动速度,共有12～14个测点、24～36组监测数据(合适时,仅测试竖直与水平方向震动速度)。北路铁路支线分别在靠近隧道进出口的轨道两侧路基布置测点,采用钢筋加水泥布置,共有10个测点,见图7-10。

图7-9 爆破震动阿育王寺建筑物测点

图7-10 爆破震动路基测点

早期监测,观测三个方向爆破震动速度,通过一段时期监测(1～3个月),根据爆破震动衰减规律和相对固定的爆破规模（爆破总药量、最大一段齐爆药量），回归爆破震动速度质点震动峰值（PPV值）衰减公式，形成一定规律后，视水平方向震动幅值大小，最终选择监测垂直与水平两个方向的分量，其中水平方向取震动幅值较大的方向。

2. 监测仪器及参数

本工程用 UBOX-5016 爆破震动测试仪（表 7-13）、PS4.5 速度传感器进行爆破震动监测，仪器实置电压灵敏度 $268.0\text{mV/cm}\cdot\text{s}^{-1}$，可监测质点震动峰值速度 0.0001cm/s 以上爆破震动，主振频率范围 1～500Hz。

UBOX-5016 震动数据观测仪相关性能指标　　　　表 7-13

序号	项　　目	性　能　指　标
1	输入信号范围	幅度小于 ±10V
2	采样率	每个通道最高可达 200kSps
3	分辨率	16 位
4	缓存深度	128k/CH
5	量程	最高可达 ±10V
6	直流精度误差	最高可达 ±0.5%
7	信噪比	最小信噪比为 ±10dB

3. 爆破震动观测方法

考虑爆破震动影响及其规律以及开展工作时隧道爆破实际情况与施工进度条件，分别针对爆破施工可能影响范围的最近位置测点展开监测，每次监测 2～4 个测点。严格按行业标准——《爆破安全规程》（GB 6722—2003）执行。

4. 监测过程安排

震动监测任务分三个阶段进行，第一阶段为远距离爆破震动监测，第二阶段为近距离爆破震动全过程监测，第三阶段为较近距离爆破震动跟踪监测。

（1）第一阶段爆破震动监测，即为爆破震动试验观测阶段，在隧道施工初期进行，主要考虑最近距离条件下的监测点监测，并布置其他地方辅助性布置监测点。监测较远距离隧道施工以及形成成熟爆破施工工艺条件下的震动速度，分析其幅频特性。依据预警值，及时提交监测报表以及监测结果、结论与建议或意见等。同时，用统计分析的方法将早期测得的爆破震动峰值速度数据逐步回归出距离、药量与震动速度峰值经验公式，以为后续隧道施工方案的调整与完善提供依据与参考。并依据上述预警值计算出阿育王核心区文物建筑监测的最小安全距离，以确定跟踪监测的时机。

（2）第二阶段爆破震动监测，主要考虑目标建筑物近距离条件下监测点监测，并在其他地方辅助性布置监测点。跟踪监测近距离条件下的爆破震动，分析地表震动质点震动速度及其主振频率。依据预警值，及时提交监测报表以及监测结果、结论与建议或意见等。结合监测累积结果进一步完善距离、药量与震动速度峰值经验公式，以指导后续隧道施工。

（3）第三阶段爆破震动跟踪监测，监测点布置详情见图 7-5，主要考虑最近距离一定范围内监测点测线附近布置监测点，其他地方辅助性布置监测点。监测较近距离条件下隧道施工引起的地表震动,分析质点震动速度的幅频特性,依据预警值,及时反馈监测结果、结果与建议或意见等。

最后,结合所有监测累积结果完善距离、药量与震动速度经验公式。提交监测现场纪录表格、监测结果表格和经验公式以及监测报告,以为该类地区类似工程提供参考与依据。

三、爆破震动监测结果及其分析

1. 第一、二阶段的爆破震动监测与分析

由于涉及铁路及邻近建筑物的安全,爆破监测分两个阶段进行。第一阶段监测在隧道施工初期,主要考虑近距离条件下的爆破震动监测测试。第二阶段为沿既有铁路沿线测点的跟踪监测。

第一、二阶段总体监测数据结果如表7-14、表7-15所示。图7-11、图7-12为两个不同时期典型的爆破地震波形图。

育王岭隧道第一阶段爆破震动监测结果　　　　表7-14

总药量(kg)	最大段药量(kg)	爆心距(m)	震动速度峰值(cm/s)	主振频率(Hz)	持续时间(ms)
17.8～214.0	5.0～15.0	40～230	0.030～1.822	10～45	800～1300

育王岭隧道第二阶段爆破震动监测结果　　　　表7-15

总药量(kg)	最大段药量(kg)	爆心距(m)	震动速度峰值(cm/s)	主振频率(Hz)	持续时间(ms)
192.8～232.0	14.4～15.0	250～460	0.028～0.959	10～75	1100～3200

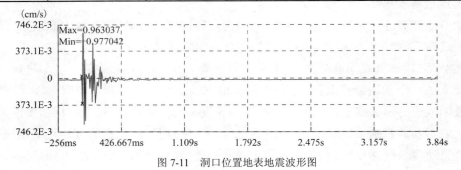

图7-11　洞口位置地表地震波形图

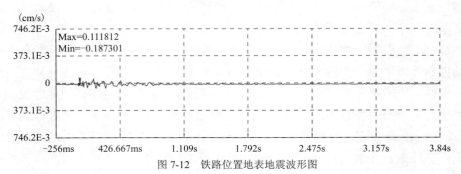

图7-12　铁路位置地表地震波形图

通过对育王岭隧道全过程震动速度监测结果的统计分析,得出其质点震动速度峰值分布规律,图 7-13、图 7-14 分别为第一阶段垂直方向、水平方向质点震动速度峰值与比例药量关系图(图中 ρ 为比例药量,$\rho = \sqrt[3]{Q}/R$),反映了质点震动速度峰值的衰减规律,经验公式分别为:

垂直方向

$$v_{V1\max} = 145.00 \left(\frac{\sqrt[3]{Q}}{R}\right)^{1.60} \quad (7\text{-}1)$$

水平方向

$$v_{L1\max} = 121.76 \left(\frac{\sqrt[3]{Q}}{R}\right)^{1.43} \quad (7\text{-}2)$$

式中:Q——总药量(kg);
R——爆心至测点的距离(m);下同。

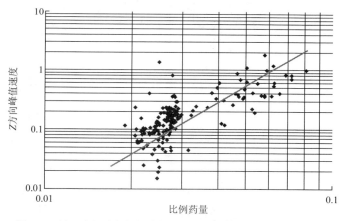

图 7-13　第一阶段垂直方向质点震动速度经验衰减曲线(v_z-P 关系曲线)

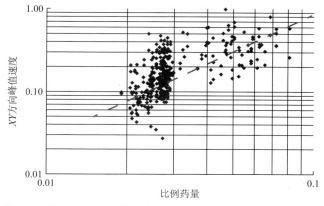

图 7-14　第一阶段水平方向质点震动速度经验衰减曲线($v_{x\text{-}y}$-P 关系曲线)

图 7-15、图 7-16 为第二阶段垂直方向、水平方向质点震动速度峰值与比例药量关系图，质点震动速度峰值的衰减经验公式分别为：

垂直方向

$$v_{\text{V2max}} = 142.00\left(\frac{\sqrt[3]{Q}}{R}\right)^{1.60} \tag{7-3}$$

水平方向

$$v_{\text{L2max}} = 125.00\left(\frac{\sqrt[3]{Q}}{R}\right)^{1.55} \tag{7-4}$$

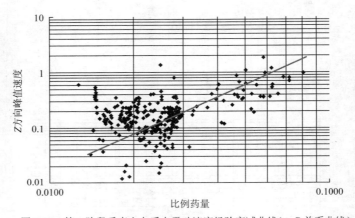

图 7-15　第二阶段垂直方向质点震动速度经验衰减曲线（v_z-P 关系曲线）

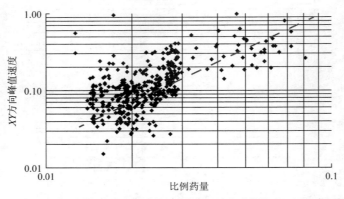

图 7-16　第二阶段水平方向质点震动速度经验衰减曲线（$v_{x\text{-}y}$-P 关系曲线）

通过回归分析，得到质点峰值震动速度经验公式（$0.0127 \leqslant \rho \leqslant 0.0810$）：

垂直方向（相关系数 $r=0.7981$）

$$v_{\text{V}} = 142.26\rho^{1.623} \tag{7-5}$$

水平方向（相关系数 $r=0.8013$）

$$v_{\text{L}} = 137.07\rho^{1.711} \tag{7-6}$$

通过典型波形频谱分析发现,主振频率主要集中在10～150Hz低频段,而高频成分并不丰富。通过统计育王岭隧道爆破震动观测频谱分析结果,频次统计分别以10Hz为间距,得出育王岭隧道质点震动速度峰值主振频率频次分布情况见表7-16,进一步绘制出震动速度主频频次分布图(图7-17)。

育王岭隧道质点震动速度峰值主振频率频次表　　表7-16

频率(Hz)	<10	10～20	20～30	30～40	40～50	50～60	60～70	70～80
频次(次)	29	313	136	28	98	56	86	29
频率(Hz)	80～90	90～100	110～120	120～130	130～140	140～150	150～160	>160
频次(次)	20	21	9	11	2	1	9	11

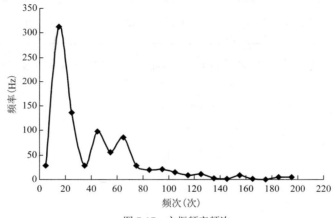

图7-17　主振频率频次

通过对育王岭隧道第一、二阶段的爆破震动监测和分析,得出如下结论:

(1)爆破震动观测结果表明:①最大质点峰值震动速度大多数是垂直方向;②同一测点,水平方向中的两个质点峰值震动速度比较接近;③质点震动速度衰减规律较为明显、规律性较强,但不能排除一些数据异常情况,这些异常数据与测点位置地层地质等采集条件有关。

(2)从分析质点震动速度峰值与比例药量的关系,揭示:①垂直方向、水平径向与水平切向质点震动速度峰值与比例药量的幂函数关系相当清晰,震动速度峰值随药量与距离的衰减为水平方向快于垂直方向;②相对较早时期的质点震动速度峰值随比例药量衰减关系,明显存在衰减指数 α 的上升趋势,即较远距离条件时爆破震动相对近距离时衰减加快。

(3)质点震动速度峰值与比例药量间的经验公式表明,质点震动速度峰值及其分量随爆心距衰减趋势明显,说明一定安全距离的控制是爆破震动控制的有效措施。

(4)通过统计育王岭隧道爆破震动观测频谱分析结果,得出质点震动速度及其三个方向的分量主频频次分布一致,且具有的规律:主振频率主要分布范围为10～70Hz,且以10～

20Hz 频次最高。

2. 针对古建筑保护的跟踪监测与分析

在隧道开挖里程 K31+214 开始对阿育王寺文物、古建筑进行跟踪监测,从 BP1# 开始,随着隧道朝进口段开挖,直至开挖到进口处 K30+730,依次监测到 BP12#。为确保数据正常,其中设置了一机动点,在天王殿基础处设置 BP13#,保证大殿在爆破震动最大振幅不超过允许值。

整个阿育王寺爆破震动测试从 2014 年 6 月 17 日开始至 2014 年 9 月 30 日结束,共计完成 13 个监测点、459 组、2750 余个数据,观测总体结果见表 7-17。

阿育王寺爆破震动监测结果 表 7-17

时间	总药量(kg)	最大段药量(kg)	爆心距(m)	垂直峰值震动速度(cm/s)	水平峰值震动速度(cm/s)	主振频率(Hz)	持续时间(ms)
2014.6.17~2014.9.30	47~219.8	12.8~36	190~385	0.012~0.542	0.010~0.309	1.465~255.9	623~3966

监测结果爆破震动三个方向多以垂直方向为大,偶尔会出现水平震动大于垂直震动的情况。

统计质点峰值震动速度经验公式($0.008 \leqslant \rho \leqslant 0.015$):

垂直方向

$$v_{Vmax}=749.12\rho^{1.8862}（相关系数 R^2=0.7372）\tag{7-7}$$

水平径向

$$v_{Lmax}=656.28\rho^{1.8956}（相关系数 R^2=0.6888）\tag{7-8}$$

水平切向

$$v_{Tmax}=462.53\rho^{1.8682}（相关系数 R^2=0.7045）\tag{7-9}$$

育王岭隧道爆破施工围绕质点震动速度波,开展时频分析、频谱分析,并就隧道爆破震动观测与分析结果进行解释与原因探讨,同时进行质点震动速度峰值和主振频率在药量和距离条件下的变化与分布关系分析。

(1)地震波幅值谱分析

图 7-18 为阿育王寺山门地表爆破监测的典型震动波形图,育王岭隧道采用的微差雷管爆破,根据工程现场实际需要采取多段毫秒延时爆破;从图中的波形图分析,可以确定各个延时区段时的波形,各段间的爆破延时为 50~150ms,震动波形分布较为均匀,波与波之间清晰明了,各段之间未重叠,表明了通过采用微差爆破方式能有效地减小爆破震动作用,正常幅值下还能分辨出持续时间的长短,从图中可以看出持续时间为 3250~3840ms,各图中第一段所引起最大爆破振幅,说明掏槽孔下的爆破震动产生幅度最大。结合现场可知,由于要制造临空面,对第一段药量也即掏槽孔的装药,相比周边眼和辅助眼为最大,且较集中,所以是由单次齐爆药量最大而引起。

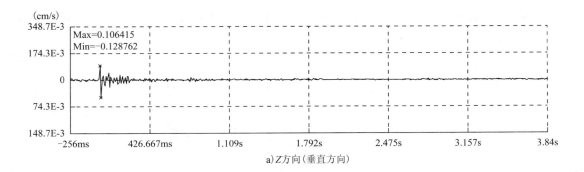

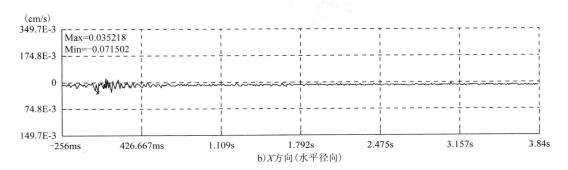

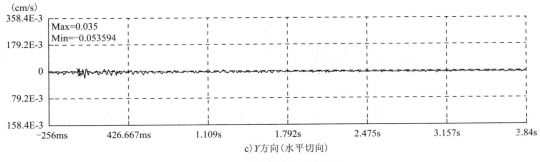

图 7-18 典型爆破地震波形图

（2）质点震动速度峰值分析

结合现场数据统计,分析质点震动速度峰值与药量及距离的关系。然而,对于有限制要求的爆破药量以及随着爆心距的变化,按照萨道夫斯基公式来统计爆破震动衰减规律的适用范围同样受到限制。因此,分析质点峰值震动速度分别与药量和爆心距的关系也显得十分必要。

图 7-19 与图 7-20 为不同时期质点震动速度峰值与比例药量图以及三向速度峰值比较图,从图中可以看出:

①垂直方向、水平径向与水平切向质点三向震动速度峰值与比例药量之间的规律非常明显,垂直方向的震动速度峰值随着比例药量的变小,衰减速度最快,其次为水平径向,最后为水平切向。随着距离的增加,这种情况越来越不明显。

②同一地表质点最大峰值普遍出现在垂直方向，水平切向震动峰值最小，但存在部分数据异常情况。

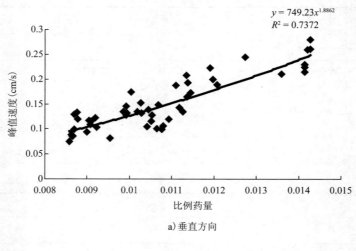

a) 垂直方向

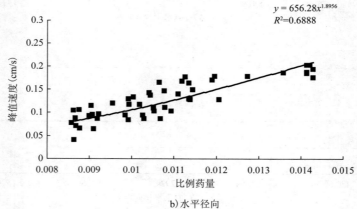

b) 水平径向

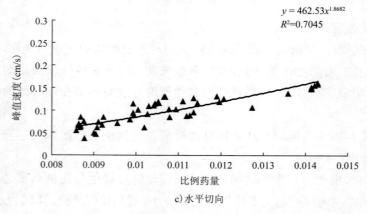

c) 水平切向

图 7-19　质点震动速度峰值与比例药量关系图

③垂直方向、水平方向质点震动速度峰值与比例药量的经验关系式分别见式（7-7）～式（7-9）。其中，相关系数分别为 0.7372、0.8763、0.7045，比例药量为 $0.008 \leqslant \rho \leqslant 0.015$。

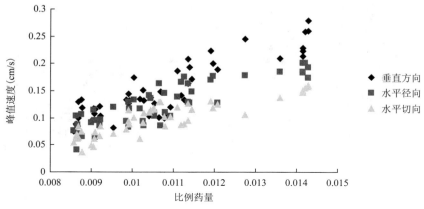

图 7-20　质点震动速度与比例药量三向关系图

图 7-21 为阿育王寺质点震动速度峰值与药量的分布关系，从震动速度峰值与药量的分布关系来看，由于监测点爆心距变化较大的影响，并不能体现其中规律，理论上质点震动速度峰值整体趋势应该是随总药量的增大而增大，但这里整个递增趋势并不明显。同时质点震动速度峰值与药量的幂函数关系虽然满足以萨式公式为代表的质点震动速度峰值与药量的立方根 $\sqrt[3]{Q}$ 的幂函数关系（图 7-20、图 7-21），但可以看出拟合度并不是很高，说明工程所在地区地层地质条件下，因爆破因素可能造成不同爆破间所监测得到的质点震动速度峰值，即使在爆破规模相当的情况下也有差异，即所谓的数据异常，这与起爆方式、装药形式以及装药量的分散与集中和延时时差等密切相关，特别是在总药量与最大段药量比较小的情况下，其质点震动速度峰值的趋高势头，说明爆破地震波叠加干涉作用可能是对爆破地震强度的正面或负面影响，从中可以通过上述因素的试验调整达到有效控制爆破地震强度的目的。

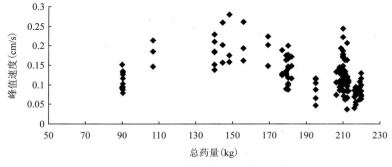

图 7-21　震动速度峰值与药量的分布关系

图 7-22 为阿育王寺质点震动速度峰值随爆心距变化关系分布图。通过图中分析，质点震动速度峰值随爆心距的变大，衰减趋势明显。说明一定安全距离的控制是爆破震动控制的有效措施。

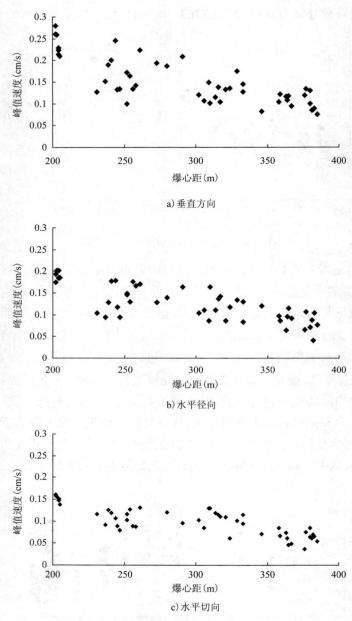

图 7-22 震动速度峰值与爆心距的分布关系

（3）主振频率分析

质点震动速度峰值对应的频率即为主振频率，有时也简称主频。当建构筑物其自身频率与爆破作用下质点的震动频率接近时，震动作用将放大，而若其自振频率与质点爆破下的震动频率相同时，该地震效应将成倍地被放大，可能使结构局部或部分开裂破坏或失稳。所以，主振频率对于评估爆破震动中的作用不容低估。

图7-23为典型波形频谱分析图。主振频率主要集中在10～150Hz低频段,高频段分布较少。

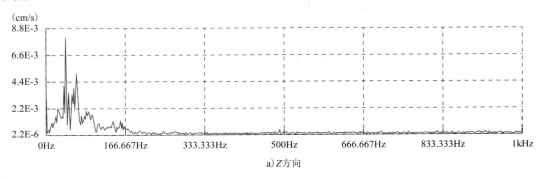

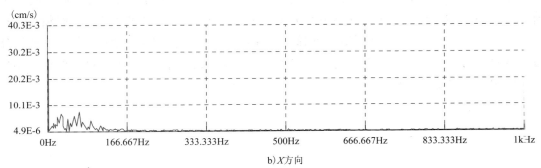

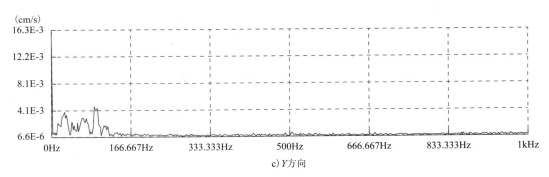

图7-23 典型频谱分析图

通过统计育王岭隧道爆破在阿育王寺地表震动观测频谱分析结果,得出育王岭隧道质点震动速度峰值主振频率频次资料,见表7-18。频次统计分别以10Hz为间距,取+5为标准值,进一步绘制出震动速度主频频次分布图,如图7-24所示。容易看出,不管哪类震动的主频频次分布,其具有较为明显且一致的规律,主振频率主要分布范围集中在10～70Hz。

阿育王寺地表质点震动速度峰值主振频率频次表　　　　　　表7-18

频率(Hz)	<10	10～20	20～30	30～40	40～50	50～60	60～70	70～80
频次(次)	3	13	38	6	39	16	44	2
频率(Hz)	80～90	90～100	100～110	110～120	120～130	130～140	140～150	>150
频次(次)	6	6	9	3	2	2	2	2

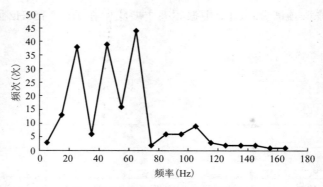

图 7-24 震动速度主振频率频次

综合分析主频、药量以及爆心距之间的关系,可得主振频率与药量以及爆心距的分布图,如图 7-25 与图 7-26 所示。图中各类形式分布关系并不明朗,说明理论上主振频率随药量的增大呈下调趋势在一定规模爆破范围内变化不明显,但随着爆破规模的增大,总药量分布范围很大时才会呈现上述变化趋势。在依托工程爆破规模条件下,体现出主振频率与药量变化的相关程度似乎不高。

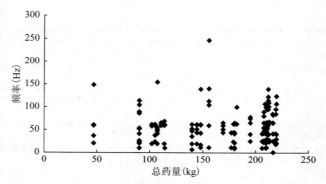

图 7-25 震动速度主振频率与总药量分布关系

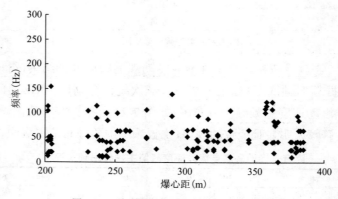

图 7-26 震动速度主振频率与爆心距分布关系

通过图 7-26 分析可知,在主振频率与爆心距的关系中,主振频率的分布较为散乱,规律不明显,且不能清晰地看出主频随爆心距的增减而出现幅值上升降的变化趋势。

3. 震动监测结论

(1)阿育王寺爆破震动监测结果

阿育王寺爆破震动监测成果见表3-20。各分量监测最大震动速度曲线如图7-27～图7-29所示。

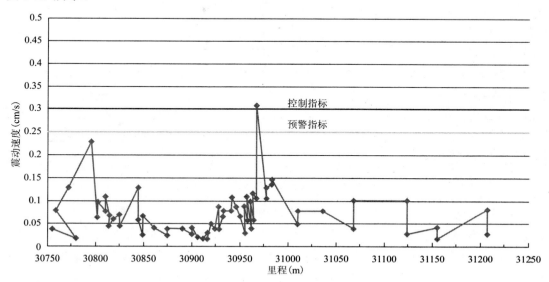

图7-27 阿育王寺爆破震动速度水平径向最大值曲线图

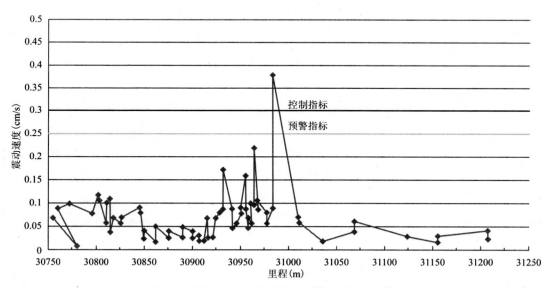

图7-28 阿育王寺爆破震动速度水平切向最大值曲线图

(2)北仑铁路支线爆破震动监测成果

根据《爆破安全规程》(GB 6722—2003)及设计文件的规定,北仑铁路支线的震动速度峰值(PPV)控制标准定为3cm/s,预警指标为2.5cm/s。

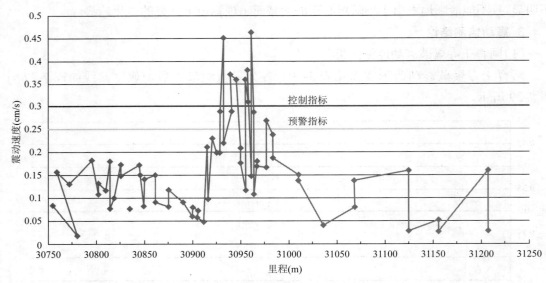

图 7-29 阿育王寺爆破震动速度垂直向最大值曲线图

北仑铁路支线爆破震动监测抽测频率为每周两次，PPV超过预警值时适当增加抽测频次，由于隧道与铁路进洞口及出洞口距离较近，最小距离约73m，中间段相距较远，最大距离约330m，因此重点对进洞口和出洞口段爆破施工时进行震动监测，当爆心距大于270m时实际监测结果远小于预警指标，逐渐降低监测频次，从2013年7月开始至2014年12月爆破施工全部结束为止，共完成北仑铁路支线监测抽测43测点次，提交简报24次。监测成果见表7-19。

北仑铁路支线爆破震动监测成果表   表7-19

监测日期	监测点	监测位置	爆破点	控制（cm/s）	最大震动速度（cm/s）		评价
2013.8.14	BP-T2#	北仑铁路支线路基	K32+065 CRD工法左上部	3.00	水平径向	0.06	未超限
					水平切向	0.04	未超限
					垂直向	0.06	未超限
2013.8.23	BP-T4#	北仑铁路支线路基	K32+060 CRD工法右上部	3.00	水平径向	0.05	未超限
					水平切向	0.05	未超限
					垂直向	0.05	未超限
2013.8.29	BP-T4#	北仑铁路支线路基	K32+055 CRD工法右上部	3.00	水平径向	0.09	未超限
					水平切向	0.07	未超限
					垂直向	0.10	未超限
2013.8.29	BP-T5#	北仑铁路支线路基	K32+055 CRD工法右上部	3.00	水平径向	0.10	未超限
					水平切向	0.09	未超限
					垂直向	0.09	未超限
2013.9.3	BP-T6#	北仑铁路支线路基	K32+045 CRD工法左上部	3.00	水平径向	0.08	未超限
					水平切向	0.07	未超限
					垂直向	0.07	未超限

续上表

监测日期	监测点	监测位置	爆破点	控制（cm/s）	最大震动速度（cm/s）		评价
2013.9.3	BP-T7#	北仑铁路支线路基	K32+045 CRD工法左上部	3.00	水平径向	0.08	未超限
					水平切向	0.08	未超限
					垂直向	0.07	未超限
2013.9.15	BP-T8#	北仑铁路支线路基	K32+036 上台阶	3.00	水平径向	0.17	未超限
					水平切向	0.09	未超限
					垂直向	0.20	未超限
2013.9.15	BP-T9#	北仑铁路支线路基	K32+036 上台阶	3.00	水平径向	0.17	未超限
					水平切向	0.12	未超限
					垂直向	0.21	未超限
2013.9.17	BP-T8#	北仑铁路支线路基	K32+032 上台阶	3.00	水平径向	0.17	未超限
					水平切向	0.06	未超限
					垂直向	0.15	未超限
2013.9.17	BP-T9#	北仑铁路支线路基	K32+032 上台阶	3.00	水平径向	0.15	未超限
					水平切向	0.08	未超限
					垂直向	0.21	未超限
2013.9.28	BP-T10#	北仑铁路支线路基	K32+008 上台阶	3.00	水平径向	0.12	未超限
					水平切向	0.12	未超限
					垂直向	0.15	未超限
2013.9.28	BP-T11#	北仑铁路支线路基	K32+008 上台阶	3.00	水平径向	0.11	未超限
					水平切向	0.11	未超限
					垂直向	0.16	未超限
2013.10.17	BP-T12#	北仑铁路支线路基	K32+00 上台阶	3.00	水平径向	0.14	未超限
					水平切向	0.12	未超限
					垂直向	0.15	未超限
203.10.17	BP-T13#	北仑铁路支线路基	K32+000 上台阶	3.00	水平径向	0.13	未超限
					水平切向	0.11	未超限
					垂直向	0.18	未超限
2013.10.24	BP-T14#	北仑铁路支线路基	K31+984 上台阶	3.00	水平径向	0.05	未超限
					水平切向	0.05	未超限
					垂直向	0.10	未超限
2013.10.24	BP-T15#	北仑铁路支线路基	K31+984 上台阶	3.00	水平径向	0.04	未超限
					水平切向	0.07	未超限
					垂直向	0.12	未超限
2013.11.8	BP-T14#	北仑铁路支线路基	K31+950 上台阶	3.00	水平径向	0.24	未超限
					水平切向	0.09	未超限
					垂直向	0.38	未超限

续上表

监测日期	监测点	监测位置	爆破点	控制（cm/s）	最大震动速度（cm/s）		评价
2013.11.14	BP-T14#	北仑铁路支线路基	K31+930 上台阶	3.00	水平径向	0.16	未超限
					水平切向	0.09	未超限
					垂直向	0.17	未超限
2013.12.3	BP-T14#	北仑铁路支线路基	K31+875 上台阶	3.00	水平径向	0.04	未超限
					水平切向	0.07	未超限
					垂直向	0.08	未超限
2013.12.3	BP-T16#	北仑铁路支线路基	K31+875 上台阶	3.00	水平径向	0.07	未超限
					水平切向	0.08	未超限
					垂直向	0.19	未超限
2013.12.11	BP-T14#	北仑铁路支线路基	K31+858 上台阶	3.00	水平径向	0.07	未超限
					水平切向	0.09	未超限
					垂直向	0.09	未超限
2013.12.11	BP-T16#	北仑铁路支线路基	K31+858 上台阶	3.00	水平径向	0.13	未超限
					水平切向	0.11	未超限
					垂直向	0.12	未超限
2013.12.20	BP-T16#	北仑铁路支线路基	K31+830 上台阶	3.00	水平径向	0.11	未超限
					水平切向	0.14	未超限
					垂直向	0.14	未超限
2014.1.1	BP-T17#	北仑铁路支线路基	K31+800 上台阶	3.00	水平径向	0.08	未超限
					水平切向	0.08	未超限
					垂直向	0.24	未超限
2014.1.1	BP-T18#	北仑铁路支线路基	K31+800 上台阶	3.00	水平径向	0.08	未超限
					水平切向	0.09	未超限
					垂直向	0.23	未超限
2014.5.30	BP-T19#	北仑铁路支线路基	K31+275 上台阶	3.00	水平径向	0.05	未超限
					水平切向	0.05	未超限
					垂直向	0.11	未超限
2014.5.30	BP-T20#	北仑铁路支线路基	K31+275 上台阶	3.00	水平径向	0.09	未超限
					水平切向	0.03	未超限
					垂直向	0.18	未超限
2014.7.20	BP-T25#	北仑铁路支线	K31+036 上台阶	3.00	水平径向	0.10	未超限
					水平切向	0.09	未超限
					垂直向	0.09	未超限
2014.8.11	BP-T25#	北仑铁路支线	K30+946 上台阶	3.00	水平径向	0.78	未超限
					水平切向	1.11	未超限
					垂直向	0.73	未超限

续上表

监测日期	监测点	监测位置	爆破点	控制 (cm/s)	最大震动速度 (cm/s)		评价
2014.9.12	BP-T32#	北仑铁路支线	K30+818 上台阶	3.00	水平径向	0.32	未超限
					水平切向	0.20	未超限
					垂直向	0.40	未超限
2014.9.18	BP-T32#	北仑铁路支线	K30+796 上台阶	3.00	水平径向	0.38	未超限
					水平切向	0.18	未超限
					垂直向	0.51	未超限
2014.12.17	BP-T32#	北仑铁路支线	K30+780 下台阶	3.00	水平径向	0.21	未超限
					水平切向	0.15	未超限
					垂直向	0.21	未超限
2014.12.20	BP-T32#	北仑铁路支线	K30+755 下台阶	3.00	水平径向	0.17	未超限
					水平切向	0.18	未超限
					垂直向	0.2	未超限

从出洞口爆破掘进施工开始,萧甬铁路北仑支线进行爆破震动监测,出洞口(暗洞洞口 K32+090)离铁路的最小距离约为 123m,随着掘进进度增加,爆破点与铁路的最小距离逐渐增加。测点布置采取最小距离原则,即根据爆破点的位置选取铁路上至爆破点的最小距离点作为监测点,以保证所测点的爆破震动影响最大,从而达到保护铁路的目的。由于隧道出洞口和进洞口距离铁路较近,中间段距离铁路较远,K31+800～K31+275 段爆破点到铁路的最小距离大于 270m,最大爆破震动速度为 0.24cm/s,远小于预警值,此洞段监测次数减少。监测成果中提供了水平径向、水平切向、垂直向三分量震动速度最大值,各分量监测最大震动速度曲线如图 7-30～图 7-32 所示。

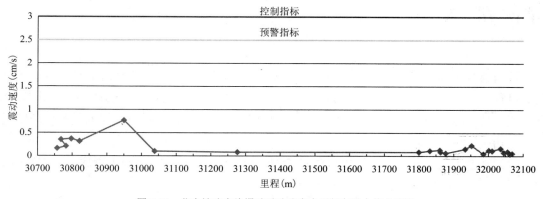

图 7-30 北仑铁路支线爆破震动速度水平径向最大值曲线图

从图 7-30～图 7-32 中可看出,最大震动速度为 1.11cm/s,远小于预警值与控制值,可见,由于爆破点距离北仑铁路支线较远,且掘进施工时采取了严格的控制措施,爆破震动对铁路产生的震动影响很小,不影响铁路的安全运行。

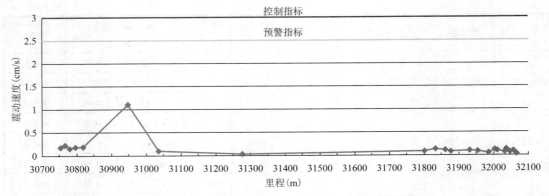

图 7-31　北仑铁路支线爆破震动速度水平切向最大值曲线图

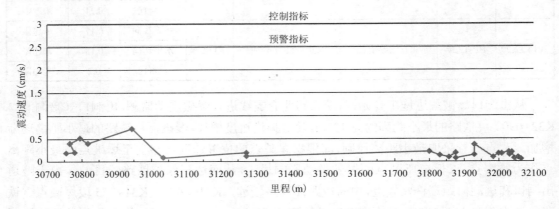

图 7-32　北仑铁路支线爆破震动速度垂直向最大值曲线图

第四节　小结

　　隧道监控测量是新奥法施工的重要技术控制手段之一,其结果主要用于对隧道施工方法的可行性、设计参数的合理性进行评价,帮助施工技术人员全面了解隧道施工实际围岩级别和变形特性,从而达到对隧道二次衬砌的施作时间的正确选择,隧道监控测量是保障隧道建设成功必不可少的手段。

　　(1)通过对围岩与支护的观察和动态量测,以达到合理安排隧道施工程序、日常施工管理、确保施工安全、修改设计参数和累计资料的目的。

　　(2)通过对围岩和支护的变位、应力测量,掌握围岩和支护的动态信息并及时反馈,修改隧道围岩及支护系统设计,指导施工作业和管理等。

　　(3)经量测数据分析处理与必要的计算和判断后,进行预测和反馈,以保证施工安全和隧道围岩及支护衬砌结构的稳定。

（4）对已有隧道工程的量测结果，可以分析和应用到其他类似工程中，作为指导复合式衬砌设计和施工的重要依据。

通过监控测量，可判断施工工艺的可行性，提出更加合理的施工方法，达到隧道施工动态控制，以便安全施工、降低造价的目的。同时，通过选择项目量测，对隧道支护参数合理性进行分析判断，为支护参数的调整提供可靠依据。

量测是监控的手段，监控是量测的目的。监控过程可分为现场量测—数据处理—信息反馈。由于隧道工程本身的多异性、不均匀性和偶然性等特点，每项工程都有自己的独特性，只有在施工过程中结合监控测量，时刻了解围岩的动态，及时变更设计和指导施工，才能使隧道的设计更加经济合理。监控测量能提供对施工工艺、设计参数以及围岩和支护结构的受力、变形特性合理性的判断的可靠根据，对隧道的成功建设有重要作用。

本章参考文献

[1] 林勇. 对公路隧道新奥法施工监控技术的展望[J]. 公路交通技术，2004，(4)：84-87.
[2] 雷坚强. 测微水准仪在隧道拱顶下沉测量中的应用[J]. 现代隧道技术，2012，4（1）：171-174.
[3] 罗衍俭. 隧道工程世纪之梦[J]. 1997（6）：2-3.
[4] 徐飞. 大跨浅埋公路隧道检测技术研究与分析[D]. 南京：东南大学，2007.
[5] 王梦恕. 对21世纪我国隧道工程建设的建议[J]. 现代隧道技术，2001，38（1）：2-4.
[6] 周传波，陈建平，罗学东，等. 地下建筑工程施工技术[M]. 北京：人民交通出版社，2008.
[7] 夏松涛. 水电站隧道围岩变形监测技术研究与分析[J]. 山西建筑，2009，35（11）：300-303.
[8] 刘劭堂，肖海文. 隧道拱顶下沉监测[J]. 地下空间与工程学报，2007，3（8）：1397-1399.
[9] 姜晨光. 海底隧道安全监测问题的几点思考[J]. 公路，2008（3）：212-216.
[10] 岳向红，杨永波，等. 松软地层浅埋暗挖公路隧道现场监测分析研究[J]. 岩土力学，2010，31（增刊1）：337-342.
[11] 李根赵，张学雷. 隧道监控量测方法及数据处理分析[J]. 建筑与工程，2011（9）：639-640.
[12] 李玉宝，刘胜春，李玉才. 应用FBGS的海底隧道结构检测系统设计[J]. 武汉理工大学报，2009，31（15）：84-86.